楊甲

林甲　病不到

黃甲總管病不到

林甲當事庚戌七月　　　　　八月十一日拘三

林九觀叫　　江天觀　削彩長再生

林九供認九前出洲府有賒去江天之貨共千餘攻後有寄財副葉海之

手帶青甘蔗行恆新廈粗番灰指網竹仔看三箱計四批托為代交

江天入還欠項并有彼壹言明今已偶三車兩天方有洏槳說他口收

乾隆丁未九月廿一日和隣年十月三十一日拜三

唐甲 當事

王甲 上亲不到

張宙觀叫　許浪生 不到

羅左娘叫　廖亞華　許頭才
　　　　　胡亞理　削視　胡四滿

羅左娘供謂廖亞華有欠氏二千五拾陸文一支四万屬討不还前火旧
唐亞寿在公堂叫他婿嘔唠吏今猶不揹还持此叩禀
畢久唐亞寿二子前期八月廿一日已從樂寿井吾不得搃起

王寒觀叫　羅車觀　和息

王……二十　……人司

本輯出版獲

曹永和文教基金會

全額資助

吧城華人公館（吧國公堂）檔案叢書

公 案 簿

第 十 一 輯

（1865 年 12 月 30 日至 1868 年 12 月 1 日）

（中）聶德寧
（中）吳鳳斌　　　　　　　校注
（荷）包樂史（Leonard Blussé）

厦门大学出版社　国家一级出版社
XIAMEN UNIVERSITY PRESS　全国百佳图书出版单位

前　　言

　　第 11 輯《公案簿》,為《公案簿》原檔第 17 冊,起自
1865 年 12 月 30 日,終至 1868 年 12 月 1 日,時間三年整。
在此期間,吧城 唐人公館(吧國公堂)經歷了前後兩任瑪腰
的交接過程。所以,在本輯《公案簿》中也留下了一些較為
令人矚目的記載,諸如:(1)吧城首任瑪腰唐人陳永元退位
時移交的公堂物品及文件清單;(2)吧城第二任唐人瑪腰陳
濬哲就職後推出的新舉措;(3)此時期吧城 唐人懇入熾昌
借款者激增;(4)幾則有關吧城 唐人窮困潦倒的典型案例
等等。

一、吧城首任瑪腰唐人陳永元退位時移交的公堂物品及文件清單

　　1865 年 12 月,時年 63 歲任職時間長達 30 年的吧城
首任唐人瑪腰陳永元退位,甲必丹陳濬哲陞任吧城第二任
唐人瑪腰。在新舊瑪腰交接過程中,公堂物品、財務,以及
瑪腰文件的詳細移交清單,首次出現在本輯《公案簿》檔案
的記載當中。根據 1865 年 12 月 30 日的公堂檔案記載:
"即日,交盤公堂及瑪腰物件、字頭、案簿等開列"。據此移
交清單,當時原任瑪腰陳永元向繼任者陳濬哲移交的公堂
物品及文件,共有四大類。

　　其一為公堂物件及財物。計有:公堂聯區,公堂牌記,

公堂蓄項(錢款),列位先甲大牌記,甲必丹牌,風水票印,銀盤,銀墨硯,銀鐘,案桌,椅,桌罩,大小燈,鐵櫃,鑰匙,守更器械,腳䮾,唐人告示,唐人條規,以及丹絨地圖、薏致地圖、牛郎沙里地圖等。

其二為公堂各類君得叻字(合同書)。計有:購置公館過名合同書,購買丹絨、式里坡、薏致地合同書,掌塚合同書,修理公館合同書,包築觀音亭路、觀音亭橋合同書,包做丹絨祀壇合同書,承租丹絨、式里坡二地合同書等等。

其三為公堂各種文簿。計有:兌風水簿,新舊客簿,新舊客及吧生長陸路出水簿,暹客簿,交州府簿,新客案奪簿,和路字數(賬)簿,各州府來吧數(賬)簿,丹絨園稅簿,錢單路批簿,結婚簿,離婚簿,死人簿,君厘書簿,公館案簿,公堂案簿,歷年數(賬)簿,蘭得力押號簿,唐鑒光人等求賭數(賬)簿,以及大淡、副淡領字頭花押簿等等。

其四為公堂各種字頭(文件、單據)。計有:蘭得力字頭,大淡、副淡字頭,詳覆大淡字頭,詳覆副淡字頭,往來舊字頭,王上案奪字,准唐人可回唐召來廚工案奪字,丹絨地字、式里坡地字,薏致地字,丹絨上帝廟字,八仙單,八仙字,梁礁字,唐美惜甘糧地干刀字等等。

二、吧城第二任唐人瑪腰陳濟哲任職後推出的新舉措

1865年12月22日,48歲的甲必丹陳濟哲陞任吧城唐人第二任瑪腰之職。在其上任的頭兩年內,陸續對公堂(公館)事務推出了一系列新的施政舉措。

(一)簡化唐人購買風水塚地手續

以往吧城唐人"買風水丹絨、式厘坡地,必先公勳低勘

過方可取買，此有艱於買人，又多煩公勃低屢到查勘。"1866 年 1 月 5 日，瑪腰陳濬哲上任僅半個月，即向公堂同僚建議免行此例，並提議"孰若就蠻律先查明白出單無傷，即可取買。至月終列單呈閱，然後外務公勃低到處查察，猶為兩便。"

（二）擴建中港仔公館（公堂）建築

1861 年公堂傾歷年蓄項 8 000 餘盾，最終從高長宗的長孫高瓊瑤手中將公館宅第產權購置於公堂名下。此舉被視為吧城唐人首任瑪腰陳永元任內（1837—1865 年）的一大功績。其時，"公館大小二間，背後馬車間二間，港墩腳雳、水涬間二間。"1865 年 12 月 20 日，新任瑪腰陳濬哲"上任之日，挨實嗹駕臨，有嫌公館狹隘，宜乎擴充加大"。因此，1866 年 1 月 27 日，瑪腰陳濬哲與公堂官員商議，定修公館條款十二項。決定公堂向後擴建六腳距，兩邊房間外廳再開二門，右邊開一圓門，公堂及公館須鋪地版十腳距闊，長依其廳。在公館擴建的同時，添置公堂內辦公器具，計有："公堂傍案棹邊二個、中一個，公堂文公椅八隻，"並"造柴架仔二個。"此項擴建及購置物件費用共計 1 500 盾，由公堂蓄項支用，委託蕭亞四包修，於 1865 年 5 月 25 日修竣完工。

（三）決議公堂蓄項的生息辦法

原任瑪腰陳永元移交給新任瑪腰陳濬哲的公堂"現鈁項公勃低掌在櫃內，自 1855 年起至 1865 年 12 月終止，計銀伍萬貳千五佰 25.55 盾。"如何讓公堂蓄項保值陞值，成為新任瑪腰要考慮的當務之急。1866 年 3 月 17 日，瑪腰陳潘哲在公堂會議中提議："現今公堂蓄項計有伍拾貳仟伍佰貳拾伍盾伍方正，若永貯櫃內，終無生息。孰若付人借貸，當為戈勿力為質。"此項建議得到公堂同僚的認同，一致認為"妥當可行，但須請命在先方可。"1866 年 3 月 30 日，瑪腰陳潘哲就公堂蓄項的生息問題提請公堂會議討論，其云："公堂櫃內現存有項五十餘千盾，倘有妥人付借，亦可得息，有益於公堂。若永存在櫃，足見無長。懇列台裁奪。"在此次公堂會議上，公堂職員們商討出的公堂蓄項生息辦法如下："公堂蓄項既有五十餘千盾，可取出二十千盾先寄緞知琳蠻土庫生放，每月每盾行息五角。餘項待另有人欲借，須有地頭字向質，或厝字亦可，然須援二妥人為安呾。"1866 年 4 月 14 日，吧城行政長官（挨實嗹）批准了公堂蓄項出借生息的申請，並提醒公堂："所積櫃內之項，如有人要入質地頭利息六八仙行，則為甚佳。一主可付貸銀四萬，其地頭須首質約的樓有捌萬之價方可。"此項公堂蓄項生息方法的通過，不僅使公堂錢財得以保值陞值，同時也是公堂財力逐漸增強的一條有效途徑。

(四)訂立公堂職員所任之權條規

1866 年 11 月 14 日，定公堂列台所任之權條規六款：1. 公堂設嚙喳嘮，瑪腰首座同列台及朱俱在座。2. 公館逐日二員公勃低及朱在座，如有人投請事務，審勘其是非，朱當依供記明登簿。如小事能和者可判，畢事存案。若不得結局，當詳公堂內覆訊定奪。3. 唐人要給婚字，二員公勃低同朱在座。公勃低問男女家之主婚人要交寅者男女姓名，坐址，年紀，交寅何日，及主婚人姓名，媒妁人姓名。朱記登婚簿,令兩家主婚人及媒妁人花押畢,呈與公勃低查察明白。4.凡有人要買風水者,先向丹絨掌塚蠻律查勘出單,然後向公館給買,朱登入風水簿,公勃低查察明白,令其出單付執公勃低花押收項。5.公堂置一鐵櫃,用鎖匙三支,瑪腰及公勃低同朱各掌一支。若所蓄之項,只可用塚事祭費,修理塚路橋樑祀壇,及地宅公館曆八仙,修公館曆等費;又可開達氏二名辛金,及蠻律一名,馬礁六名之辛金。如開此項,當請知公堂。倘必須開費大項,務宜請知挨實嗹案奪方可。6.定二員公勃低掌廟宇,查察和尚及廟公諸事。如無規矩,立即請知公堂查勘。

(五)訂立明誠書院常規五款

吧城明誠書院為前任雷珍蘭高根觀於 1775 年倡首設立,堪為南洋華僑學校之鼻祖。歷代公堂對於明誠書院,無論是校舍的修葺與擴充,抑或師資的延聘與加延,無不盡心盡力給予全力的支持。第二任公堂瑪腰陳濬哲上任之後,不僅繼續以維持和振興義學為己任,同時對明誠書院也訂立嚴格的管理制度。1868 年 1 月 14 日,陳爵用懇充 1868 年明誠書院教讀,公堂為此制定了明誠書院常規五款,對明誠書院義學先生的束金,書院中紫陽(朱熹)牌位春秋二祭的費用等事項,均做出明確的規定和要求。

(六)議定公堂職員之家子女婚娶須在公館給領婚字

按以往公堂慣例,凡公堂職員之家子女婚娶,必請公勃低就其家給婚字。新任瑪腰陳濬哲就位後認為:"此事不妥。從今以後,不論僚屬及欽賜要給婚字,須在公館,但當各服禮衣以別官庶。"(和 1866 年 10 月 12 日〈公堂決議今

5

後凡有職員之家子女婚娶須在公館給婚字〉〉

此外,陳濬哲就任瑪腰之後,又恢復了原先瑪腰、甲必丹、雷珍蘭、朱葛礁等公堂官員在每期《公堂案簿》上進行簽名的慣例。同時鑒於公堂二位協理雷珍蘭陞為特授雷珍蘭,相應地把公堂官員應值鬮聲,由原来的四鬮分為五鬮,"每鬮二員,照鬮循序而行。如首月值公館,次月則值外務,第三月則值幹刀蘭得叻及日案,第四月則值干刀錄新客簿,第五月則值閑月,由此互推輪遍再行。"(和 1868 年 4 月 24〈本日定列台應值鬮聲〉)。這些新的舉措,進一步規范了公堂官員清廉、謹慎、勤政、奉公的為官職責和義務。

三、此期間吧城 唐人懇入熾昌借貸者激增

吧城 唐人懇入熾昌借銀貸款,須有本人家產,以及兩位擔保人的家產作抵押。至於申貸人和擔保人的家產是否可堪,則由公堂進行查勘審核。本輯《公案簿》中公堂查勘審核唐人懇入熾昌借銀貸款的案例甚多。在此,僅以 1868 年 9 月 4 日"熾昌干刀"致書祈求公堂查勘 147 位借貸人及其擔保人資格的案例加以分析,以期管中窺豹,以見一斑。

在這 147 位唐人懇入熾昌借貸者當中,1.借貸數額最低者 750 盾,最高者 25 000 盾,大多數唐人的借貸額在3 000至 5 000 盾之間。2.公堂職員懇入熾昌借銀貸款者計有:吳經綸、韓懷然、許清波、高西川、李子昌、陳文速、沈松茂、陳玉長等 14 位,占總借貸人數的十分之一。3.擔保人中,唐人 119 人,荷蘭人 23 人,番人 4 人,戈奢人 1 人。各色人等合力擔保,體現出彼此間有着密切的經濟聯繫。4.以厝(房屋)作擔保者有 13 人,其中就有公堂職員 許清

波。另有一人是以船隻作為擔保的。5. 此 147 位申請借貸者中，原已查勘審核足以擔戴，經過此次重新查勘，有 7 人完全不足擔戴，原因大多為經商失敗或家道中落；部分不足擔待者有 23 人，二者合計 30 人，占借貸申請人數的五分之一強。

四、幾則有關吧城 唐人窮困潦倒的典型案例

在本輯《公案簿》檔案中記載了幾則吧城 唐人貧困潦倒的案例。

其一為甲必丹知廚禮黃錦章因負債被革職，雷珍蘭知廚禮黃德章亦因負債過多而身陷圖圖。本輯《公案簿》有載，"遵王上於和 1868 年 7 月 27 日第三號案奪，為經酌量甲必丹知廚禮黃錦章、雷珍蘭知廚禮黃德章，現時不宜授職。因已得伊父甲必丹知廚禮黃燎光厚業，未幾蕩盡。經於和 1868 年 4 月 15 日叻柔低司案奪，黃錦章已入戈黎直准，自認童稚無知。其黃德章負欠過多，現幽圖圖。而黃錦章從和 1865 年 8 月 29 日第二號案奪，即行追革。黃德章從和 1854 年 3 月 15 日第 22 號案奪，亦行追革。"（和 1868 年 8 月 31 日〈王上案奪追革甲必丹知廚禮黃錦章、雷珍蘭知廚禮黃德章之職〉）黃氏兩兄弟為爪哇 唐人黃氏家族的後裔，其先祖黃井公自福建漳浦南渡爪哇，1754 年任三寶瓏 唐人甲必丹，曾祖父黃錦舍於 1791－1800 年任吧城 唐人甲必丹，祖父黃聯公于 1810 年英據時期為特授甲必丹，其父黃燎光於 1841－1849 年任甲必丹，黃錦章自己亦於 1865 年 8 月 29 日陞任甲必丹知廚禮，但隨即因蕩盡家業而被追革職銜。顯赫一時的黃氏五代甲必丹為何就此終

結？其原因值得深思。

其二為任職六年的雷珍蘭陳江水"因家業零落"而不得不"告退理事"。陳江水父親為吧城唐人富商陳令，其家業之興衰僅兩代而已。

其三為豬餉贌官張德茂因負債死於牢獄，"無存遺業"。雖有兩位擔保人，但卻沒有財力償還張德茂虧空的三萬盾的宰豬包稅。（和1866年11月14日〈查勘豬餉贌官張德茂故果無遺業，徐金爐果無家業可助還否〉）

其四為告退原任朱葛礁徐金爐因年老耳聾，"不能稍圖生活，實在貧窘"。徐金爐曾任公堂朱葛礁長達14年之久，退職後"為傭陳甘郎甲大理記"。其雖有三子，但俱靠人生活，"資身不贍，奚得顧及父母？"不得已上書挨實嗹，"伏乞憐憫老邁，耳聾不能自圖生活，懇給賜口腹之資。"（和1868年10月9日〈查勘詳覆原任朱葛礁徐金爐懇給賜口腹之資事〉）

第11輯《公案簿》校注出版過程中，始終得到海內外有關機構、著名專家學者以及諸多熱忱人的熱忱關注和大力支持，尤其得到中國教育部國際司歐洲處、荷蘭皇家科學院國際合作局中國處、荷蘭萊頓大學外事辦公室、中國廈門大學國際合作與交流處、廈門大學社科處、廈門大學東南亞研究中心、廈門大學國際關係學院/南洋研究院、廈門大學人文學院歷史系、廈門大學出版社、荷蘭萊頓大學歷史系、萊頓大學漢學院、歐陽春梅女士、曹永和教授、劉翠溶教授、斯波義信教授、石井米雄教授、曹昌平先生、林和瑞先生、陳萌紅女士、班瑪莉女士（M. J. Bantjes）、柯倫先生（R. Coelen）、雷哈諾先生（Hanno E. Lecher）、毛通文先生、陳志偉女士等的鼎力支持。為此我們心存感激，特此鳴謝！

　　《公案簿》第 11 輯的校注出版，得到曹永和文化基金會的全額資助，我們謹致謝忱！

　　囿於學識與時間，本輯《公案簿》校注必有所誤，敬祈方家校正！

　　　　　　　　　　本輯校注者
　　　　　　　　　　2011 年 10 月
　　　　　　　　　　於中國廈門大學、荷蘭萊頓大學

校 注 凡 例

一、忠實於檔案原文，絕不妄改。

一、檔案正文原以毛筆楷書、行楷、行草、草書漢字書寫，雜以古今字、異體字、俗字、當時通行的簡體字，本次校注徑改爲中國大陸現代規范的繁體字。

一、檔案原文中，凡公元紀年皆使用蘇州碼，公元紀月、紀日皆使用漢字，本次校注按照中國大陸古籍整理慣例，皆以阿拉伯數字統一之；檔案原文中，凡中國農曆紀年、紀月、紀日皆使用漢字，本次校注按照中國大陸古籍整理慣例，一仍其舊。

一、檔案原文中，錢款額、物品數額、人數等往往混用大、小寫漢字或蘇州碼，本次校注對於凡可能帶小數（即非整數）或百位數以上的貨幣、度量衡數據，一律改用阿拉伯數字表示之；對於其中帶有多級計量單位的貨幣、度量衡數據，本次校注一律改用阿拉伯數字表示之。

一、檔案原文無標點，本次校注皆施以新式標點。

一、本次校注，按照中國大陸古籍整理慣例，凡漢語或外語人名、地名、國名、年號等，皆施以專名線；凡政府機構、學校、出版社（或其他出版機構）、商業組織、社會群體等，皆不施專名線。

一、檔案原文段落往往有欠規范，本次校注酌情分段。

一、本次校注中的注釋形式，以腳注爲主，兼用隨文注。隨文注，識以帶（ ）的五號做宋體字。

一、檔案原文中的注文，本次校注皆以小五號楷體字區別之。

一、檔案原文中，某些案件或人事變動等記錄原無標題，本次校注爲之代擬標題，並以小四號黑體字與（ ）識之。

一、本輯不使用尾注，有些詞條的注釋，請參閱《公案簿》第九輯（廈門大學出版社 2009 年 11 月版）的尾注。

目　　錄

《公案簿》原檔第十七冊

(1865 年 12 月 30 日至 1868 年 12 月 1 日)

和 1865 年 12 月 30 日,拜六。即唐乙丑十一月十三日 ………(2)

（甲必丹陳濬哲陞任特授瑪腰之職）…………………………(2)

（原任瑪腰陳永元移交公堂物件、字頭、案簿清單）………(2)

和 1866 年 1 月 5 日,拜五 …………………………………………(11)

（公堂決議簡化購買風水塚地手續）………………………(12)

（陶甲汶娘、陳傑欲求分離一案）…………………………(12)

和 1866 年 1 月 12 日,拜五 ………………………………………(13)

（蔡奇文、蔡奇章入稟懇為蔭伊父壽域事）………………(13)

（梁三娘、劉新秀離婚一案）………………………………(14)

和 1866 年 1 月 27 日,拜六。唐乙丑十二月十一日吉旦 ……(15)

（陞雷珍蘭陳思聰舍為甲必丹、協理雷珍蘭陳江流官
為特授雷珍蘭之職）…………………………………(15)

（定擴修公館條款十二條）…………………………………(17)

和 1866 年 2 月 1 日,拜五 …………………………………………(19)

（公堂評議沈松茂等七人求職口詞）………………………(19)

（公堂議革罷吳江水達氏之職）……………………………(20)

1

和 1866 年 2 月 5 日，拜一 ……………………………………………（21）

    （查勘詳覆李克承懇入熾昌借銀事）……………………………（21）

唐乙丑十二月二十日，和 1866 年 2 月 5 日，拜一 ……………（22）

唐丙寅正月廿日，即和 1866 年 3 月 6 日，拜二 ………………（23）

    （1865 年公堂全年收支結冊）…………………………………（24）

    （兌式厘陂地風水）………………………………………………（25）

    （兌丹絨地風水）…………………………………………………（28）

    （稅丹絨、式厘坡、薏致三處稅銀）……………………………（28）

    （1865 年公堂開支清單）………………………………………（29）

    （1865 年公堂全年收支總數）…………………………………（30）

    （整治牛郎沙里塚地水溝事）…………………………………（31）

    （聘請明誠書院教師事）………………………………………（31）

和 1866 年 3 月 9 日，拜五 ………………………………………（31）

    （蔣成元、張登娘偷情苟合一案）……………………………（32）

    （鄭昂娘與其夫張品山夫妻生端一案）………………………（34）

    （林俊娘與其夫楊水源分離一案）……………………………（34）

和 1866 年 3 月 17 日，拜六 ……………………………………（35）

    （列台議公堂蓄項如何生息事）………………………………（35）

    （賴敦厚懇入熾昌借銀事）……………………………………（36）

和 1866 年 3 月 30 日，拜五 ……………………………………（37）

    （列台商議公堂蓄項生息辦法）………………………………（37）

    （陳經元與其妻曾田娘生端一案）……………………………（37）

和 1866 年 4 月 20 日 ……………………………………………（39）

    （查勘王元標懇換擔保人入熾昌借銀事）……………………（39）

    （查勘賴敦厚懇入熾昌借銀事）………………………………（40）

（陳經元與其妻曾田娘求離一案）……………………（40）

（公堂薦舉陳瓊瑞以補雷珍蘭鄭肇基告退之缺）………（41）

（金德院僧德陞懇新僧明德師入居院內為僧友事）……（41）

和 1866 年 5 月 4 日，拜五……………………………………（42）

（查勘郭大有懇入熾昌借銀事）………………………（43）

（查勘鄭倦懇入熾昌借銀事）…………………………（43）

（查勘陳道生懇入熾昌借銀事）………………………（44）

（挨實嗹批准公堂蓄項生息事）………………………（44）

（原任媽腰陳永元獲授金勳牌一面，以誌理事多年之功）…（44）

和 1866 年 5 月 18 日，拜五 ……………………………………（45）

（公堂決議派員查勘緞黎西賓柔要賣之地）……………（46）

（牛郎沙里塚地付人承租事）…………………………（46）

和 1866 年 5 月 25 日，拜五 ……………………………………（47）

（公堂派員查得緞黎西賓柔要賣之地不堪用）…………（47）

（楊碧娘與其夫吳延陵欲求分離一案）…………………（47）

（丹絨上帝廟修繕竣工事）……………………………（48）

（蕭亞四包修公舘完工事）……………………………（48）

和 1866 年 6 月 1 日，拜五………………………………………

（續：楊碧娘與其夫吳延陵欲求分離一案）……………

（曾玉娘懇求與伊夫黃丙水分離一案）…………………

（准和尚惠誠兼理觀音亭首座之事）……………………

和 1866 年 6 月 6 日，拜三………………………………………

（查勘陳元龍懇入熾昌借銀事）………………………

（查勘張添息懇入熾昌借銀事）………………………（53）

（查勘馮賓郎每月當給費付其女事）…………………（53）

3

和 1866 年 6 月 15 日,拜五 ························· (54)

 (查勘黄然懇入熾昌借銀事) ··················· (54)

 (查勘鄭倦懇入熾昌借銀事) ··················· (55)

 (公堂詳覆大挨實嗹來信詢問公堂買賣地一事) ········ (55)

 (原任雷珍蘭陳逢義請修安恤廟一事) ··········· (56)

和 1866 年 6 月 22 日,拜五 ························· (57)

 (舉雷珍蘭高西川、黄清淵分理美色甘事) ········· (57)

 (革出胡沙囊,暫舉陳豹權理廟事) ············· (58)

和 1866 年 6 月 28 日,拜四 ························· (59)

 (公堂議修造公館及置買器具事) ············· (59)

 (陳豹懇承稅牛郎沙裡塚地內草溁及椰樹事) ······· (59)

和 1866 年 7 月 13 日,拜五 ························· (60)

 (李戊娘與其夫蕭逢美求離一案) ············· (61)

 (金德院德陞僧入稟欲修金德院屬厝一事) ········· (62)

和 1866 年 7 月 20 日,拜五 ························· (62)

 (高瓊瑤懇借公堂銀購地事) ················· (63)

 (勘覆陳光華、陳瓊瑞、韓懷仁、王文旦等懇補鄭肇基

 之缺) ······························· (63)

 (續:查勘鄭倦懇入熾昌借銀事) ············· (64)

和 1866 年 8 月 1 日,拜三 ························· (66)

 (賴經訴其子被岳母圖占改姓一案) ············· (66)

 (高瓊瑤、李梓昌、蘇紹宗懇補雷珍蘭之缺) ······· (67)

和 1866 年 8 月 3 日,拜五 ························· (68)

 (查勘楊一斗懇入熾昌借銀事) ··············· (68)

 (查勘林籲懇入熾昌借銀事) ················· (69)

4

（吳傳娘向林溫討回伊孫劉德和一案）……………………（69）

（公堂發放達氏、蠻律、馬礁每月辛金事）……………（71）

和 1866 年 8 月 8 日，拜三 …………………………………（71）

（王才娘告被陳清珠辱罵一案）………………………（72）

（和尚明德師與陳水生生端一案）……………………（74）

和 1866 年 8 月 17 日，拜五 ………………………………（74）

（編製 1867 年和曆事）…………………………………（75）

（李戊娘、蕭逢美夫妻分離一案）……………………（75）

（林珠娘、謝亞三夫妻分離一案）……………………（76）

（查勘黃益謙入熾昌借銀事）…………………………（76）

和 1866 年 8 月 24 日，拜五 ………………………………（77）

（高瓊瑤借公堂櫃內蓄項須質地及援二妾人安咄事）…（78）

（靳淵生、許和娘夫妻求離一案）……………………（78）

（捐修金德院路橋芳名錄）……………………………（80）

和 1866 年 8 月 31 日，拜五 ………………………………（81）

（詹玉娌娘、王榮春夫妻求離一案）…………………（81）

和 1866 年 9 月 14 日，拜五 ………………………………（82）

（捐修安恤廟並橋樑芳名錄）…………………………（82）

（查勘吳源流懇入熾昌借銀事）………………………（83）

（謝一娘、陳英傑夫婦求離一案）……………………（84）

（默氏簡敬忠懇買式厘坡地為雙壙壽域事）…………（84）

和 1866 年 9 月 21 日，拜五 ………………………………（85）

（查勘洪潑懇入熾昌借銀事）…………………………（85）

（查勘邱水生懇入熾昌借銀事）………………………（86）

（高廷興、謝木娘夫妻求離一案）……………………（86）

5

和 1866 年 9 月 28 日，拜五 ……………………………………（88）

　　（高瓊瑤借公堂蓄項更換擔保人事）………………………（88）

　　（查勘楊成根懇入熾昌借銀事）………………………………（88）

　　（查勘黃亞四懇入熾昌借銀事）………………………………（89）

　　（詹成娘、邱金生夫妻求離一案）……………………………（89）

　　（公堂定每日派員在干刀鑒察新客一事）…………………（90）

和 1866 年 10 月 12 日，拜五 ………………………………（91）

　　（鄭寅娘訴李吉疾娘未經至親允許婚嫁一案）……………（91）

　　（公堂決議今後凡有職員之家子女婚娶須在公館給

　　婚字）……………………………………………………………（92）

和 1866 年 10 月 24 日，拜三 ………………………………（93）

　　（挨實嗹批准高瓊瑤甲借公堂蓄項伍萬盾）………………（93）

　　（查勘許田懇入熾昌借銀事）………………………………（93）

　　（查勘葉再興懇入熾昌借銀事）……………………………（94）

　　（查勘鄭仁諒懇入熾昌借銀事）……………………………（95）

　　（戴清懷、劉冬娘夫妻求離一案）…………………………（95）

和 1866 年 11 月 2 日，拜五 ………………………………（97）

　　（李添喜懇其父母同葬丹絨事）……………………………（97）

　　（查勘黃清帆懇入熾昌借銀事）……………………………（98）

　　（陳玉山、韓福娘夫妻求離一案）…………………………（98）

和 1866 年 11 月 14 日，拜三 ………………………………（99）

　　（牛郎沙里塚地內築屋安全事）……………………………（99）

　　（定公堂列台所任之權條規）………………………………（100）

　　（查勘詳覆豬餉贌官張德茂故果無遺業，徐金爐果

　　無家業可助還否）………………………………………………（102）

（雷珍蘭鄭肇基、陳江水告退，吳榮輝、陳光華、李子昌

陞任）……………………………………………………（103）

和 1866 年 11 月 23 日，拜五 ………………………………（106）

（值月公舘倸銀分發事）…………………………………（106）

（查勘李清溪懇入熾昌借銀事）…………………………（106）

（查勘陳錦文懇入熾昌借銀事）…………………………（107）

和 1866 年 12 月 7 日，拜五 ………………………………（108）

（查勘王必興懇入熾昌借銀事）…………………………（108）

（查勘許田懇入熾昌借銀事）……………………………（109）

和 1866 年 12 月 21 日，拜五 ……………………………（110）

（梁兆麟入稟懇移葬父棺事）……………………………（110）

（陳豹等諸人入稟懇承稅 1867 年草滘椰欉取息事）…（110）

和 1867 年 1 月 4 日，拜五 ………………………………（110）

（楊金秋入稟懇抄婚字事）………………………………（111）

（查勘鍾桂淑懇入熾昌借銀事）…………………………（111）

（邱質娘、陳振芳求離一案）……………………………（111）

（蔣栢生、鄭坤娘夫妻分離一案）………………………（112）

（公堂准梁北麟移葬父棺）………………………………（113）

（陳根娘與其夫楊九龍欲求分離一案）…………………（114）

和 1867 年 1 月 25 日，拜五 ……………………………（114）

（舉葉榮水暫理達事）……………………………………（115）

（公堂議俻丹絨一帶大路事）……………………………（115）

（延聘義學先生事）………………………………………（115）

（查勘鍾三龜懇入熾昌借銀事）…………………………（115）

和 1867 年 2 月 24 日，禮拜 ………………………………（116）

7

（舉吳金麟為茹嘮旺轄甲必丹之職）……………（118）

（蘇英甫先生入稟懇明誠書院啓讀事）…………（119）

（准葉榮水任公堂達氏）………………………（119）

和 1867 年 3 月 1 日，拜五 ……………………………（119）

（大挨實嗹准公堂可發公堂蓄項脩丹絨路及春秋

祭塚之費）…………………………………………（120）

（查勘林奇楠懇入熾昌借銀事）…………………（120）

（查勘吳永成懇入熾昌借銀事）…………………（121）

（修理牛郎沙里網穴之處水鍼事）………………（121）

（查勘蔡榮水懇入熾昌借銀事）…………………（122）

和 1867 年 3 月 15 日，拜五 ……………………………（122）

（公堂議脩丹絨大路事）…………………………（122）

（一年一度天后聖母壽誕事）……………………（123）

和 1867 年 3 月 21 日，拜五 ……………………………（123）

（高瓊瑤還借銀利息事）…………………………（123）

（吳榜全承應填丹絨路石子事）…………………（124）

和 1867 年 3 月 29 日，拜五 ……………………………（124）

（林音娘、黃金英成婚糾紛一案）………………（125）

和 1867 年 4 月 12 日，拜五 ……………………………（126）

（公堂派員查勘丹絨、榴連橋之路填石事）……（126）

（查勘王春溪懇入熾昌借銀事）…………………（127）

和 1867 年 4 月 26 日，拜五 ……………………………（128）

（緞伴蘭職懇居惹致地之人免工役者該還銀項事）……（128）

和 1867 年 5 月 3 日，拜五 ……………………………（129）

（陳三娘、劉旺夫妻分離一案）…………………（129）

（查勘詹炳茂懇入熾昌借銀事）……………………（130）

（公勃低查勘丹絨路填石一事）……………………（131）

（黎亞龍及劉辛娘夫妻求離一案）…………………（131）

和1867年5月24日，拜五……………………………（132）

（楊福源入稟懇再抄伊姪楊光發之婚字事）………（132）

（查勘陳媽招懇入熾昌借銀事）……………………（132）

（查勘林玉水懇入熾昌借銀事）……………………（133）

（查勘陳清涼懇入熾昌借銀事）……………………（133）

（查勘賴長輝懇入熾昌借銀事）……………………（134）

（查勘黃益謙懇入熾昌借銀事）……………………（134）

（續：林上達、陳江娘夫妻求離一案）………………（135）

（大朱繳入清明祭塚及牛郎沙里路水鍼開費單）…（136）

（查勘蔡清蓮懇入熾昌借銀事）……………………（136）

和1867年5月31日，拜五……………………………（137）

（陳敏娘、賴甲汶夫妻分離一案）……………………（137）

和1867年6月14日，拜五……………………………（138）

（詳覆副挨實㖡致書詢問唐人立過房書之例）……（139）

（林硅娘、陳春水夫妻求離一案）……………………（139）

和1867年6月21日，拜五……………………………（141）

（查勘高地懇入熾昌借銀事）………………………（141）

和1867年7月5日，拜五………………………………（142）

（雍仕元甲妻黃氏懇為伊夫蔭地事）………………（142）

（和尚德陛入稟告知觀音亭厝及大使廟厝二處八仙
失還事）……………………………………………（143）

（蔡娘那、許媽曾欲求分離一案）…………………（143）

9

（大挨實嗶案奪緞伴蘭職所懇要付公堂承坐惹致地

公班衙番還項之事）……………………………………………（144）

和 1867 年 7 月 17 日，拜三 ………………………………………（145）

（慶祝大伯公壽誕事）……………………………………………（145）

（議捐修理觀音亭路一事）………………………………………（145）

（蘇英甫入稟告知義學啓讀事）…………………………………（145）

（捐助修理觀音亭路芳名錄）……………………………………（146）

（王坤娘、黃本仕夫妻分離一案）………………………………（147）

（張淵娘、葉長安夫妻分離一案）………………………………（147）

和 1867 年 8 月 2 日，拜五 ………………………………………（148）

（查勘王天水承應干冬圩病厝洗衣事）…………………………（149）

（查勘李光旺懇入熾昌借銀事）…………………………………（149）

（鄭丁岸娘、吳南文夫妻分離一案）……………………………（150）

（查勘詳覆承應人甘永壬，安呾人甘溪元資格事）……（150）

（邱塗告知丹絨路當實細沙事）…………………………………（151）

和 1867 年 8 月 12 日，拜一 ……………………………………（152）

（查勘李亞二承應網甲火油事）…………………………………（152）

和 1867 年 8 月 14 日，拜三 ……………………………………（153）

（查勘王天水承應病厝洗衣及換褲仔事）………………………（153）

（高西川告知暫理港墘一事）……………………………………（154）

和 1867 年 8 月 21 日，拜三 ……………………………………（155）

（查勘蔡清連懇入熾昌借銀事）…………………………………（155）

（查勘林金鐘懇入熾昌借銀事）…………………………………（155）

（謄唐曆於和 1868 年之用事）…………………………………（156）

和 1867 年 8 月 24 日，拜六 ……………………………………（156）

（查勘詳覆溫榮壽及邱群妹承應修珍武營內港墩事）…… （157）

和 1867 年 8 月 30 日，拜五 ……………………………… （158）

（高西川告知須派員巡察修理榴槤橋之路事）………… （158）

（查勘陳文速懇入熾昌借銀事）………………………… （158）

（查勘沈景坤懇入熾昌借銀事）………………………… （159）

（大朱賴觀瀾繳入七夕丹絨祭祀開費一單）…………… （159）

（狀師緞福來書祈為查明唐人王金石已經交寅與
張蔭娘否）………………………………………… （159）

（查勘甘永壬承應于 1868 年武營什物事）…………… （160）

（查勘陳連生承應于 1868 年武營什物事）…………… （161）

（查勘張肇燮承應于 1868 年武營什物事）…………… （162）

（查勘黃再生承應于 1868 年武營什物事）…………… （162）

（查勘王天水承應于 1868 年武營什物事）…………… （162）

（查勘張亞廣承應于 1868 年武營什物事）…………… （163）

（查勘朱金水承應于 1868 年武營什物事）…………… （164）

（查勘鄭長水承應于 1868 年武營什物事）…………… （164）

和 1867 年 9 月 6 日，拜五 ……………………………… （165）

（曹信郎、鄭文娘夫妻分離一案）……………………… （165）

（黃乖娘、溫全郎夫妻分離一案）……………………… （166）

（查勘張亞廣承應入兵營柴器及桶路事）……………… （167）

和 1867 年 9 月 20 日，拜五 …………………………… （168）

（陳亞二、鄭清漢生端一案）…………………………… （168）

（公堂會議准開祭祀、修路諸費事）…………………… （169）

和 1867 年 10 月 4 日，拜五 …………………………… （170）

（陳清涼懇添買風水事）………………………………… （170）

11

（查勘藍森樹懇再添熾昌借銀事）……………………（171）

和1867年10月11日，拜五 ………………………………（171）

（王瑞光入稟懇為伊父賜蔭地一事）………………（172）

（查勘邱水懇入熾昌借銀事）………………………（172）

（查勘林寬生懇入熾昌借銀事）……………………（172）

（查勘陳玉長懇入熾昌借銀事）……………………（173）

（續：鄭丁岸娘、吳南文夫妻分離一案）…………（173）

（黎春娘、楊來換夫妻欲求分離一案）……………（173）

（續：黃乖娘、溫全郎夫妻分離一案）……………（174）

（查勘黃長楠懇入熾昌借銀事）……………………（174）

和1867年10月25日，拜五 ………………………………（175）

（查勘朱金水承入南旁兵營食物事）………………（175）

（查勘藍森樹懇再入熾昌借銀事）…………………（176）

和1867年10月31日，拜四 ………………………………（177）

（查勘張辛郎承應驛亭鑲馬蹄鐵事）………………（177）

和1867年11月2日，拜六 …………………………………（178）

（查勘詳覆張肇燮承應包入挨實嗹干刀銃兵衣服事）……（178）

和1867年11月5日，拜二 …………………………………（179）

（查勘張肇燮承應包入兵營米、牛乳汁事）………（179）

和1867年11月19日，拜二 ………………………………（180）

（查勘詳覆韓懷仁素行可堪為干冬圩雷珍蘭否）………（181）

和1867年11月22日，拜五 ………………………………（181）

（查勘郭炮懇入熾昌借銀事）………………………（182）

（查勘陳泰山懇入熾昌借銀事）……………………（182）

（查勘陳探懇入熾昌借銀事）………………………（183）

　　（廟主陳豹入稟懇草滗、椰欓以為守廟取息度口事）　…（183）

　　（公堂議定沙里牛郎、丹絨、式厘坡、慈致田地付人

　　　承租事）　………………………………………………（183）

和 1867 年 12 月 2 日，拜一 ………………………………（184）

　　（查勘詳覆湯其源承應茂物病厝食物事）………………（184）

和 1867 年 12 月 7 日，拜六 ………………………………（185）

　　（查勘詳覆劉德江承應各處罪人衣服事）………………（186）

和 1867 年 12 月 13 日，拜五 ……………………………（187）

　　（緞奴嗄倫入稟懇牛郎沙里地造一蓋瓦之厝事）………（187）

　　（默氏張體元懇換葬伊二姊之墳事）……………………（187）

　　（陳豹懇牛郎沙里廟前之椰欓及一丘草滗付其自用事）…（188）

　　（公堂議定丹絨、式厘坡、慈致三地欲叫黎壘付人

　　　承稅事）　………………………………………………（188）

　　（張淵娘、葉長安夫妻欲求分離一案）　………………（189）

和 1867 年 12 月 14 日，拜四 ……………………………（190）

　　（續：查勘詳覆劉德江承應各處罪人衣服事）　………（190）

和 1867 年 12 月 18 日，拜三 ……………………………（191）

　　（付人承租 1868 年、1869 年、1870 年丹絨、式厘坡及

　　　慈致地取息事）　………………………………………（191）

和 1867 年 12 月 20 日，拜五 ……………………………（192）

　　（明誠書院 1868 年設教事）　…………………………（192）

　　（緞奴和倫其地稅當從公堂所定之例而行事）…………（193）

　　（查勘林承爵懇換黃明言為安呾入熾昌借銀事）………（193）

　　（續：鄭丁岸娘、吳南文夫妻分離一案）………………（193）

　　（林二娘、許得江夫妻欲求分離一案）　………………（194）

和 1868 年 1 月 7 日，拜二 ………………………………（195）

（查勘楊秀娘、黃元基安吼黃笨珍禮罰事）…………（196）

和 1868 年 1 月 14 日，唐丁卯十二月二十日，拜二 …………（196）

（陞雷珍蘭高瓊瑤為唐美惜甘室事）…………（197）

（陳爵用充明誠書院教讀立常規五欵事）…………（197）

和 1868 年 2 月 5 日，拜三 …………（198）

（查勘葉純全懇入熾昌借銀事）…………（198）

（查勘陳永文懇入熾昌借銀事）…………（199）

（查勘賴渭源懇入熾昌借銀事）…………（199）

（查勘林天懇入熾昌借銀事）…………（199）

（黃張生懇為伊堂兄默氏黃淑亨賜下蔭地一穴事）……（200）

和 1868 年 2 月 13 日，拜四。唐戊辰正月二十日 …………（201）

（大朱賴觀瀾求 1867 年兌風水冊補入 1868 年之數）……（203）

（1866 年兌式厘坡地風水項）…………（203）

（1866 年兌丹絨地風水項）…………（205）

（1866 年兌望吃山地風水項）…………（206）

（1866 年惹致地、丹絨、式厘坡田園地租收入）…………（206）

（1866 年收入總計）…………（206）

（1866 年公堂全年開支）…………（207）

（1867 年全年公堂出入鈐項條目）…………（209）

（1867 年兌式厘坡風水項）…………（209）

（1867 年兌丹絨地風水項）…………（211）

（1867 年惹致地、丹絨、式厘坡田園地租收入）…………（212）

（1867 年收入總計）…………（213）

（1867 年公堂全年開支）…………（213）

（1867 年收支總計）…………（217）

14

和 1868 年 2 月 13 日,拜四 ································· (217)

  (公勃低繳入和 1867 年全年公堂出入鈄項結冊) ······ (217)

  (循例可開 1868 年清明、七夕祭塚之費) ··········· (217)

和 1868 年 2 月 21 日,拜五 ························· (218)

  (默氏李昆茂入稟懇賜蔭地為其故妻葬墳事) ······· (218)

  (詹成娘、邱金生夫妻欲求分離一案) ··········· (219)

  (駱巳娘、郭乙生夫妻欲求分離一案) ··········· (219)

  (陳文速欲交還去年下半年義學先生束金事) ········ (220)

和 1868 年 2 月 24 日,拜一 ························· (221)

  (副挨實嗹委勘陳炳耀懇杉板二隻任其販往別處事) ··· (221)

和 1868 年 2 月 26 日,拜三 ························· (222)

  (查勘李派有懇入熾昌借銀事) ················· (222)

  (查勘吳水林懇入熾昌借銀事) ················· (222)

  (陳金娘告謝京來擋阻其姪女給婚字一案) ········· (223)

  (續:副挨實嗹委勘陳炳耀懇杉板二隻任其販往別
  處事) ······························· (224)

  (李來娘、陳杞夫妻欲求分離一案) ············· (225)

和 1868 年 2 月 29 日,拜六 ························· (226)

  (安頓分發協理雷珍蘭鬧聲、俸銀事) ··········· (226)

  (李月娘、黃德茂夫妻欲求分離一案) ··········· (227)

和 1868 年 3 月 6 日,拜五 ························· (228)

  (陳紹南入稟懇將胞兄陳攀郎葬墳換葬伊妻謝英娘
  為墳事) ····························· (228)

  (挨實嗹案奪准開公堂蓄項以為和 1868 年祭祀之費) ··· (229)

  (溫辛娘與其夫林廷興離婚一案) ··············· (229)

15

（議舉首到之人船主劉臏為金德院 聖母壽誕爐主事）… (230)

和 1868 年 3 月 10 日，拜二 ………………………………… (231)

（高西川陞任甲必丹，沈松茂、李子昌舍陞任雷珍蘭
之職）……………………………………………………… (231)

（查勘黃大學、洪碧泉、涂大慧懇入熾昌借銀事）……… (232)

和 1868 年 3 月 12 日，拜四 ………………………………… (233)

（酌量詳覆金德院盟誓胡勃實當勘察有遵例與否）…… (233)

和 1868 年 3 月 20 日，拜五 ………………………………… (234)

（查勘甘坤海懇入熾昌借銀事）………………………… (234)

（查勘黃福山懇入熾昌借銀事）………………………… (235)

和 1868 年 3 月 27 日，拜五 ………………………………… (236)

（查勘曾天生懇入熾昌借銀事）………………………… (236)

（蘇炎娘與其夫黃淑利求離一案）……………………… (237)

（葉曲娘與其夫劉吉生求離一案）……………………… (237)

（瑪腰告知可安置每月值闍公舘二員胡勃實、發付俸
銀三百盾事）…………………………………………… (238)

（陞高瓊瑤為唐美色甘雷珍蘭之職）…………………… (239)

（舉陳瓊瑞協理唐美色甘事務）………………………… (239)

（石亞榮入稟懇買壽域一所事）………………………… (239)

和 1868 年 4 月 9 日，拜四 ………………………………… (240)

（查勘陳維馨懇領錢項事）……………………………… (240)

和 1868 年 4 月 17 日，拜五 ………………………………… (241)

（謝庚娘懇重抄婚字事）………………………………… (242)

（詳覆歐亞珠懇在其地內預為壽域事）………………… (242)

（梁德水入稟懇要在其義塚築柱蓋瓦事）……………… (242)

16

（蔡蜜娘、林文淑夫妻不和欲求分離一案）……………（243）

（夏思娘、鄭元吉夫妻求離一案）………………………（244）

和 1868 年 4 月 24 日，拜五 ………………………………（245）

（查勘李克承懇入熾昌借銀事）…………………………（245）

（准歐亞珠懇為壽域在其地內）…………………………（245）

和 1868 年 5 月 1 日，拜五 ………………………………（247）

（大朱繳入清明牛郎沙里祭義塚開費一單）……………（248）

（公館掃灰循例開公堂蓄項事）…………………………（248）

（是嗎予礁等諸番人懇賜案奪各人所掌界內草滾，
付其執掌事）………………………………………（248）

（查勘甘傑山懇入熾昌借銀事）…………………………（249）

（查勘陳維馨懇入熾昌借銀事）…………………………（249）

（查勘楊長水懇入熾昌借銀事）…………………………（249）

和 1868 年 5 月 13 日，拜三 ……………………………（250）

（查勘饒奕才承應包修兵營曆事）………………………（251）

（查勘陳岩懇入熾昌借銀事）……………………………（251）

（查勘沈溫生懇入熾昌借銀事）…………………………（252）

（查勘劉德茂懇入熾昌借銀事）…………………………（252）

（陳彩四與劉辛娘爭子一案）……………………………（253）

（黃萬錄控鄭和退婚一案）………………………………（254）

（詳覆林溪勝懇從吧中甲必丹之妻故者免還之例而
行事）………………………………………………（254）

和 1868 年 5 月 19 日，拜三下午五點半鐘 …………（257）

（查勘陳延輝及劉添源擔保李拔萃被捉暗亞片事）……（257）

和 1868 年 5 月 22 日，拜五 ……………………………（258）

（查勘王文生懇入熾昌借銀事）……………………………（258）

（查勘胡甘陽懇入熾昌借銀事）……………………………（259）

和 1868 年 5 月 26 日,拜二 …………………………………（260）

（查勘黃欽郎承應惹致柴架事）……………………………（260）

和 1868 年 6 月 5 日,拜五 …………………………………（261）

（查勘彭元仁承應武營各色桶路事）………………………（261）

（查勘黃添才懇入熾昌借銀事）……………………………（262）

和 1868 年 6 月 11 日,拜四…………………………………（263）

（查勘林松桃及陳溫讓娘安吅林溪容壹萬盾之額事）……（263）

（張振銘懇移葬伊父張金生於亞森地事）…………………（264）

（大挨實嗹案奪林溪勝所懇不得承受）……………………（264）

和 1868 年 6 月 26 日,拜五…………………………………（265）

（查勘林炎照承應兵營病厝食物及包洗兵營衣服事）……（266）

（查勘彭元仁承應兵營病厝食物及包洗兵營衣服事）……（266）

（查勘甘坤海應包入馬里那椰油事）………………………（267）

（查勘陳金水懇換安吅人入熾昌借銀事）…………………（268）

（查勘謝天竹懇入熾昌借銀事）……………………………（268）

（查勘黃長發懇入熾昌借銀事）……………………………（269）

（查勘葉再興懇入熾昌借銀事）……………………………（269）

（林溫娘、柳三夫妻求離一案）……………………………（269）

（鍾辛娘、張添郎夫妻分離一案）…………………………（270）

和 1868 年 7 月 1 日,拜三 …………………………………（272）

（查勘吳桂陽等八人承應各兵營食物事）…………………（272）

（查勘吳桂陽承應各兵營食物事）…………………………（274）

（查勘緞葛蘭氏承應各兵營食物事）………………………（274）

18

（查勘緞勃禮偑承應各兵營食物事）…………………（274）

（查勘王天水承應各兵營食物事）………………………（275）

（查勘朱源泉承應各兵營食物事）………………………（275）

（查勘甘永全承應各兵營食物事）………………………（276）

（查勘張肇燮承應各兵營食物事）………………………（276）

（查勘湯二素承應各兵營食物事）………………………（277）

和 1868 年 7 月 6 日，拜一 ……………………………………（278）

（查勘余亞鉅懇應包入蚊甲椰油、生油事）………（278）

（查勘連文清懇要包入蚊甲米事）………………………（279）

和 1868 年 7 月 9 日，拜四 ………………………………………（280）

（查勘緞葛蘭氏懇承應包入南旁兵營食物、火柴、

火油事）………………………………………………………（280）

（查勘連益昌懇包入網甲椰油及火油事）………………（280）

（查勘胡甘陽懇入熾昌借銀事）…………………………（281）

和 1868 年 7 月 10 日，拜五 ……………………………………（282）

（查勘張肇燮承應入網甲油事）…………………………（282）

（查勘藍森樹懇換安呫人以入熾昌借銀事）………（283）

（查勘鄭仁諒懇換安呫人以入熾昌借銀事）………（283）

和 1868 年 7 月 11 日，拜六 ……………………………………（284）

（查勘李亞二懇要包入和 1869 年全年網甲米事）……（284）

（查勘吳澇全懇要包入網甲椰油、火油事）………（285）

（陳爵用入稟懇為義學停學事）…………………………（286）

和 1868 年 7 月 14 日，拜二 ……………………………………（286）

（查勘陳福潤承應包入南旁兵營食物事）………………（287）

（查勘劉亞四懇要應包入網甲椰油、火油事）………（287）

和 1868 年 7 月 24 日，拜五 ……………………………………………… （288）

　　（默氏陳振河懇蔭地為雙壙之墳）……………………………… （288）

　　（查勘郭炮懇換安呾人入熾昌借銀事）………………………… （289）

　　（查勘陳海源欲入熾昌借銀事）………………………………… （289）

和 1868 年 8 月 7 日，拜五 ……………………………………………… （290）

　　（查勘林強光承應包入南旁兵營食物事）……………………… （290）

　　（王庸修入稟懇要更易年例，削除設普而換祭獻

　　　以代事）………………………………………………………… （291）

　　（陳爵用入稟懇辭義學掌教事）………………………………… （292）

　　（顏涇石、林兼善、方奪侯、李方春入稟懇為明誠書院

　　　掌教事）………………………………………………………… （292）

和 1868 年 8 月 11 日，拜二 …………………………………………… （293）

　　（王上案奪追革甲必丹知廚禮黃錦章、雷珍蘭知廚禮

　　　黃德章之職銜）………………………………………………… （293）

　　（查勘李經元等諸人入字要應包理各驛亭該用箬健、

　　　器具事）………………………………………………………… （294）

　　（查勘藍森樹懇入熾昌借銀事）………………………………… （295）

　　（查勘林籲懇入熾昌借銀事）…………………………………… （295）

　　（義學訓導林兼善入稟為啓告入學日期事）…………………… （296）

和 1868 年 8 月 12 日，拜三 …………………………………………… （297）

　　（查勘王文信承應包入吧及海嶼戰船食物、火柴、

　　　火油事）………………………………………………………… （297）

和 1868 年 8 月 18 日，拜二 …………………………………………… （298）

　　（查勘陳深郎包入鋪路小石事）………………………………… （299）

　　（蘇紹宗上書王上懇欽賜雷珍蘭知廚禮之職事）……………… （299）

和 1868 年 8 月 22 日，拜六 …………………………………………… （301）

（默氏周木林入稟懇賜蔭地事） ……………………………（301）

和 1868 年 9 月 4 日,拜五 ………………………………………（302）

（查勘邱乙龍懇入熾昌借銀事） ……………………………（302）

（查勘蔡其所懇入熾昌借銀事） ……………………………（303）

（查勘葉再興懇入熾昌借銀事） ……………………………（303）

（查勘洪潑等 147 位唐人懇入熾昌借銀事） ………………（304）

和 1868 年 9 月 22 日,拜二 ……………………………………（315）

（查勘熊亞嬌要向馬里直干刀借銀,其當質及安吧人
可堪擔戴否） ………………………………………………（315）

（查勘蔡森林懇入熾昌借銀事） ……………………………（316）

（查勘郭福慶懇入熾昌借銀事） ……………………………（317）

（王瓊娘、陳福林夫妻財物糾紛一案） ……………………（317）

（大朱繳入開祭塚費用一單） ………………………………（320）

和 1868 年 9 月 24 日,拜四 ……………………………………（320）

（查勘林炎照應包入珍及惹呀毛吃、干冬圩兵營
食物事） ……………………………………………………（321）

和 1868 年 10 月 2 日,拜五 ……………………………………（322）

（默氏劉德茂入稟懇賜蔭地風水為雙壙事） ………………（322）

（查勘龔汶水懇入熾昌借銀事） ……………………………（322）

和 1868 年 10 月 9 日,拜五 ……………………………………（323）

（查勘詳覆原任朱葛礁徐金爐懇給賜口腹之資事） ……（323）

（查勘陳彩二應包造罪人眠床事） …………………………（324）

（詹水紅、蘇昭娘夫妻分離一案） …………………………（325）

（王瓊娘與夫陳福林求離一案） ……………………………（326）

（陳清風向伊妻楊愛娘索討物件一案） ……………………（326）

21

和 1868 年 10 月 16 日，拜五 ……………………………………（328）

（查勘邱水容懇入熾昌借銀事）………………………………（328）

（查勘陳泰山懇入熾昌借銀事）………………………………（329）

（查勘蔡其所懇入熾昌借銀事）………………………………（329）

（查勘林宗喜懇入熾昌借銀事）………………………………（330）

（查勘楊忠信懇入熾昌借銀事）………………………………（330）

（查勘陳江雨懇入熾昌借銀事）………………………………（331）

（查勘陳深郎應包入鋪路小石仔事）…………………………（331）

和 1868 年 10 月 22 日，拜四 ……………………………………（332）

（李榮昌懇易別處葬其母蔡癸娘為墳事）……………………（332）

和 1868 年 11 月 13 日，拜五 ……………………………………（333）

（查勘林朝全懇入熾昌借銀事）………………………………（334）

（查勘洪碧砼懇入熾昌借銀事）………………………………（334）

（施有山與其妻陳深娘生端一案）……………………………（335）

（舉陳溪豐為崙嗹、丹仔蚋、萬丹地雷珍蘭知廚禮之職）…（336）

和 1868 年 11 月 27 日，拜五 ……………………………………（336）

（挨實嗹致書公堂祈達知從唐例盟誓一事）…………………（337）

（查勘郭長福懇入熾昌借銀事）………………………………（338）

（查勘林砰懇入熾昌借銀事）…………………………………（339）

（挨實嗹附公堂掛咖令何簡東、何簡娘在亭神前盟誓

以雪其身事）………………………………………………（339）

和 1868 年 12 月 1 日，拜一 ……………………………………（340）

（副挨實嗹致書公堂祈查勘陳寶章、曾登郎懇要應

包入 1869 年息嗇巴 和大學全年食物事）………………（340）

《公案簿》原檔第十七冊

（1865 年 12 月 30 日至 1868 年 12 月 1 日）

和 1865[①] 年 12 月 30 日，拜六。即唐乙丑十一月十三日

（甲必丹陳濟哲陞任特授瑪腰之職）

承挨實嗹[②]於和 1865 年 12 月 22 日第 5058 號又 11 號致書，遵王上[③]於和 1865 年 12 月 20 日第 15 號案奪[④]，優意依准瑪腰陳永元告退任事，即賜原任瑪腰陳永元為瑪腰知廚禮[⑤]之職；即陞甲必丹陳濟哲官為特授瑪腰之職，唐叻[⑥]首領，理唐人事務。

存案。

即日，瑪腰陳濟哲官陞任。

風調雨順、國泰民安。其應定闤聲，悉依舊而行。

謹此，存案。

（原任瑪腰陳永元移交公堂物件、字頭、案簿清單）

即日，交盤公堂及瑪腰物件、字頭[⑦]、案簿等開列：

---

① 1865：原档为丨三十乂。旧时商场通用的苏州码字。

② 挨實嗹：荷蘭語、英語 Resident，直譯爲駐紮官，或譯作統監、省長、州長。此指巴達維亞（州）級最高行政長官。

③ 王上：亦作"大王"，指荷印總督，荷蘭語 Gouverneur－generaal。

④ 案奪：意爲判決、裁決。

⑤ 知廚禮：亦作"智廚禮"，荷蘭語 Titulair 音譯，意為名譽的、榮譽的。瑪腰知廚禮，即名譽或榮譽瑪腰。

⑥ 唐叻：即巴維亞華人評議會（荷蘭語名稱為：Chineschen Raad van Batavia）。

⑦ 字頭：閩南話，文件、證件。

交大銀盤八角下腳計陸個。

又交中銀盤八角高腳計貳個。

又交小號底花員式下腳銀盤壹個。

又交銀花葉和墨硯並銀墨硋、銀砂硋等貳副。

又交銀克絲花長式四方和墨硯並銀墨硋、銀砂硋等壹副。

又交銀鐘壹個。

又交小柴甲辦①壹個。

又交漆紅柴奉指壹個。

又交紅呭②桌圍壹條。

又交紅呭椅披玖條。

又交綠呭③桌罩貳條。

又交牛郎沙里地圖壹面。

又交案桌壹隻。

又交傍桌貳隻。

又交籐校椅④拾貳隻。

又交實多落⑤貳枝。

又交長條板椅貳隻。

又交大燈豎並腳壹對。

---

① 甲辦：亦作角辦，馬來語 Kabinet，一種存放錢財或其他貴重物品的小櫥櫃或小匣。

② 紅呭：閩南話，指紅色的呢絨布。

③ 綠呭：閩南話，指綠色的呢絨布。

④ 交椅：亦作校椅。閩南話，指有靠背和扶手的椅子。

⑤ 實多落：亦作實刀洛、咄多洛。馬來語 Setolop，意為吊燈、壁燈、玻璃燈，源自荷蘭語 Stolp。

又交守更器具撻刀壹枝、鈀貳枝、萬窒壹枝、戟貳杖、柴槌三枝。

又交守更器具架壹座。

又交柴聯匾①全副。

又交列位先甲大牌記②壹座。

又交公堂牌記③壹座。

又交鐵廚（櫥）壹座。

又交鎖匙叁枝。

又交印風水票印壹個。

又交兌風水圖書石印貳個。

又交和半桌貳隻。

又交公堂稅丹絨地、式里坡、惹致地 1857 年君得叻字④叁串。

又交公堂付邱桃稅丹絨、式里坡田園，自 1862 年 1 月份起至 1864 年 12 月終止，計三年君得叻字貳串。

又交公堂付邱桃稅丹絨、式里坡田園，自 1865 年 1 月

---

① 聯匾：即吧國公堂聯匾。上聯："竊願官清民樂通國歡聲歌化日"，下聯："惟期政簡訟平滿堂和氣引春風"。橫批："政貴有恆。"此聯為甲必丹王珠生(1790—1791 年在任)所書，懸掛於吧國公堂議事大廳內。

② 列位先甲大牌記：記述自蘇鳴崗至陳永元等 27 位歷代甲必丹姓氏年表，由甲必丹黃綿公於乾隆五十六年(1791)立序，後人續記。此甲大牌記為吧國公堂所懸木牌之一，與公堂牌記均存於公堂檔案內。

③ 公堂牌記：此牌記為吧國公堂所懸木牌之二(咸豐十一年，1861 年公堂同識)，記述公堂與公館的由來與變化。

④ 君得叻字：馬來語 Kontrak 音譯，源自荷蘭語 Contract，意為合同書、協議書。

4

份起至 1867 年 12 月終止，計三年君得叻字貳串。

又交公堂付邱桃稅惹致地田園，自 1862 年 1 月份起至 1864 年 12 月終止，計三年君得叻字壹串。

又交公堂付邱桃稅丹絨、式里坡田園，自 1860 年 1 月份起至 1861 年 12 月終止，計貳年君得叻字貳串。

又交公堂付梁德水稅惹致地田園，自 1865 年 1 月份起至 1867 年 12 月終止，計三年君得叻字壹串。

又交公堂付陳井稅丹絨、式里坡地田園，1859 年全年君得叻字計壹串。

又交公堂付陳井稅丹絨、式里坡田園，自 1859 年 1 月份起至 1861 年 12 月終止，計叁年君得叻字壹串。

又交公堂付陳井稅惹致地田園，自 1859 年 1 月份起至 1861 年 12 月終止，計叁年君得叻字壹串。

又交公堂付陳井稅惹致地田園 1860 年全年，並安呾人蔣登光君得叻字貳串。

又交公堂付詹亞丁 1861 年包做丹絨祀壇君得叻字壹串。

又交公堂付林冉鸞 1861 年填地君得叻字壹串。

又交公堂付王約司 1861 年包築觀音亭路君得叻字壹串。

又交公堂付林冉鸞 1861 年包築觀音亭路君得叻字壹串。

又交公堂付詹亞丁 1862 年修理公舘事君得叻字壹串。

又交公堂付李亞桂 1861 年包修理觀音亭橋君得叻字壹串。

又交和字①唐人條規貳本。

又交兌風水簿,自 1829 年起至 1865 年止,壹拾玖本。

又交新舊客及吧生長給陸路出水簿,自 1829 年起至 1865 年止,計捌拾壹本。

又交新舊客簿,自 1834 年起至 1865 年止,計拾壹本。

又交暹客簿②,自 1852 年起至 1865 年止,計貳本。

又交州府簿③,自 1857 年起至 1865 年止,計貳本。

又交新客案奪簿,自 1844 年起至 1850 年止,計壹本。

又交新舊客及吧生長陸路出水和簿,自 1841 年起至 1865 年止,計四拾四本。

又交和路字④、數簿⑤,計貳拾捌本。

又交唐字⑥告示,計拾壹張。

又交學士椅柒隻。

又交甲必丹牌壹對。

又交金爪壹對。

又交執事腳壹對。

又交柴腳罤⑦壹塊。

---

① 和字:荷蘭文字。

② 暹客簿:登記由暹羅前來吧城的華人的姓名、年齡,來吧城的時間及其在吧城住址的記錄。

③ 交州府簿:登記由交州(越南)前來吧城的華人的姓名、年齡,來吧城的時間及其在吧城住址的記錄。

④ 路字:閩南話,通行證之一,指此地到彼地的通行證。

⑤ 數簿:閩南話,賬簿、賬冊。

⑥ 唐字:中國文字。

⑦ 柴腳罤:腳罤,俗稱"腳拘",閩南話,腳銬、腳鐐。柴腳罤,即木制腳銬。

6

又交現鈁項公勃低①掌在櫃內，自 1855 年起至 1865 年 12 月終止，計銀伍萬貳千五佰 25.55 盾。

又交公舘厝②八仙單③貳紙，其八仙還至 1865 年全年止。

又交掌地君眉司④准免卅惹致地⑤八仙字壹串。

又交合約於緞伴蘭職做式里坡⑥地約字壹串。

又交稅丹絨⑦、式里坡二地舊君得呪字壹串。

又交准惹致地分作貳份字壹紙。

又交惹致地字連糧地字並地圖共壹大串。

又交式里坡地字連糧地字共壹串。

又交丹絨地字新舊壹串。

又交丹絨地圖壹紙。

又交丹絨上帝廟字壹紙。

又交惹致地八仙單新舊計貳紙，其八仙還完至 1865 年

---

① 公勃低：荷蘭語 Gecommitteerde，意爲代理人、受委託人，理事，監事。此指受吧國公堂委託每月輪值的甲必丹、雷珍蘭、署理公堂事務的名譽雷珍蘭等。

② 公舘厝：址在吧城城南中港仔，今爲掌更岸街（Jalam Tongkanjan）內。

③ 八仙單：八仙，荷蘭語 Percent，馬來語 Persen，原指百分比、比率，引申爲費率、手續費、酬金、收費、收稅等。八仙單，指完納登記費用的證明或單據。

④ 君眉司：荷蘭語 Commissie，馬來語 Komisi，專員、委員，

⑤ 惹致地：亦作喏致地，惹致塚地之簡稱，在丹絨塚地之南。該處原爲柚木（Jati）產地，故名。

⑥ 式里坡：亦作式厘皮、式厘卑、式厘陂、系里卑，Selipi，吧城華人公共墓地之一，位於吧城西南。

⑦ 丹絨：亦作“丹戎”，地名，Tanjung Grogol，吧城華人墳墓集中地，在吧城西南部。1809 年荷印政府決定不在吧城內興建新塚，將華人墓地集中在此地，20 世紀 70 年代被拆毀。

7

全年止。

又交式里坡地八仙單壹紙，其八仙還完至 1865 年全年止。

又交丹絨地並上帝廟八仙單貳紙，其八仙還完至 1865 年全年止。

又交公堂付大朱①掛咖②過名惹致地字壹串。

又交公堂掌塚項君厘書字稿貳紙。

又交公堂買過瑪腰陳永元舍 惹致地梁礁字③壹串。

又交公舘厝字④並糧地官之糧字計叁串。

又交高瓊瑤甲過叻公舘名字君得叻壹串。

又交高瓊瑤甲做梁礁字賣過公舘厝君得叻字壹串。

又交公堂對美惜甘⑤嘧喳嘮式里坡地得勝、小商⑥ 1853 年案奪字⑦壹串。

又交小商 1853 年 6 月 10 日案奪字美惜甘不得討算數與公堂字壹串。

又交蘭得叻⑧案奪字，因美惜甘是礁⑨公堂討算式里陂地數。1853 年 2 月 28 日案奪，美惜甘不得追討字壹串。

---

① 大朱：指賴觀瀾，1856 年任職。

② 掛咖：亦作掛卅、掛些、掛沙，馬來語 Kuasa 對音，源自梵語，意爲委託、代理。

③ 梁礁：荷蘭語 Notaris，公證人。梁礁字，即公證書。

④ 厝字：閩南話，房契，房產證書。

⑤ 美惜甘：亦作美色甘，荷蘭語 Weeskamer，孤貧養濟院。

⑥ 小商：亦作"小雙"，為"小雙柄"（亦作"小相柄"）之簡稱，荷印地方評議院。

⑦ 案奪字：閩南話，判決書、裁決書。

⑧ 蘭得叻：亦作蘭得力、蘭值力、蘭直力，荷蘭語 Landraad，荷印地方法院。

⑨ 是礁：亦作詩礁、施礁、絲礁，馬來語 Sita 之音譯，意爲传票、起訴或控告。

又交王上案奪字,准唐人可回唐召來廚工①案奪字,1863 年 28 張,1864 年 24 張,1865 年 40 張,共玖拾貳張。

又交收丹絨園稅簿,自 1830 年起至 1839 年止,計壹本。

又交各州府來吧數簿,自 1832 年起至 1865 年止,計壹拾本。

又交君厘書簿,自 1829 年起至 1865 年止,計拾柒本。

又交報人死簿,自 1832 年起至 1865 年止,計拾貳本。

又交婚簿,從二朱陳玉長官所錄一紙,自 1807 年起至 1865 年止,計四拾四本。

又交公舘案簿,從二朱陳玉長官所錄一紙,自 1772 年起至 1865 年止,計貳拾本。

又交公堂案簿,從二朱陳玉長官所錄一紙,自 1787 年起至 1865 年止,計叁拾本。

又交離婚簿計叁本。

又交久年數簿計陸拾壹本。

又交錢單路批簿拾本。

又交唐鑒光②人等求賭數簿,計柒本。

又交大淡③領字頭花押簿,計貳拾貳本。

又交副淡④領字頭花押簿,計貳拾叁本。

---

① 廚工:馬來語 Tukang,意為能工巧匠,技工、工匠、師傅。

② 鑒光:亦作監光,監江、甘榜,馬來語 Kampung,意爲村莊、居民區。

③ 大淡:大淡板公(馬來語 Tumenggung)简稱。此指挨實嗹(Resident),駐紮官,州长。俗稱大淡。

④ 副淡:副淡板公(馬來語 Tumenggung)简稱。此指副挨實嗹,亦作亞實顛挨實嗹(Assistent resident,),副駐紮官、副州長。俗稱副淡。

又交蘭得力 1845 年、1846 年、1853 年字頭，計叁本。

又交蘭得力押號簿計叁本。

又交大淡字頭，自 1832 年起至 1862 年止，計叁拾六本。

又交大淡字頭 1862 年叁張、1860 年四張、1863 年貳張、1865 年拾張，共拾玖張。

又交副淡字頭 1862 年拾貳張、1864 年叁張、1865 年叁百叁拾陸張、1863 年陸張、1842 年至 1864 年叁拾五張，共叁百玖拾貳張。

又交副淡字頭，自 1853 年起至 1865 年止，計壹拾四本。

又交詳覆大淡字頭，自 1832 年起至 1865 年止，計四拾玖本。

又交詳覆副淡字頭，自 1848 年起至 1865 年止，計貳拾八本。

又交詳覆副淡字頭 1835 年、1854 年，計貳本。

又交往來舊字頭，計壹千捌百四拾壹張。

又交罪人爪亞①地來四名：張容水、張清光，此二名半個月須詳一次；張春河、娘仔劉亞溫，此二名一個月須詳一次。此四名，其案奪字已現交在縫簿內。坤甸②來計五名，准居吧地，聞二名故，須查饒奕才便知。餘者三名，每六個月須詳一次。

---

① 爪亞：Java，即爪哇之同名異譯。
② 坤甸：亦作昆甸、昆殿，Pontianak，地名，在加里曼丹島（婆羅洲）西岸，為西加里曼丹首府和首要商埠。

又交唐美惜甘糧地干刀①字計陸張。

和1865年12月30日，公勃低高西川官、黃清淵官點錄奉交。

存案。

（瑪腰、甲必丹、雷珍蘭、朱葛礁為本期記錄簽名：馬來文草書）

Tan Tjoentiat（陳濬哲）　　Tan Soetjiong（陳思聰）

Ko Setjoan （高西川）　　The Tianwki（鄭肇基）

Tan Kongsoej（陳江水）　　Tan Boensok（陳文速）

Ni Boentjiang（連文清）　　Oeij Tjengian（黃清淵）

和1866年1月5日，拜五

公堂設嘧喳嘮②

瑪腰陳濬哲官仝雷珍蘭陳思聰官，雷珍蘭高西川官、雷珍蘭鄭肇基官、雷珍蘭陳江水官、雷珍蘭黃清淵官、雷珍蘭陳文速官、雷珍蘭連文清官、雷珍蘭陳江流官、朱葛礁賴觀

---

① 干刀：亦作關都、官都，馬來語Kantor，源自荷蘭語Kantoor，辦事處、辦公室。

② 嘧喳嘮：亦作密喳嘮，馬來語Bicara，意爲訴訟、審判、議事。

瀾官俱在座。陳光華①甲，不到。

（公堂決議簡化購買風水塚地手續）

瑪腰（陳濬哲）請："前者買風水丹絨、式厘坡地，必先公勃低勘過方可取買，此有艱於買人，又多煩公勃低屢到查勘。晚弟意謂，此例免行。孰若就蠻律②先查明白出單無傷，即可取買。至月終列單呈閱，然後外務公勃低到處查察，猶為兩便。懇列台裁奪。"

列台曰："可行。"

存案。

（陶甲汶娘、陳傑欲求分離一案）

陶甲汶娘年20歲，住五腳橋，請伊夫陳傑。為遵甲必丹命，氏從夫歸家，至家氏仍以賣粿圖利。不意拙夫竟將室內褥仔蓆一暨搬去伊父之厝，且云此厝今既無稅，任汝欲往何處。伏乞明判，使速分離。

吊訊陳傑年29歲，住全上，供云："晚非不承受，實因拙妻行止不端，逐日遊蕩。雖未可指明，然可疑者屢屢不信，試問該默③便知其詳。今拙妻欲求分離，晚固願從。"

---

① 陳光華：Tan Kong Hua，1829 年生。1847 年 12 月 21 日 18 歲時，與連鳳池之女連寶娘（17 歲）成婚於薄面街。1863 年 9 月 16 日任協理雷珍蘭，1866 年 11 月 11 日陞任雷珍蘭。1884 年 4 月 25 日去世，葬丹絨塚地，享年 56 歲。

② 蠻律：亦作闆律、曼律、萬律，馬來語 Mandor 音譯，頭目、督工。

③ 默："默氏"或"默是"簡稱。馬來語 Bek，荷蘭語 Wijkmeester 的簡略音譯，意爲街區負責人。有"正默"、"副默"之別。

吊訊默氏鍾欽五,供云:"此陶甲汶娘居晚界內,果聞人言屢屢私通番人。晚欲捉已經四五次,俱不獲,諒所為素有不善,故有外言如此。所供是實。"

列台覆訊陶甲汶娘及陳傑,供如公勃低所詳。

公堂會議:"二比既已絕情,合准其離邊。"

存案。

(瑪腰、甲必丹、雷珍蘭、朱葛礁為本期記錄簽名:馬來文草書)

Tan Tjoentiat（陳濟哲）	Tan Soetjiong（陳思聰）
Ko Setjoan（高西川）	The Tianwki（鄭肇基）
Tan Kongsoej（陳江水）	Oeij Tjengian（黃清淵）
Tan Boensok（陳文速）	Ni Boentjiang（連文清）
Tan Konglioe（陳江流）	Loa Koanlan（賴觀瀾）

和 1866 年 1 月 12 日,拜五

瑪腰陳濟哲官、雷珍蘭陳思聰官、雷珍蘭鄭肇基官、雷珍蘭陳江水官、雷珍蘭陳文速官、雷珍蘭連文清官、雷珍蘭陳江流官、朱葛礁賴觀瀾官俱在座。高西川甲、黃清淵甲、陳光華甲,不到。

(蔡奇文、蔡奇章入稟懇為蔭伊父壽域事)

據蔡奇文及蔡奇章入稟,懇要蔭伊父壽域在式厘坡 韓

13

懷仁①、韓懷然甲地内,要照例還項。

公堂閱稟,會議:"既是韓懷仁、韓懷然甲之地,與公堂之地無傷,准懇可也。"

存案。

(梁三娘、劉新秀離婚一案)

公舘公勃低連文清甲詳。

梁三娘再請:"氏前蒙公堂判令仍歸夫家,不意家姑不納,且又趕逐。氏實不能堪,乞判分離。"

吊訊劉新秀,供云:"拙妻所請趕逐,非也。因拙妻無禮於家母甚矣。又自愛生端,晚亦屢被其辱。今他欲求分離,晚願從其便。"

將情申詳公堂大嘧内裁奪。

列台覆訊梁三娘及劉新秀,供如公勃低所詳。

公堂會議:"二比既已生端屢屢,前經判回,今又再請。況又不孝翁姑,自犯七出之條②。宜判准其離邊,任各別適。"

存案。

(瑪腰、甲必丹、雷珍蘭、朱葛礁為本期記錄簽名:馬來文草書)

Tan Tjoentiat (陳潛哲)　　　　Tan Soetjiong(陳思聰)

---

①　韓懷仁:Han Hoadjin,1868 年 1 月 12 日舉為于冬圩雷珍蘭。1876 年 8 月 17 日被罷職。

②　七出之條:中國古代社會丈夫遺弃配偶的七種理由。《孔子家語·本命解》:"婦有七出、三不去:不順父母者,無子者,淫僻者,嫉妬者,惡疾者,多口舌者,竊盜者。"

14

The Tianwki（鄭肇基）　　　Tan Kongsoej（陳江水）

Tan Boensok（陳文速）　　　Ni Boentjiang（連文清）

Tan Konglioe（陳江流）　　　Loa Koanlan（賴觀瀾）

和1866年1月27日，拜六。唐乙丑十二月十一日吉旦

（陞雷珍蘭陳思聰舍為甲必丹、協理雷珍蘭陳江流官為特授雷珍蘭之職）

承挨實嗹於和1866年1月24日第336號又11號致書公堂，遵王上於和1866年1月17日第22號案奪，陞雷珍蘭陳思聰舍為甲必丹之職，陞協理雷珍蘭陳江流官為特授雷珍蘭之職，為窒①公堂。即日，敬請甲必丹陳思聰舍榮任，雷珍蘭陳江流官榮任。

定應值公舘公勃低

壹闖：甲必丹陳思聰舍、雷珍蘭陳江流官，一、五、九（月）。

貳闖：雷珍蘭高西川官、雷珍蘭連文清官，二、六、十（月）。

叁闖：雷珍蘭鄭肇基官、雷珍蘭陳文速官，三、七、十一（月）。

---

① 窒：荷蘭語 Lid，意為（委員會）委員。

15

肆圖:雷珍蘭陳江水官、雷珍蘭黃清淵官,四、八、十二（月）。

定應值外務公勃低

壹圖:甲必丹陳思聰舍、雷珍蘭陳江流官,二、六、十（月）。

貳圖:雷珍蘭高西川官、雷珍蘭連文清官,三、七、十一（月）。

叁圖:雷珍蘭鄭肇基官、雷珍蘭陳文速官,四、八、十二（月）。

肆圖:雷珍蘭陳江水官、雷珍蘭黃清淵官,一、五、九（月）。

定應值干刀公勃低

壹圖:甲必丹陳思聰舍、雷珍蘭陳江流官,三、七、十一（月）。

貳圖:雷珍蘭高西川官、雷珍蘭連文清官,四、八、十二（月）。

叁圖:雷珍蘭鄭肇基官、雷珍蘭陳文速官,一、五、九（月）。

肆圖:雷珍蘭陳江水官、雷珍蘭黃清淵官,二、六、十（月）。

定應值各務公勃低

一、二[①],掌水淬。三、四,掌買辦。

五、六,掌工役。七、八,掌街衢。

---

① 一、二:此序號(包括下文之三、四,五、六,七、八)指公堂官員的排位。

16

定掌塚及掌廟宇公勃低

一、三、五、七,掌塚務。

二、四、六、八,掌廟務。

上定應值之人,依鬮輪流,週而復初。倘應值之人遇有事故或不暇,則協理雷珍蘭陳光華官代之。

謹此,存案。

公堂設嘧喳嘮

瑪腰陳濬哲官、甲必丹陳思聰官、雷珍蘭高西川官、雷珍蘭鄭肇基官、雷珍蘭陳江水官、雷珍蘭陳文速官、雷珍蘭連文清官、雷珍蘭陳江流官、朱葛礁賴觀瀾官俱在座。黃清淵甲,不到。

(定擴修公舘條款十二條)

瑪腰(陳濬哲)請:"前晚弟上任之日,挨實嗹駕臨,有嫌公舘狹隘,宜乎擴充加大,合當從命。茲據各貓氏①:王約司出價包創公舘銀 1 800 盾,修丹絨廟的價銀 700 盾;溫榮壽的價修公舘銀 1 600 盾,修丹絨廟的價銀 750 盾;詹亞丁的價修公舘銀 1 590 盾,修丹絨廟無出;鄧亞鳳的價修公舘銀 1 600 盾,修丹絨廟的價銀 750 盾正;蕭亞四的價修公舘銀 1 500 各盾,修丹絨廟無出。又該開買廚(櫥)、椅、棹,銀 300 盾。"

列台會議:"既蕭亞四的價修公舘銀 1 500 盾,王約司

---

① 貓氏:亦作峇氏,荷蘭語 Baas 音譯,頭人、工頭。

的栖①修上帝廟銀 700 盾，又該買椅、棹銀 300 盾。此最低之價，可上書挨實嗹，用公堂名。瑪腰及朱②押號，懇發公堂蓄項支用。"

存案。

定修公舘條款詳下：

一、公堂後壁移入六腳距③。

一、兩邊房間外廳再開二門。

一、公堂右邊開一圓門。

一、外廳右邊開一門，免扇。

一、公堂及公舘須鋪地版十腳距闊，長依其廳。

一、公堂案棹釘綠呸。

一、公堂傍案棹邊二個，中一個。

一、公堂文公椅八隻。

一、港墘短牆一條，並補腳罤間④後壁。

一、公堂左邊小門換新。

一、造柴架仔二個。

一、公堂公舘修好，掃灰過漆⑤。

以上 12 條，依款而行。

存案。

---

①　的栖：亦作的西，荷蘭語 Taxatie，意為檢驗、察驗、評估。
②　朱：朱葛礁（秘書）簡稱。
③　腳距：亦作卩距，馬來語 Kaki，長度單位。
④　腳罤間：閩南話，牢房。
⑤　掃灰過漆：閩南話，粉刷和油漆。

（瑪腰、甲必丹、雷珍蘭、朱葛礁為本期記錄簽名：馬來文草書）

Tan Tjoentiat（陳潨哲）　　Tan Soetjiong（陳思聰）

Ko Setjoan（高西川）　　The Tianwki（鄭肇基）

Tan Kongsoej（陳江水）　　Tan Boensok（陳文速）

Ni Boentjiang（連文清）　　Tan Konglioe（陳江流）

Loa Koanlan（賴觀瀾）

和 1866 年 2 月 1 日，拜五

公堂設嘧喳嘮

瑪腰陳潨哲官、甲必丹陳思聰官、雷珍蘭高西川官、雷珍蘭鄭肇基官、雷珍蘭陳江水官、雷珍蘭黃清淵官、雷珍蘭陳文速官、雷珍蘭連文清官、雷珍蘭陳江流官、朱葛礁賴觀瀾官俱在座。

（公堂評議沈松茂等七人求職口詞）

承挨實嗹於和 1866 年 1 月 14 日第 40 號又□號致書公堂，附七人口詞。祈查勘酌量，誰者可堪薦舉？詳覆當參觀和 1865 年 11 月 31 日第 134 號所詳書。

謹將入字①人姓名詳下：

陳玉長，計六員取堪。

---

①　入字：閩南話，呈文、上書。

陳瓊瑞①，計六員取堪。因黃清淵甲係甥舅之親，不得在議，僅五員取堪。

沈松茂，計七員取堪。

韓懷仁，計一員取堪。

吳榮輝，計二員取堪。

李子昌②，計三員取堪。

王文旦，俱不錄。

列台閱書及七口詞，議曰："據口詞所陳，俱懇補協理雷珍蘭知廚禮之職。本堂深考諸人素行，就中採取可堪是職者計有四人：沈松茂、陳玉長、陳瓊瑞、李子昌。餘待後會。惟冀挨實唓裁奪選定特薦。"

存案。

(公堂議革罷吳江水達氏之職)

瑪腰(陳濬哲)請："前者達氏③吳江水本付兼理，未有實任。今聞外處迫勒所費，既得辛金④，又迫取外項，甚不

---

① 陳瓊瑞：Tan Ken Soei，瑪腰陳濬哲之子，1837 年生於吧城 觀音亭。1853 年 5 月 12 日 20 歲時，與 19 歲的余雪娘成婚，1866 年 4 月 20 日舉為協理雷珍蘭。1872 年 3 月 4 日上書懇陞雷珍蘭，未果。陳瓊瑞自 1868 年起分理唐人美色甘事務，至 1880 年 4 月 23 日告退，受封欽賜雷珍蘭。

② 李子昌：Lie Tjoe Tjiang，1828 年生。1851 年 12 月 30 日 24 歲時，與 21 歲的沈未娘成婚於八戈然。1866 年 11 月 15 日舉為雷珍蘭知廚禮，1868 年 2 月 22 日陞任雷珍蘭之職。

③ 達氏：亦作達事，荷蘭語 Soldaat，兵卒。公堂之設達氏，始於 1633 年。據《開吧歷代史記》1633 年條記載，"爲達氏者，公班牙(衙)給其祿"。林連觀爲公堂首任達氏。

④ 辛金：亦作辛勞、薪勞，閩南話，薪金，工錢。

合式。祈列台裁奪。"

列台曰："既然所為如此,可隨革罷理達事。"

即諭吳江水知悉。

存案。

(瑪腰、甲必丹、雷珍蘭、朱葛礁為本期記錄簽名:馬來文草書)

Tan Tjoentiat（陳濟哲）　　Tan Soetjiong（陳思聰）

Ko Setjoan（高西川）　　The Tianwki（鄭肇基）

Tan Kongsoej（陳江水）　　Oeij Tjengian（黃清淵）

Tan Boensok（陳文速）　　Ni Boentjiang（連文清）

Tan Konglioe（陳江流）　　Loa Koanlan（賴觀瀾）

和 1866 年 2 月 5 日,拜一

公堂設嘧喳嘮

瑪腰陳濟哲官、甲必丹陳思聰官、雷珍蘭高西川官、雷珍蘭陳文速官、雷珍蘭連文清官、雷珍蘭陳江流官、朱葛礁賴觀瀾官俱在座。鄭肇基甲、陳江水甲、黃清淵甲、陳光華甲,不到。

(查勘詳覆李克承懇入熾昌借銀事)

承熾昌[①]干刀寄下李克承口詞,懇入熾昌負欠銀壹拾

---

① 熾昌:亦作熾昌干刀、熾昌號。19 世紀吧城 華人的主要借貸機構。

陸千盾,援安呾人陳濟祥、黃清淵。祈查勘詳覆。

吊訊李克承年 24 歲,住八茶貫^①,供云:"晚果有入字燬昌干刀銀 16 000 盾正,援安呾人陳濟祥及黃清淵。"

吊訊陳濟祥、黃清淵,供云:"職等果願安呾。"

列台會議:"可堪。"

存案。

唐乙丑十二月二十日,和 1866 年 2 月 5 日,拜一

公堂封印大吉

風調雨順、國泰民安。

定查驗唐船、甲板

兩位一鬮,一鬮兩日,依鬮輪流,週而復初。於明日算起,倘應值之人或有事故不暇,則協理雷珍蘭陳光華官代之。

壹鬮:甲必丹陳思聰舍、雷珍蘭陳江流官。

貳鬮:雷珍蘭高西川官、雷珍蘭連文清官。

叁鬮:雷珍蘭鄭肇基官、雷珍蘭陳文速官。

肆鬮:雷珍蘭陳江水官、雷珍蘭黃清淵官。

謹此,存案。

---

① 八茶貫:亦作八茶罐、八茶礶,馬來語作 Patekoan,今名 Jalan Perniagaan Selatan。吧城地名,位於小南門外,

唐丙寅正月廿日，即和1866年3月6日，拜二

公堂開印大吉

竊願官清民樂，通國歡聲歌化日；惟期政簡訟平，滿堂和氣引春風。[①]

定應值公館公勃低

壹圖：甲必丹陳思聰舍、雷珍蘭陳江流官，一、五、九（月）。

貳圖：雷珍蘭高西川官、雷珍蘭連文清官，二、六、十（月）。

叁圖：雷珍蘭鄭肇基官、雷珍蘭陳文速官，三、七、十一（月）。

肆圖：雷珍蘭陳江水官、雷珍蘭黃清淵官，四、八、十二（月）。

定應值外務公勃低

壹圖：甲必丹陳思聰舍、雷珍蘭陳江流官，二、六、十（月）。

貳圖：雷珍蘭高西川官、雷珍蘭連文清官，三、七、十一（月）。

叁圖：雷珍蘭鄭肇基官、雷珍蘭陳文速官，四、八、十二（月）。

---

① 竊願官清民樂，通國歡聲歌化日；惟期政簡訟平，滿堂和氣引春風：此對聯為原懸掛於吧國公堂議事大廳內的木刻金字牌匾對聯。

肆鬮：雷珍蘭陳江水官、雷珍蘭黃清淵官，一、五、九
（月）。

定應值干刀公勃低

壹鬮：甲必丹陳思聰舍、雷珍蘭陳江流官，三、七、十一
（月）。

貳鬮：雷珍蘭高西川官、雷珍蘭連文清官，四、八、十二
（月）。

叁鬮：雷珍蘭鄭肇基官、雷珍蘭陳文速官，一、五、九
（月）。

肆鬮：雷珍蘭陳江水官、雷珍蘭黃清淵官，二、六、十
（月）。

定應值各務公勃低

一、二，掌水淬。二、四，掌買辦。

五、六，掌工役。七、八，掌街衢。

定掌塚及掌廟宇公勃低

一、三、五、七，掌塚務。

二、四、六、八，掌廟務。

上定應值之人，依鬮輪流，週而復初。倘應值之人遇有
事故或不暇，則協理雷珍蘭陳光華官代之。

謹此，存案。

（1865 年公堂全年收支結冊）

茲錄和 1865 年全年公堂收項及開費結冊便覽。

承和 1864 年 12 月終結，尚存銀肆萬柒千零陸拾陸盾

24

陸角捌隻①。

計開兌式厘陂及丹絨地風水，逐條抄錄。

（兌式厘陂地風水）

和 1865 年 1 月 2 日，林禎祥買式厘坡地一穴，闊 12 腳距、長 24 腳距，收銀 67.7 盾。

和 1865 年 2 月 8 日，蔡文娘買式厘坡地一穴，闊 12 腳距、長 24 腳距，收銀 67.7 盾。

和 1865 年 2 月 16 日，張春英買式厘坡地一穴，闊 12 腳距、長 24 腳距，收銀 67.7 盾。

和 1865 年 3 月 6 日，楊永吉買式厘坡地一穴，闊 12 腳距、長 24 腳距，收銀 67.7 盾。

和 1865 年 3 月 16 日，林成山買式厘坡地一穴，闊 12 腳距、長 24 腳距，收銀 67.7 盾。

和 1865 年 3 月 24 日，張立昌買式厘坡地一穴，闊 12 腳距、長 24 腳距，收銀 67.7 盾。

和 1865 年 4 月 8 日，徐表水買式厘坡地一穴，闊 12 腳距、長 24 腳距，收銀 67.7 盾。

和 1865 年 4 月 11 日，王文旦買式厘坡地一穴，闊 12 腳距、長 24 腳距，收銀 67.7 盾。

和 1865 年 5 月 22 日，馮謹山買式厘坡地一穴，闊 12 腳距、長 24 腳距，收銀 67.7 盾。

和 1865 年 5 月 26 日，張粉買式厘坡地一穴，闊 12 腳

---

① 隻，亦作"占"，貨幣單位，分，荷蘭語 Cent，100 隻（占）等於 1 盾。

距、長 24 腳距,收銀 67.7 盾。

　和 1865 年 6 月 23 日,朱謙吉買式厘坡地一穴,闊 12 腳距、長 24 腳距,收銀 67.7 盾;又林璧娘買式厘坡地一穴,闊 12 腳距、長 24 腳距,收銀 67.7 盾。

　和 1865 年 6 月 30 日,溫新德買式厘坡地一穴,闊 12 腳距、長 24 腳距,收銀 67.7 盾。

　和 1865 年 7 月 10 日,陳宗秀買式厘坡地一穴,闊 12 腳距、長 24 腳距,收銀 67.7 盾。

　和 1865 年 7 月 12 日,王光華買式厘坡地一穴,闊 12 腳距、長 24 腳距,收銀 67.7 盾。

　和 1865 年 7 月 19 日,許清溪甲買式厘坡地一穴,闊 12 腳距、長 24 腳距,收銀 67.7 盾。

　和 1865 年 7 月 27 日,黃錦章甲買式厘坡地一穴,闊 12 腳距、長 24 腳距,收銀 67.7 盾。

　和 1865 年 8 月 3 日,鄧精英買式厘坡地一穴,闊 12 腳距、長 24 腳距,收銀 67.7 盾。

　和 1865 年 8 月 11 日,陳鹹生買式厘坡地一穴,闊 12 腳距、長 24 腳距,收銀 67.7 盾。

　和 1865 年 8 月 18 日,陳擇娘買式厘坡地一穴,闊 12 腳距、長 24 腳距,收銀 67.7 盾。

　和 1865 年 8 月 25 日,黃錦章甲買式厘坡地一穴,闊 12 腳距、長 24 腳距,收銀 67.7 盾。

　和 1865 年 9 月 6 日,林戊寅買式厘坡地一穴,闊 12 腳距、長 24 腳距,收銀 67.7 盾。

　和 1865 年 9 月 12 日,黃錦章甲買式厘坡地一穴,闊

12 腳距、長 24 腳距,收銀 67.7 盾。

　和 1865 年 9 月 13 日,洪天庇買式厘坡地一穴,闊 12
腳距、長 24 腳距,收銀 67.7 盾。

　和 1865 年 9 月 20 日,陳清風買式厘坡地一穴,闊 12
腳距、長 24 腳距,收銀 67.7 盾。

　和 1865 年 9 月 23 日,張燦光買式厘坡地一穴,闊 12
腳距、長 24 腳距,收銀 67.7 盾。

　和 1865 年 9 月 26 日,張長恩買式厘坡地一穴,闊 12
腳距、長 24 腳距,收銀 67.7 盾;又余亞鉅買式厘坡地一穴,
闊 12 腳距、長 24 腳距,收銀 67.7 盾。

　和 1865 年 10 月 7 日,陳朴順買式厘坡地一穴,闊 12
腳距、長 24 腳距,收銀 67.7 盾。

　和 1865 年 10 月 17 日,黃松溪買式厘坡地一穴,闊 12
腳距、長 24 腳距,收銀 67.7 盾;又李清溪買式厘坡地一穴,
闊 12 腳距、長 24 腳距,收銀 67.7 盾。

　和 1865 年 10 月 19 日,黃景山買式厘坡地一穴,闊 12
腳距、長 24 腳距,收銀 67.7 盾。

　和 1865 年 10 月 30 日,黃蒲買式厘坡地一穴,闊 12 腳
距、長 24 腳距,收銀 67.7 盾;又朱必娘買式厘坡地一穴,闊
12 腳距、長 24 腳距,收銀 67.7 盾。

　和 1865 年 11 月 1 日,馬陰娘買式厘坡地一穴,闊 12
腳距、長 24 腳距,收銀 67.7 盾。

　和 1865 年 11 月 3 日,林壬娘買式厘坡地一穴,闊 12
腳距、長 24 腳距,收銀 67.7 盾。

　和 1865 年 11 月 8 日,蔡蓉娘買式厘坡地一穴,闊 12

腳距、長 24 腳距,收銀 67.7 盾。

和 1865 年 11 月 16 日,高仰買式厘坡地一穴,闊 12 腳距、長 24 腳距,收銀 67.7 盾。

和 1865 年 11 月 25 日,陳德山買式厘坡地一穴,闊 12 腳距、長 24 腳距,收銀 67.7 盾。

和 1865 年 12 月 9 日,盧怪娘買式厘坡地一穴,闊 12 腳距、長 24 腳距,收銀 67.7 盾。

和 1865 年 12 月 28 日,陳金榜買式厘坡地一穴,闊 12 腳距、長 24 腳距,收銀 67.7 盾。

兌式厘坡地風水 220 盾 7 條,67.7 盾 34 條,計 41 條,共銀 3 841.8 盾。

(兌丹絨地風水)

和 1865 年 5 月 8 日,洪榮水買丹絨地一穴,闊 12 腳距、長 24 腳距,收銀 67.7 盾。

和 1865 年 3 月 8 日,蘇元娘買丹絨地一穴,闊 12 腳距、長 24 腳距,收銀 67.7 盾。

兌丹絨地風水,計二條 135.4 盾。

(稅丹絨、式厘坡、惹致三處稅銀)

和 1865 年 7 月 13 日,邱塗①還來和 1864 年下半年稅

---

① 邱塗:1813 年生,自 1841 年起,先任丹絨土工陳猜、陳井助手。1844 年於陳猜女兒陳那娘結婚後為土工。其子孫邱枝頭、邱思珍、邱繼興等均為土工,管理葬事塚務。

28

丹絨、式厘坡、惹致三位稅，銀 1 522.5 盾。

　　和 1865 年 7 月 1 日，梁德水還來和 1865 年上半年稅惹致地稅①，銀 190 盾。

　　和 1865 年 12 月，邱塗還來和 1865 年上半年稅丹絨、式厘坡地田稅，銀 1 485 盾。

　　稅丹絨、式厘坡、惹致三位稅，銀 3197.5 盾。

（1865 年公堂開支清單）

和 1865 年 6 月 20 日，開掃灰粉，在公館厝，去銀 10 盾。

又開買紙及數簿一單，共去銀 5.6 盾。

又開還丹絨上帝廟和 1865 年全年八仙，銀 15.3 盾。

又開還公館和 1865 年全年八仙，銀 9.18 盾。

又開還公館厝和 1865 年全年八仙，銀 38.25 盾。

又開還式厘坡地和 1865 年全年八仙，銀 191.25 盾。

又開還丹絨地和 1865 年全年八仙，銀 7.35 盾。

又開還惹致地和 1865 年上半年八仙，銀 61.2 盾。

又開稅馬還八仙往回什費，銀 4.5 盾。

又開稅馬車往干冬圩②還惹致地八仙 7 盾。

又開還鄧亞鳳造牛郎沙里水鍼，銀 800 盾。

又開還李亞桂修理榴槤橋，銀 500 盾。

又開還惹致地和 1865 年下半年八仙，銀 61.2 盾。

---

①　地稅：閩南話，地租。

②　干冬圩：亦作杆柊墟，Meester Cornelis，吧城地名，位於吧城 大南門郊外東南。

又還稅馬車獨輦往干冬圩八仙銀 5 盾。

計 14 條，共結去銀壹仟柒佰壹拾伍盾八角三占①。

(1865 年公堂全年收支總數)

和 1865 年 12 月終結，共收銀柒仟壹佰柒拾四盾柒角正。

和 1865 年對除外，仍長銀伍仟四佰伍拾八盾八角柒占正。

承于和 1864 年及於和 1865 年對除外，合共存銀伍拾貳仟伍佰貳拾五盾五角五占正。

和 1865 年 12 月終謹結冊，呈公堂列台察閱。

(瑪腰、甲必丹、雷珍蘭、朱葛礁為本期記錄簽名：馬來文草書)

Tan Tjoentiat（陳濬哲）　　Tan Soetjiong（陳思聰）

Ko Setjoan （高西川）　　Tan Boensok（陳文速）

Ni Boentjiang（連文清）　　Tan Konglioe（陳江流）

Loa Koanlan（賴觀瀾）

公堂設嘧喳嘮

瑪腰陳濬哲官、甲必丹陳思聰官、雷珍蘭高西川官、雷珍蘭鄭肇基官、雷珍蘭陳文速官、雷珍蘭連文清官、雷珍蘭陳江流官、朱葛礁陳玉長官俱在座。陳江水甲、黃清淵甲，

---

① 占：亦作"隻"，貨幣單位，分，荷蘭語 Cent，100 占（隻）等於 1 盾。

不到。

（整治牛郎沙里塚地水溝事）

瑪腰（<u>陳濬哲</u>）請曰：“現今<u>牛郎沙里</u>塚地水溝，四處壅塞，且積污穢。上命有嫌，合當整頓。各掌界趾須各巡視，照顧得宜。”

存案。

（聘請明誠書院教師事）

瑪腰（<u>陳濬哲</u>）又請：“現<u>明誠書院</u>①<u>許明三</u>先生經准告辭，乏人承理教導。問列台意見如何，當廢？當行？”列台曰：“合當一人為師，以繼前美。若另有妥人，合當延請。”

存案。

<u>和</u> 1866 年 3 月 9 日，拜五

公堂設<u>嘧喳嘮</u>

瑪腰陳濬哲官、雷珍蘭高西川官、雷珍蘭鄭肇基官、雷珍蘭<u>陳江水</u>官、雷珍蘭<u>黃清淵</u>官、雷珍蘭<u>陳文速</u>官、雷珍蘭

---

① 明誠書院：據《<u>開吧歷代史記</u>》1775 年條記載，吧城雷珍蘭高根觀於 1775 年，“向甲大（<u>黃珩觀</u>）議舉觀音亭後地，營建義學一所，為雷珍蘭之大學，崇祀<u>紫陽</u>祿位，額曰：‘明誠書院’，城內‘南江書院’，崇祀<u>紫陽</u>聖像，令作甲大學”。對此，<u>許雲樵</u>先生按語有云：明誠書院及江南書院，“堪為<u>南洋 華僑</u>學校之鼻祖”。

連文清官、雷珍蘭陳江流官、朱葛礁陳玉長官俱在座。陳(思聰)甲大、陳光華甲，不到。

（蔣成元、張登娘偷情苟合一案）

承副挨實於和 1866 年 2 月 23 日第□致書，附和 1866 年 2 月 10 日第 879 號，公堂酌量案奪詳覆。

第 879 號日案云："張亞潤為打鐵生理，住慈致，請蔣成元[①]年 40 歲為商，住波紋面貓腰蘭，仝張登娘年 19 歲，即張亞潤之女。因於拜四 2 月 7 日夜間八點，張登娘潛走，四處查尋不獲。至翌日再尋，在貓腰蘭 蔣成元家。褒黎司[②]貓腰蘭訊張登娘，供云：'蔣成元招氏登車仔回伊家，至家是夜，蔣成元竟強行姦事'。吊訊蔣成元，供云：'晚並無招張登娘與晚同車回家，乃張登娘自到尋晚。'"經已通姦。二比兩相喜悅成事。尾批：仰公堂酌量案奪，詳覆。

即委公舘公勃低查勘詳覆。

據公舘公勃低鄭(肇基)、陳(文速)詳。

吊訊張亞潤年 63 歲，住慈致，供云："于去年唐十二月十八晚間約七點鐘食晚餐，見諸子女俱在，惟登娘不在。遂詢諸兒，有晚之幼女名闓望遂言，亞姊適在門前上車仔去矣。晚邀人找尋，並無形影。至次日早約七點鐘，蔣成元之子到敝

---

① 蔣成元：據公堂《婚簿》所載，1866 年 3 月 16 日，蔣成元（42 歲）與張登娘（19 歲）成婚註冊。媒妁人：李詩娘，男方主婚人：蔣天義（堂叔），女方主婚人：張亞潤（父）。

② 褒黎司：亦作褒厘司、婆黎司、婆厘司，馬來語 Polisi，源自荷蘭語 Politie，意爲警察局、警察。

厝向晚言,汝女登娘於昨夜被我父帶到我家。晚遂得此消息,即命晚子甲郎及婿劉兵郎往成元之家。欲率回,不意成元竟將小女登娘帶往貓腰蘭報大九①,且言小女自往投他,非伊率走。"

吊訊張登娘_{年 19 歲},供云:"氏前與蔣成元比鄰而居,他屢用言戲氏,氏遂有向慕之心。約氏且待,待我移往貓腰蘭妥當,然後率汝同住。至十八晚,成元果稅車仔到氏厝,命氏往其家,遂成苟合。此系氏甘願,非蔣成元強勒。所供是實。"

吊訊蔣成元_{年 42 歲,住貓腰蘭},供云:"於本月十八夜,晚果稅車仔到登娘厝,率張登娘同往晚家。其苟合之情,張登娘甘願,非晚強逼。今晚既知罪,懇開法外之恩。晚願納聘金銀 100 盾,並要給婚字②,依禮而行,冀結同心偕老。"將供以訊張亞潤,稱願。

台勘二比之供,明見男歡女悅,以致苟合。今據成元所言,願奉聘金並要給婚字,以訂終身夫婦。但此事雖可循情,有礙唐人規例。

將情申詳大瑪腰裁奪。

瑪腰(陳滄哲)將情繳入公堂內。

列台覆訊張亞潤、張登娘及蔣成元,供如公勃低所詳。

公堂會議論:"唐人婚姻,男女必由父母之命。若乃鑽穴踰牆而為濮上桑中之約,致貽父母羞,合當究責。但礙蔣

---

① 大九:亦作大拘、大狗、大狡,閩南話,警長。
② 婚字:閩南話,結婚證書。

成元年過四十而未有家,張登娘年登十九而未有室,況山居淺室而有兩下偷情,亦為父母者防閑不密所致耳。今蔣成元既願依禮納聘並給婚字,永結終身之好,張亞潤亦既願從。本堂細按,情有可原,亦法所不加也。依懇可焉。"

謹詳副挨實嗹裁奪。

(鄭昂娘與其夫張品山夫妻生端一案)

公舘公勃低陳(江水)、黃(清淵)詳。

鄭昂娘年34歲,住戈達歺,請伊夫張品山:"因前蒙公堂判斷,令氏歸夫家。氏待至而今,不意拙夫並無邀氏回家,且氏無奈傍居別處。想恩情既絕,切懇判離。"

吊訊張品山年36歲,住冬居,供云:"拙妻不願回家,今拙妻欲求分離,晚願從其便。"將情申詳公堂大嗑內裁奪。

列台覆訊鄭昂娘及張品山,供如公勃低所詳。

公堂會議論:"勘得鄭昂娘與其夫張品山夫妻生端,祗因乏費,未嘗有犯出妻棄夫之條。已經酌量,不得分離。即判張品山每月當給費銀拾盾與其妻為費,當如舊和好。"

存案。

(林俊娘與其夫楊水源分離一案)

公舘公勃低鄭(肇基)、陳(文速)詳。

林俊娘年24歲,住觀音亭,再請伊夫楊水源:"因前蒙公堂判當從夫歸家。不意拙夫常居姜家,況有一月餘不顧氏之費用。諒絕情於氏,乞判分離。"

吊訊楊水源_{年28歲,住珍①}，供云："拙妻所言非也，晚雖有畜妾，但拙妻費用未嘗有缺。今拙妻欲求分離，礙晚二子尚幼，晚不願從。"

台勘此案，據水源所言，尚有憐妻愛子之心，當依舊和好。礙林俊娘堅執不從。將情申詳公堂大嘛內裁奪。

列台覆訊林俊娘及楊水源，供如公勃低所詳。

公堂會議論："勘得林俊娘與其夫楊水源一案，因常居妾室，不顧妻之費用。依理而論，楊水源當每月給銀十五盾與其妻為費可也。"

存案。

和 1866 年 3 月 17 日，拜六

公堂設嘛喳嘮

瑪腰陳濬哲官、甲必丹陳思聰舍，雷珍蘭陳江水官、雷珍蘭陳文速官、雷珍蘭陳江流官、雷珍蘭陳光華官、朱葛礁陳玉長官俱在座。高西川甲、鄭肇基甲、黃清淵甲、連文清甲，不到。

（列台議公堂蓄項如何生息事）

瑪腰（陳濬哲）請曰："現今公堂蓄項計有伍拾貳仟伍佰

---

① 珍：結石珍簡稱，亦作吉石珍，Senen，簡稱珍，吧城地名，位於吧城大南門外之東南近郊。

貳拾伍盾伍方正,若永貯櫃內,終無生息。孰若付人借貸,當為戈勿力^①為質。"

列台曰:"妥當可行,但須請命在先方可。"

存案。

(賴敦厚懇入熾昌借銀事)

承熾昌干刀致書,附賴敦厚口詞,懇入熾昌銀四仟盾,援安人賴俊德、杜俊傑,萬乞恩准。

吊訊賴敦厚及安咂人賴俊德、杜俊傑,俱不到。

公堂會議:"據賴敦厚口詞,懇入熾昌銀四仟盾。但入字賴敦厚及安咂人賴俊德係居文登^②界,本堂不得深知。將口詞繳回。謹詳。"

(瑪腰、甲必丹、雷珍蘭、朱葛礁為本期記錄簽名:馬來文草書)

Tan Tjoentiat(陳濬哲)　　　Tan Soetjiong(陳思聰)

Tan Kongsoej(陳江水)　　　Tan Boensok(陳文速)

Tan Konglioe(陳江流)　　　Tan Konghoa(陳光華)

Tan Gioktiang(陳玉長)

---

① 戈勿力:荷蘭語 Koopakte,買賣合同。

② 文登:亦名文丁,Benteng,地名,位於在吧城西郊。原名Tangerang、丁腳蘭、當格郎,因該地建有大碉堡(Benteng)而名文登(文丁)。

和 1866 年 3 月 30 日，拜五

公堂設噷喳嘮

瑪腰陳濟哲官、甲必丹陳思聰舍、雷珍蘭高西川官、雷珍蘭鄭肇基官、雷珍蘭陳江水官、雷珍蘭黃清淵官、雷珍蘭陳文速官、雷珍蘭陳江流官、雷珍蘭陳光華官、朱葛礁陳玉長官俱在座。連文清甲因婚事①，不到。

（列台商議公堂蓄項生息辦法）

瑪腰陳（濟哲）請曰："公堂櫃內現存有項五十餘千盾，倘有妥人付借，亦可得息，有益於公堂。若永存在櫃，足見無長。懇列台裁奪。"

列台會議："公堂蓄項既有五十餘千盾，可取出二十千盾先寄緞知琳蠻土庫生放，每月每盾行息五角。餘項待另有人欲借，須有地頭字向質，或厝字亦可，然須援二妥人為安咀。"

存案。

（陳經元與其妻曾田娘生端一案）

據公舘公勃低鄭（肇基）、陳（文速）詳。

---

① 連文清甲因婚事：連文清之子連長庚成婚事。據《婚簿》載，1866 年 3 月 15 日，連長庚（住洪溪，19 歲）與張瑞娘（18 歲）註冊成婚。媒妁：蔡勤娘，男方主婚：連鳳池（祖父，連文清之父）。

陳經元年 32 歲，住觀音亭前，請伊妻曾田娘："為交寅①九年，生下一子名九安，年九個月；一女和娘，年八歲。因拙妻與家姑不和，即稅厝付與另居。逐日怒罵，實不能堪，乞判分離。"

吊訊曾田娘年 26 歲，住仝上，供云："氏非敢逆命於家姑，因有時向拙夫討費有致角口，惟姑或有言語侵嫌，即有生端，致氏移居別厝。厝稅②雖拙夫自支，柴米油，氏買一半。拙夫每月或給費十雷③，或給二十雷，屢屢不足，以致多事。若拙夫肯給日費足用，氏焉有生端之事？"

台曰："汝二比生端，祇因日費不足，餘無別故。勘陳經元尚有賣食生理，每日獲利一盾有餘，即逐日給妻費四方④，不可謂過厚。合當從命，相率歸家，依舊和好。"曾田娘曰："如此願從。"獨陳經元堅執要離，任勸不回。

將情申詳公堂大嚜內裁奪。

列台覆訊陳經元及曾田娘，供如公勃低所詳。

公堂會議："勘得陳經元與其妻曾田娘生端之事，非有別故，祇因日費不足所致耳。若每日給費四方，在他不可謂厚，在陳經元賣食生理每日僅獲利一盾，況又有母在。本堂依理而論，每月給銀六盾，以為費用。"

---

① 交寅：馬來語 Kawin 音譯，結婚。源自波斯語。

② 厝稅：閩南話，房租。

③ 雷：亦作"鐳"，荷蘭語 Duit。荷蘭幣制：盾（Gulden）、錺（Kupang）、鐳（Duit），即中國之元、角、分。

④ 方：亦作"錺"，荷蘭語 Stuiver、馬來語 kupang 簡略音譯，指荷蘭小額輔幣，也泛指金錢。

存案。

Tan Tjoentiat（陳溚哲）　　Tan Soetjiong（陳思聰）

Ko Setjoan（高西川）　　The Tianwki（鄭肇基）

Tan Kongsoej（陳江水）　　Oeij Tjengian（黃清淵）

Tan Boensok（陳文速）　　Tan Konglioe（陳江流）

Tan Konghoa（陳光華）　　Tan Gioktiang（陳玉長）

和 1866 年 4 月 20 日

公堂設嘧喳嘮

瑪腰陳溚哲官、甲必丹陳思聰舍、雷珍蘭高西川官、雷
珍蘭鄭肇基官、雷珍蘭陳江水官、雷珍蘭黃清淵官、雷珍蘭
陳文速官、雷珍蘭連文清官、雷珍蘭陳江流官、雷珍蘭陳光
華官、雷珍蘭沈松茂官、朱葛礁陳玉長官俱在座。

（查勘王元標懇換擔保人入熾昌借銀事）

承熾昌干刀寄下王元標口詞，原入熾昌負欠銀陸千盾，
本王元龍為安呾。茲元龍已故，懇換王文旦為安呾。祈查
勘可堪否？詳覆。

吊訊王文旦 年 42 歲，住惹呀蘭，供云："晚願為安呾王元標
入熾昌負欠銀陸千盾，前係王元龍及王涼海為安呾，今元龍

39

既故矣。"

列台會議："勘得王文旦換王元龍為安吅王元標入熾昌負欠銀陸千盾，現時可堪。"

存案。

（查勘賴敦厚懇入熾昌借銀事）

承熾昌干刀寄下賴敦厚口詞，懇入熾昌負欠銀四千盾，援戴永文及杜俊傑為安吅。祈查勘可堪否？詳覆。

吊訊戴永文及杜俊傑，二人俱供云："晚果安吅賴敦厚入熾昌銀四千盾。"

列台會議："勘得賴敦厚懇入熾昌負欠銀四千盾，援戴永文及杜俊傑為安吅，不得承受。"

存案。

（陳經元與其妻曾田娘求離一案）

據公舘公勃低陳（江水）、黃（清淵）詳。

曾田娘到公舘再請："蒙公堂判斷，氏當從命。但拙夫至今仍無給費，亦不率歸，可見不情甚矣，切懇分離。"

再訊陳經元，供云："晚非敢違命，經屢次令弟率歸不從，尚不激氣，且對弟怨言毒罵百端，真令晚無顏畜以為妻。既欲求離，晚實願從。"

將情申詳公堂大嘧內裁奪。

列台會議："勘得陳經元與其妻曾田娘屢到公舘稟請，亦經判斷陳經元每月給費銀六盾與其妻。今舊惡仍是不改，致曾田娘再請，可見兩相絕情，合當任其離邊。但子女

40

既曾田娘愨意,欲交與陳經元撫養,陳經元當即受養。」

存案。

(公堂薦舉陳瓊瑞以補雷珍蘭鄭肇基告退之缺)

承挨實嗹於和 1866 年 4 月 16 日第 1349 各號又 11 號來書云:因雷珍蘭鄭肇基告退任事,祈公堂薦舉一人以補斯缺。

列台閱書,會議:公堂現有二員協理雷珍蘭,陳光華官受職在先,宜乎陞補其缺。若韓懷然,雖有協理美色甘事,彼此各異干刀,不得混入。

瑪腰(陳濬哲)請:「陳瓊瑞有意懇補協理之缺。請問列台酌量陳瓊瑞可堪否?」

列台齊聲曰:「斯人可堪。」惟陳(思聰)甲大曰:「從之。」

存案。

(金德院僧德陞懇新僧明德師入居院內為僧友事)

金德院①僧德陞師請:「現本院之僧夥有減,前巨港②初來一僧名明德師,其人亦謹且勤,懇入居院內為僧友,望賜恩准。」

---

① 金德院:原名觀音亭,乾隆年間甲必丹黃市鬧改名金德院。吧城 華人建造最早的寺廟,位於小南門外華人居住區內,與牛郎沙里的完劫寺(亦稱報恩寺,祭祀觀音)、安恤神廟(亦稱大伯公廟)、玄天上帝廟(亦稱丹絨 上帝廟)一起,並稱吧城 華人四大神廟。

② 巨港:亦作"舊港",Palembang(巴鄰旁),位於印尼 蘇門答臘島東南部,南蘇門答臘首府,蘇門答臘島南部最大港口與貿易中心。

列台會議:"據當家德陞所懇,要居明德師為僧友。因亭①內缺用,合當准依。但當上書挨實嗹懇准方可。明日行文,用公堂名,瑪腰同朱葛礁押號可也。"

存案。

(瑪腰、甲必丹、雷珍蘭、朱葛礁為本期記錄簽名:馬來文草書)

Tan Tjoentiat(陳潗哲)　　　Tan Soetjiong(陳思聰)

Ko Setjoan(高西川)　　　The Tianwki(鄭肇基)

Tan Kongsoej(陳江水)　　　Oeij Tjengian(黃清淵)

Tan Boensok(陳文速)　　　Ni Boentjiang(連文清)

Tan Konglioe(陳江流)　　　Tan Konghoa(陳光華)

Sim Siongbouw(沈松茂)　　　Tan Gioktiang(陳玉長)

和 1866 年 5 月 4 日,拜五

公堂設嘧喳嘮

瑪腰陳潗哲官、雷珍蘭高西川官、雷珍蘭黃清淵官、雷珍蘭陳文速官、雷珍蘭陳江流官、雷珍蘭陳光華官、雷珍蘭沈松茂官、朱葛礁賴觀瀾官俱在座。陳思聰甲大、鄭肇基甲、陳江水甲、連文清甲,不到。

---

① 亭:觀音亭簡稱。觀音亭,又名金德院。

42

（查勘郭大有懇入熾昌借銀事）

承熾昌干刀寄下郭大有口詞，懇入熾昌負欠銀叁千盾，援安呾人陳逢義①及林宗興。祈查勘入字人並安呾人可堪擔戴否？詳覆。

吊訊郭大有，供云："晚果入熾昌負欠銀叁千盾，援陳逢義及林宗興為安呾。"

吊訊陳逢義及林宗興，二人俱供云："果願安呾郭大有入熾昌銀叁千盾。"

公堂會議："可堪。"

存案。

（查勘鄭倦懇入熾昌借銀事）

承熾昌干刀寄下鄭倦口詞，懇入熾昌負欠銀四千盾，援鄭佐及藍奇傑為安呾。祈查勘入字人並安呾人可能擔戴否？詳覆。

吊訊鄭倦，不到。

吊訊鄭佐及藍奇傑，二人俱供云："晚果有安呾鄭倦入熾昌銀四千盾。"

公堂會議："鄭倦及鄭佐無可見有業，未足擔戴。"

存案。

---

① 陳逢義：Tan Honggie，富翁陳順光（1799 年任武直迷）曾孫，武直迷陳果生孫，雷珍蘭陳俊英姪。1802 年生於福建 海澄。1820 年來吧城經商。1830 年回唐。1839 年復來吧城，住八戈然，爲唐船主，兼營蔗部、酒寵。1854 年任雷珍蘭。晚年失明。

(查勘陳道生懇入熾昌借銀事)

承熾昌干刀寄下陳道生口詞,懇入熾昌負欠銀貳千盾,援陳碧麟、陳松林為安呾。祈查勘入字人及安呾人可能擔戴否? 詳覆。

吊訊陳道生_{年23歲,住中港仔①},供云:"晚果有入熾昌銀貳千盾,援安呾人陳碧麟及陳松林。"

吊訊陳碧麟並陳松林,二人俱供云:"晚果願安呾陳道生入熾昌銀貳千盾。"

公堂會議:"安呾人不足擔戴。"

存案。

(挨實嗹批准公堂蓄項生息事)

承挨實嗹於和1866年4月14日第1366號又12致書公堂,為閱和4月6日第56號所詳,余甚悅從。但所積櫃內之項,如有人要入質地頭利息六八仙行,則為甚佳。一主可付貸銀四萬,其地頭須首質約的栖有捌萬之價方可。

存案。

(原任媽腰陳永元獲授金勳牌一面,以誌理事多年之功)

承挨實嗹於和1866年4月25日第1527號又11致書公堂:"為遵王上於和1866年4月12日第33號案奪,已閱原任媽腰陳永元口詞,懇得蔭祿,不得承受。即賞原任媽腰

---

① 中港仔:Tongkangan,吧城地名,位於吧城 小南門外,爲吧城城南輻集之衝。

44

陳永元金勳牌一面帶金練，的價銀柒百盾，用誌陳永元理事多年之功。一面鑄成虎形，面膛刻和字番語云：敖文明因里①賞媽腰陳永元，銘其理事多年。末書：和 1866 年賞給。"

存案。

（瑪腰、甲必丹、雷珍蘭、朱葛礁為本期記錄簽名：馬來文草書）

Tan Tjoentiat（陳濬哲）	Ko Setjoan（高西川）
Oeij Tjengian（黃清淵）	Tan Boensok（陳文速）
Tan Konglioe（陳江流）	Tan Konghoa（陳光華）
Sim Siongbouw（沈松茂）	Loa Koanlan（賴觀瀾）

和 1866 年 5 月 18 日，拜五

公堂設嘧喳嘮

瑪腰陳濬哲官、雷珍蘭高西川官、雷珍蘭陳江水官、雷珍蘭黃清淵官、雷珍蘭陳江流官、雷珍蘭陳光華官、雷珍蘭沈松茂官、朱葛礁賴觀瀾官俱在座。陳思聰甲大、鄭肇基甲、陳文速甲、連文清甲，不到。

---

① 敖文明因里：指荷屬東印度政府（Gouvernement van Nederlands-Indië）。

(公堂決議派員查勘緞黎西賓柔要賣之地)

承挨實嗹於和 1866 年 5 月 7 日第 1475 號又 18 致書，附緞黎西賓柔口詞。

列台閱書，公堂會議："須委君眉司查勘其地在何處，長闊若干詳覆，然後定奪。"

即舉雷珍蘭高西川官、雷珍蘭黃清淵官、雷珍蘭連文清官、雷珍蘭沈松茂官同到查察。

存案。

(牛郎沙里塚地付人承租事)

瑪腰（陳濬哲）請："據公勃低高（西川）、連（文清）詳。牛郎沙里塚地全年取息，副挨實嗹已經詳此事。晚弟之意，欲就廟地原之取息，付掌廟人收領。餘草涼及椰樹可付人承稅①，充入公項。祈列台參酌可否。"

列台曰："如此固妙。胡沙郎出價每年銀陸百盾，付其承稅，於本年和 7 月 1 日起至和 1866 年 12 月終止，須援二妥人為安呾。當待上命定奪。"

存案。

(瑪腰、甲必丹、雷珍蘭、朱葛礁為本期記錄簽名：馬來文草書)

Tan Tjoentiat（陳濬哲）　　Ko Setjoan（高西川）

Tan Kongsoej（陳江水）　　Oeij Tjengian（黃清淵）

---

① 承稅：閩南話，承租。

46

Tan Konglioe（陳江流）　　Tan Konghoa（陳光華）

Sim Siongbouw（沈松茂）　　Loa Koanlan（賴觀瀾）

和 1866 年 5 月 25 日,拜五

公堂設嗌喳嘮

瑪腰陳濬哲官、甲必丹陳思聰舍、雷珍蘭陳江水官、雷珍蘭黃清淵官、雷珍蘭陳文速官、雷珍蘭連文清官、雷珍蘭陳江流官、雷珍蘭陳光華官、雷珍蘭沈松茂官、朱葛礁賴觀瀾官俱在座。高西川官及鄭肇基官,不到。

（公堂派員查得緞黎西賓柔要賣之地不堪用）

承挨實嗹於和 1866 年□月□日第□致書,附一口詞。祈查勘詳覆。

據公勃低高（西川）、連（文清）、黃（清淵）、沈（松茂）詳。經到式厘坡勘察緞黎西賓柔要賣之地,無連公堂之地,且又狹小,取息無幾。

公堂會議:"地既無連,且兼狹小,實為無益。可請問挨實嗹朱①,然後就字詳覆。"

存案。

（楊碧娘與其夫吳延陵欲求分離一案）

承副挨實嗹於和 1866 年 5 月 15 日第 2930 號日案,係

---

① 挨實嗹朱:挨實嗹朱葛礁的簡稱,意為駐紮官(州長)秘書。

楊碧娘與其夫吳延陵[①]懇分離。祈公堂酌量查勘,詳覆。

吊訊楊碧娘,供如日案所言。又云:"所取物件變賣,亦氏心願幫助生理。今既如此,不能再堪,切懇分離。"

吊訊吳延陵住窯內,供云:"晚思未嘗有過,況且愛惜拙妻,不願分離。"

公堂會議:"待後期定奪。"

存案。

(丹絨上帝廟修繕竣工事)

據公勃低陳(思聰)、陳(江流)詳。

經到丹絨上帝廟查察王約司包修廟宇,俱已照約造完。

公堂會議:"既然修好,當發項清還。"

存案。

(蕭亞四包修公舘完工事)

列台齊勘蕭亞四包修公舘,俱已修竣,諸器具亦俱美好,可以承受。

公堂會議:"已經修好,器具亦佳,可發項清還可也。"

存案。

---

① 吳延陵:據《婚簿》載,1845 年 3 月 31 日,吳延陵(23 歲)與劉闊之女劉妙娘(21 歲)成婚於洪溪。1857 年 9 月 22 日,吳延陵(35 歲)與楊碧娘(20 歲)成婚於窯內。媒妁:吳敬娘,男女方主婚人均為自己,屬再婚。《婚簿》原注:"楊氏前夫王明水,交寅方 4 個月,1855 年 7 月 13 日公堂判離。今願與吳為夫,永結同心,絕無反悔。各花押為照。"

（瑪腰、甲必丹、雷珍蘭、朱葛礁為本期記錄簽名：馬來文草書）

Tan Tjoentiat（陳溱哲）	Tan Soetjiong（陳思聰）
Tan Kongsoej（陳江水）	Oeij Tjengian（黃清淵）
Tan Boensok（陳文速）	Ni Boentjiang（連文清）
Tan Konglioe（陳江流）	Tan Konghoa（陳光華）
Sim Siongbouw（沈松茂）	Tan Gioktiang（陳玉長）

和 1866 年 6 月 1 日，拜五

公堂設嘧喳嘮

瑪腰陳溱哲官、甲必丹陳思聰舍、雷珍蘭鄭肇基官、雷珍蘭陳江水官、雷珍蘭黃清淵官、雷珍蘭陳文速官、雷珍蘭連文清官、雷珍蘭陳江流官、雷珍蘭陳光華官、雷珍蘭沈松茂官、朱葛礁賴觀瀾官俱在座。惟高西川甲，避座。

（續：楊碧娘與其夫吳延陵欲求分離一案）

列台覆訊楊碧娘 年 29 歲，住丹藍咖蘭，係吳延陵之髮妻，供云："氏為交寅九年，尚未生產。拙夫有取氏之物件，既請知褒黎司日案內所陳。因拙夫有三年之久不圖利路，兼有畜妾在外，諒絕情於氏，切懇分離。"

吊訊吳延陵 年四十五歲，住全上，供云："誠如所言，但晚非一次取拙妻之物件，或賣或當，皆欲謀生活之計。奈時運不濟，虧其本項，所取之物件全棄盡矣。今拙妻欲求分離，晚

49

願從其便。"

公堂會議:"查案簿內楊碧娘屢登公堂,請伊夫不尋利路,且要討物件。據吳延陵供,既作本生涯為費用盡矣,兼又畜妾於外,灼見吳延陵不自撋量,無怪其妻決志求離。本堂細按,合當即判離邊。若物件之事,楊碧娘如不甘心,可另行詩礁。"

謹詳挨實嚏裁奪。

(曾玉娘懇求與伊夫黃丙水分離一案)

據公舘公勃低鄭(肇基)、陳(文速)詳。

曾玉娘年二十八歲,住小南門①,請伊夫黃丙水:"為交寅八年,生下一男名潤四,年八歲;一女名春娘,年四歲。因拙夫自五年以來心神不定,不能圖利,無給資費,氏無奈棲身夫兄之家。今夫兄黃庚水亦言不及照顧於氏,氏思無處依倚,伏乞判離。"

吊訊黃丙水年三十一歲,住磨嘮間,惟兀立不言,灼見果係失神。吊訊黃庚水年三十七歲,住全上,供云:"晚之胞弟黃丙水病戀既十年有餘②,當交寅時有稍愈。後再犯已五年,全然

---

① 小南門:吧城城門之一,馬來語Pintu Kecil,荷蘭語Diestpoort。據《開吧歷代史記》記載,吧城 小南門建築於 1638 年。

② 黃丙水病戀既十年有餘:據《婚簿》載,1857 年 5 月 1 日黃丙水(22 歲)與羅辛娘(17 歲)成婚。媒妁:黃壬娘。男方主婚:黃添叔(父)。女方主婚:羅江夏(父)。同年 8 月 18 日,黃、羅兩家主婚到公堂懇拆破婚字。經吊訊男女雙方,俱不願為夫婦。於是公堂准其拆破婚字。另據《婚簿》所載,1859 年 2 月 25 日,24 歲的黃丙瑞(水)與曾玉娘(22 歲)成婚。媒妁:黃壬娘,男方主婚:黃福生(宗兄),女方主婚:曾四相(宗兄)。

不省人事。今弟婦曾玉娘既然求離，晚思自顧不暇，不敢強留。"還問黃丙水曰："汝妻欲求離，汝願從否？"黃丙水答曰："願。"

將情申詳公堂大嚛內裁奪。

據副挨實於和 1866 年 5 月 25 日第 3138 號日案云，係曾玉娘伊其夫黃丙水因心神不定，懇求分離。祈公堂酌量查勘，詳覆。

列台閱書。

吊訊曾玉娘_{年二十八歲，住蚊茄勿殺}，供云："氏與黃丙水既交寅九年，生有男女各一人。初交寅時，拙夫本有心神不定，及至此五年以來，較前尤甚。前時氏之衣食，皆賴家姑給付。今家姑已故，無所倚靠，懇判分離。"

吊訊黃丙水，默默無言，足見其心神不定。吊訊黃庚水_{係黃丙水之兄}，供云："晚之弟黃丙水自五年以來，不省人事，諒亦難治。晚貧窮，不能周濟弟婦曾玉娘。"

公堂會議："勘得曾玉娘所請伊夫黃丙水失神已有九年，近已五年以來，不省人事，其姑又故，伯氏黃庚水自供貧窮無可靠賴。可謂池中雖有其水，而魚恐不能活者是也。合式當准曾玉娘所懇，任其離邊。但二子既認與黃丙水所生，須歸其伯黃庚水撫養。"

將情申詳挨實嗹裁奪。

（准和尚惠誠兼理觀音亭首座之事）

據和尚惠誠請："現亭內乏人為首座，末衲懇補其缺。"

列台會議："准付惠誠兼理首座之事，待後定奪。"

存案。

（瑪腰、甲必丹、雷珍蘭、朱葛礁為本期記錄簽名：馬來文草書）

Tan Tjoentiat（陳濟哲）	Tan Soetjiong（陳思聰）
The Tianwki（鄭肇基）	Tan Kongsoej（陳江水）
Oeij Tjengian（黃清淵）	Tan Boensok（陳文速）
Ni Boentjiang（連文清）	Tan Konglioe（陳江流）
Tan Konghoa（陳光華）	Sim Siongbouw（沈松茂）
Loa Koanlan（賴觀瀾）	

和 1866 年 6 月 6 日，拜三

公堂設嘧喳嘮

瑪腰陳濟哲官、甲必丹陳思聰舍、雷珍蘭高西川官、雷珍蘭黃清淵官、雷珍蘭連文清官、雷珍蘭陳江流官、雷珍蘭陳光華官、雷珍蘭沈松茂官、朱葛礁賴觀瀾官俱在座。鄭肇基甲、陳江水甲、陳文速甲，不到。

（查勘陳元龍懇入熾昌借銀事）

承熾昌干刀寄下陳元龍口詞，懇入熾昌負欠銀拾千盾，援王必興及連益昌為安咀。祈查勘可堪否？勘畢詳覆。

吊訊陳元龍年二十五歲，住觀音亭，供云："晚果有入熾昌干刀銀拾千盾，援王必興及連益昌為安咀。"

52

吊訊**王必興**_{年十八歲,住仝上},供云:"晚願安呾**陳元龍**入熾昌干刀銀拾千盾。"吊訊**連益昌**_{年二十四歲,住洪溪},供云:"晚願安呾**陳元龍**入熾昌干刀銀拾千盾。"

公堂會議:"現時可堪。"

存案。

(查勘張添息懇入熾昌借銀事)

承熾昌干刀寄下**張添息**口詞,懇掛咖**張亞剛**買熾昌干刀負欠銀四千盾,援**饒奕才**及**陳一郎**為安呾。祈查勘可堪否?詳覆。

吊訊**張添息**_{年二十六歲},供云:"晚果有掛咖**張亞剛**買熾昌干刀銀四千盾,援**饒奕才**、**陳一郎**為安呾。

吊訊**饒奕才**_{年四十歲,住鑒光毛吥甲},供云:"晚願安呾**張添息**入熾昌銀四千盾。"吊訊**陳一郎**_{年四十二歲,住鑒光毛吥甲},供云:"晚亦願安呾**張添息**入熾昌銀四千盾。"

公堂會議:"現時可堪。"

存案。

(查勘馮賓郎每月當給費付其女事)

承副挨實嗹於**和**1866年6月4日第3267號,附一日案。祈公堂酌量查勘其**馮賓郎**每月當給費付其女該費若干?詳覆。

列台閱書。

吊訊**馮賓郎**_{年三十一歲,住多勞戆},供云:"晚畜那於嗎有十一年出奇巉九月,生男女六人,僅存二女:長**馮琳娘**,年十

53

歲；次女馮江娘，年三歲，與那於嗎暫養。"

吊訊番婦那於嗎_{年約三十歲，住鑒光貓呶}，供如馮賓郎所言。

公堂會議："據馮賓郎所供，伊每月得辛金雷叁拾盾，以自顧家後，所餘無幾。本堂酌量，馮賓郎當每月貼費銀叁盾，以為畜次女馮江娘之費。"

存案。

（瑪腰、甲必丹、雷珍蘭、朱葛礁為本期記錄簽名：馬來文草書）

Tan Tjoentiat（陳濬哲）	Tan Soetjiong（陳思聰）
Ko Setjoan（高西川）	Oeij Tjengian（黃清淵）
Ni Boentjiang（連文清）	Tan Konglioe（陳江流）
Tan Konghoa（陳光華）	Sim Siongbouw（沈松茂）
Loa Koanlan（賴觀瀾）	

和 1866 年 6 月 15 日，拜五

公堂設嘧喳嘮

瑪腰陳濬哲官、甲必丹陳思聰舍、雷珍蘭高西川官、雷珍蘭陳江水官、雷珍蘭黃清淵官、雷珍蘭陳文速官、雷珍蘭連文清官、雷珍蘭陳江流官、雷珍蘭陳光華官、雷珍蘭沈松茂官、朱葛礁賴觀瀾官俱在座。惟鄭肇基甲不到。

（查勘黃然懇入熾昌借銀事）

承熾昌干刀寄下黃然口詞，懇入熾昌負欠銀陸千盾，援

黃宗標、黃松得為安呾。祈查勘可堪否？勘畢詳覆。

吊訊黃然_{年四十九歲}，供云："晚果有入熾昌干刀銀陸千盾，援安呾人黃宗標及黃松得。"

吊訊黃宗標_{年二十八歲}，黃松得_{年三十八歲}。俱供云："晚願安呾黃然入熾昌銀陸千盾。"

公堂會議："現時可堪。"

存案。

（查勘鄭倦懇入熾昌借銀事）

承熾昌干刀寄下鄭倦口詞，懇入熾昌負欠銀四千盾，援林栢生及藍奇傑為安呾。祈查勘可堪否？勘畢詳覆。

吊訊鄭倦_{年三十七歲}，供云："晚果有入熾昌干刀銀四千盾，援林栢生及藍奇傑為安呾。"

吊訊林栢生_{年二十一歲}，藍奇傑_{年六十七歲}。俱供云："晚二人願安呾鄭倦入熾昌銀四千盾。"

公堂會議："現時未可堪。"

存案。

（公堂詳覆大挨實嗹來信詢問公堂買賣地一事）

承大挨實嗹於和 1866 年 6 月 9 日第 2125 號又 18 致書，致問公堂為閱和 1866 年 6 月 4 日第 84 號所詳，有云現時公堂無用塚地或者後來要用否？祈令君眉司的棲其地帶屋可作何價？詳覆。

列台閱書，悉知語意，即在公堂會議曰："經閱君眉司高（西川）、連（文清）、黃（清淵）、沈（松茂）勘詳云：職等曾到式厘坡勘察，要兑之地甚少，帶屋的栖銀8 000盾，與公堂之地無連，買之亦屬無益。雖將來公堂該用塚地，尚有惹致地一所，現時猶空，且與公堂塚地相連。就此而用，實為便易。"

謹詳大挨實嗹裁奪。"

（原任雷珍蘭陳逢義請修安恤廟一事）

據原任雷珍蘭陳逢義請："現安恤廟①毀已極，晚弟及李長茂欲傭工修整，但公堂申文上臺懇准修理。公堂列台或有意幫助，不拘多寡隨意可也。倘完竣之日，當刻碑登名。"

列台曰："此事固妙，當申詳上臺懇准修創方可。"

存案。

和1866年6月18日承上批發准可修造。

存案。

（瑪腰、甲必丹、雷珍蘭、朱葛礁為本期記錄簽名：馬來文草書）

Tan Tjoentiat（陳濬哲）　　Tan Soetjiong（陳思聰）

Ko Setjoan（高西川）　　Tan Kongsoej（陳江水）

Oeij Tjengian（黃清淵）　　Tan Boensok（陳文速）

---

① 安恤廟：亦稱安恤大伯公廟，建於1654年。主祀土地神（土地公，俗稱大伯公）。

Ni Boentjiang(連文清)　　Tan Konglioe(陳江流)

Tan Konghoa(陳光華)　　Sim Siongbouw(沈松茂)

Loa Koanlan(賴觀瀾)

和 1866 年 6 月 22 日,拜五

公堂設嘧喳嘮

瑪腰陳濟哲官、雷珍蘭高西川官、雷珍蘭黃清淵官、雷珍蘭陳文速官、雷珍蘭連文清官、雷珍蘭陳江流官、雷珍蘭陳光華官、雷珍蘭沈松茂官、朱葛礁賴觀瀾官俱在座。甲必丹陳思聰舍、雷珍蘭鄭肇基官、雷珍蘭陳江水官,不到。

(舉雷珍蘭高西川、黃清淵分理美色甘事)

承大挨實嗹於和 1866 年 6 月 15 日第 2226 號又 11 致書,附王上案奪字,為君眉司既定唐人分業條規,今吧、壟①、泗水②各處設嘧③酌定,可否於六個月內詳覆?祈公堂特舉二員雷珍蘭最嫻世務規矩者為在座參酌。舉畢達知。

公堂會議:"論在座唐美色甘設嘧唐人分業之事,合式當舉首、次二員甲必丹、雷珍蘭。但甲必丹陳思聰要理干刀

---

① 吧、壟:吧城、三寶壟之簡稱。

② 泗水:亦作"泗裏末仔",Surabaya,今印度尼西亞 爪哇島東北岸的蘇臘巴亞。爲東爪哇首府,爪哇島第二大通商口岸,號稱荷印第一良港。

③ 設嘧:設嘧喳嘮之簡稱。

點客①事，況瑪腰有時不暇，亦且兼理在美色甘議事，不知何時可畢，姑置免舉。特舉次位雷珍蘭高西川及雷珍蘭黃清淵在座美色甘議事可耳。"

謹詳大挨實嗹裁奪。

（革出胡沙囊，暫舉陳豹權理廟事）

承副挨實嗹於和 1866 年 6 月 18 日第 2219 號又 1 號致書，為閱和 6 月 4 日第 432 號所詳，已經案奪其牛郎沙里地可付人承稅，可對手立君得吮字與價項，依字內所陳。但胡沙囊已暗匿公堂取息多年，致荒墳塚，且屢與鑒光人生端，當速革出，不可再居此處。

列台即召胡沙囊，諭知停理革出之事。

存案。

公堂會議："即暫舉陳豹②權理廟③事，明早同公勃低到處交盤，待後期再嚜定奪。"

存案。

（瑪腰、甲必丹、雷珍蘭、朱葛礁為本期記錄簽名：馬來文草書）

Tan Tjoentiat（陳濬哲）　　Ko Setjoan（高西川）

Oeij Tjengian（黃清淵）　　Tan Boensok（陳文速）

---

① 點客：公堂官員對前來吧城的唐人新客進行點名、查察和登記入冊。

② 陳豹：1826 生年。1865 年 2 月 20 日，據《婚簿》載，陳豹（40 歲）與劉金水之女劉蘭娘（21 歲）成婚於小南門。媒妁：蔡勤娘，男方主婚：陳聰（堂兄）。

③ 廟：指牛郎沙里廟，亦稱完劫寺、報恩寺，建於 1760 年。

Ni Boentjiang（連文清）　　Tan Konglioe（陳江流）

Tan Konghoa（陳光華）　　Sim Siongbouw（沈松茂）

Loa Koanlan（賴觀瀾）

和 1866 年 6 月 28 日，拜四

公堂設嘧喳嘮

瑪腰陳濬哲官、雷珍蘭高西川官、雷珍蘭陳江水官、雷珍蘭連文清官、雷珍蘭陳江流官、雷珍蘭陳光華官、朱葛礁賴觀瀾官俱在座。惟甲必丹陳思聰舍、雷珍蘭鄭肇基官、雷珍蘭黃清淵官、雷珍蘭陳文速官、雷珍蘭沈松茂官不到。

（公堂議修造公舘及置買器具事）

承大挨實嚏於和 1866 年 6 月□日第□來書，謂經委緞生蘭同緞奚哖及甲丁陳思聰舍君眉司：一、所修造公舘；二、置買惹致柴①廚（櫉）三座和棹四隻，惹致校椅一勞②，及修丹絨上帝廟日期未定，待後定奪。

列台閱畢議："可。"

存案。

（陳豹懇承稅牛郎沙裡塚地內草淥及椰樹事）

據權理完劫寺廟事陳豹入稟，懇承稅牛郎沙裡塚地內

---

① 惹致柴：柚木。

② 一勞：勞為"勞申"簡稱，荷蘭語 Dozijn 音譯，一勞，意爲一打，十二個。

草流及椰樹,全年銀陸百盾,半年稅銀叁百盾,援黃蒼容、陳紅為安呾。本堂已經承受,但當做君得呒,先付稅和 1866 年下半年之額。議約惟可取息,原胡沙囊所收之草流及椰樹而已,餘別栽種不干其事。陳豹當照顧墳塚,無致荒穢。其公班衙①番,逐日可取二名在廟掃淨庭除,餘當每日修通水溝及大路。其塚內鑒光人,逐日嚴督,令各界內塚墳及曠地莫有草生木萌。

謹錄條款,呈副挨實嗹裁奪。

(瑪腰、甲必丹、雷珍蘭、朱葛礁為本期記錄簽名:馬來文草書)

Tan Tjoentiat(陳濬哲)　　　Ko Setjoan(高西川)

Tan Kongsoej(陳江水)　　　Ni Boentjiang(連文清)

Tan Konglioe(陳江流)　　　Tan Konghoa(陳光華)

Loa Koanlan(賴觀瀾)

和 1866 年 7 月 13 日,拜五

公堂設嘧喳嘮

瑪腰陳濬哲官、雷珍蘭陳江水官、雷珍蘭黃清淵官、雷珍蘭連文清官、雷珍蘭陳江流官、雷珍蘭沈松茂官、朱葛礁

---

① 公班衙:荷蘭語 Compagnie,原指荷蘭東印度公司,引申指荷印政府。

60

陳玉長官俱在座。甲必丹陳思聰舍、雷珍蘭高西川官、雷珍蘭鄭肇基官、雷珍蘭陳文速官、雷珍蘭陳光華官不到。

（李戊娘與其夫蕭逢美求離一案）

據公舘公勃低高（西川）、連（文清）詳。

李戊娘年十九歲，住班芝蘭埔，請伊夫蕭逢美：“為交寅三載，惟生一女名增娘，年僅一歲。因拙夫昨日命氏往姨氏之家欲做忌①。氏云無衣服不欲往，拙夫遂發怒，且用惡言相加，繼之趕逐，實不能堪。似此不情，伏乞判離。”

吊訊蕭逢美年二十三歲，住仝上，供云：“晚非有趕逐，因姨氏欲做忌，果有命拙妻往幫。拙妻不往，晚略嫌之，拙妻遂不悅，並不告知，竟自歸寧，況拙妻不照顧家內。若此，伏乞明判。”

台曰：“男以女為室，女以男為家，夫倡而婦隨，方成夫婦之道。今據蕭逢美供稱，其妻李戊娘不從夫命，係為妻者不是。即判李戊娘當力改前非，不可持自己之性，須從汝夫歸家，依舊和好。”

二比從命，唯退。

李戊娘再請伊夫蕭逢美：“因前蒙公舘判氏當從夫歸家，不意拙夫仍不納。似此不情，乞判分離。”

吊訊蕭逢美，供云：“但拙妻有言不悅與晚為夫，晚亦不悅與他為妻矣。今他欲求分離，晚願從其便。”

台勘李戊娘與其夫蕭逢美原無大過，因角口而已，不可

---

① 做忌：閩南話，長輩忌辰之日備辦酒醴以祭祀。

61

遂起求離之心。今據二比之供，俱云願離者，何也？莫非繫足之赤繩斷矣。

將情申詳公堂大嘧內裁奪。

列台會議："須審二比之母如何？以待後期定奪。"

存案。

（金德院德陞僧入稟欲修金德院屬厝一事）

金德院德陞僧入稟云："本院有厝一座在小南門，已經毀壞，欲行修理。現稅主自願先出銀伍百盾費用，每年扣還厝稅銀五拾盾，至扣完，君得吭亦滿，以此約議。"

列台會議："准依可也。"

存案。

（瑪腰、甲必丹、雷珍蘭、朱葛礁為本期記錄簽名：馬來文草書）

Tan Tjoentiat（陳濬哲）　　Tan Kongsoej（陳江水）

Oeij Tjengian（黃清淵）　　Ni Boentjiang（連文清）

Tan Konglioe（陳江流）　　Sim Siongbouw（沈松茂）

Tan Gioktiang（陳玉長）

和 1866 年 7 月 20 日，拜五

公堂設嘧喳嘮

媽腰陳濬哲官、甲必丹陳思聰舍、雷珍蘭高西川官、雷

珍蘭陳江水官、雷珍蘭黃清淵官、雷珍蘭陳文速官、雷珍蘭連文清官、雷珍蘭陳江流官、雷珍蘭陳光華官、朱葛礁陳玉長官俱在座。惟鄭肇基甲、沈松茂甲，不到。

（高瓊瑤懇借公堂銀購地事）

據高瓊瑤甲入稟云："已買吃勞洛地價銀玖拾千盾，又何文礁黎①價拾千盾，懇要質公堂銀伍拾千盾，全年六八仙行②，萬望恩准。"

公堂會議："准懇可也。遵挨實嗹書和 1866 年□月□日第□號，當申詳挨實嗹定奪。"

存案。

（勘覆陳光華、陳瓊瑞、韓懷仁、王文旦等懇補鄭肇基之缺）

承挨實嗹於和 1866 年 7 月 12 日第 2525 號又 11（號）致書，因王上已閱和 1866 年 4 月 23 日第 66 號所詳，並無敘明韓懷然及韓懷仁之名，祈再為酌量韓懷然及韓懷仁、王文旦三人可堪補缺否？詳覆。

列台俱評：韓懷仁、王文旦未經閱歷，未可堪。惟陳（思聰）甲大評：韓懷仁可堪補職，王文旦未可堪，固未嘗交人故也。

---

① 何文礁黎：亦作"恩本礁室"、"雲勃礁厘"，荷蘭語 Inventaris，指財產中的存貨、不活動資本。

② 全年六八仙行：年借貸利率百分之六。

高西川甲評：現任缺，照常公堂内協理當陞。其韓懷然理美惜甘事三年，所行亦善。此二人惟憑上人裁奪。如協理陳光華既陞，則協理雷珍蘭須舉陳瓊瑞當補。其韓懷然、王文旦現時未可堪，可待後會。

公堂會議："據列台所評，俱謂韓懷然懇此缺，從和1849年9月5日第二號王上案奪，曾謂所設二員協理雷珍蘭，若公堂有現任雷珍蘭缺，當補。且現韓懷然理事美惜甘，並無敘明可補公堂之缺。論此鄭肇基之缺，合當協理雷珍蘭陳光華補之。如陳光華既陞，則協理雷珍蘭之缺陳瓊瑞可補之，因其人已經閱歷可堪。若韓懷仁、王文旦二人，未經閱歷，未可堪，可待後會，須從和1866年4月23日第66號所詳而行。"

存案。謹詳挨實嗹裁奪。

（續：查勘鄭倦懇入熾昌借銀事）

承挨實嗹於和1866年7月9日第2575號又逸字①致書公堂，並附字六張。祈公堂查勘，明白詳覆，原字繳回。

為承熾昌干刀於和1866年7月6日第732號書，因唐人鄭倦前有入字熾昌干刀，懇負欠銀四千盾，援鄭佐及藍奇傑為安咀。為閱公堂於和1866年5月8日第352號所詳，惟鄭佐不足擔戴，以致不得承受，並無詳及藍奇傑之名。及後，鄭倦再入字熾昌干刀，懇仍負欠銀四千盾，援林碧生換鄭佐之額，及藍奇傑為安咀。又閱公堂於和1866年6月

---

① 逸字：荷蘭語字母L的閩南話音譯。

18 日第 481 號詳，林碧生及藍奇傑不足擔戴。本干刀已經訪諸為商者，俱云鄭佐、林碧生及藍奇傑三人足能擔戴四千盾之額。況本干刀之朱葛礁確知藍奇傑一二年之前，有應僱仔條，乃有安呾於人，其項至四千盾之外，亦能為安呾妥當。因此達知挨實嗹轉達公堂，倘後日有人入熾昌懇負欠者，當詳細勘察，切不可草率詳覆。

列台閱書，再為細察鄭倦要入熾昌銀四千盾，援鄭佐及藍奇傑為安呾。從和 1866 年 5 月 8 日第 352 號所詳，經陳明鄭倦不到，鄭佐供：鄭倦為龜里[①]。本堂酌量，鄭倦為人龜里，鄭佐僅有亞廊[②]，餘無別業。惟藍奇傑安呾，恐一人不足擔戴。後鄭倦再入字，懇援林碧生為安呾，代鄭佐之額，及藍奇傑仍同安呾。本堂又勘，林碧生不足擔戴。若藍奇傑獨自安呾，猶未承受。所以本堂有和 1866 年 6 月 18 日第 481 號詳書。今勘藍奇傑，果然安呾銀四千盾。其鄭佐、林碧生，現時不足擔戴。但本堂所以如此詳察，因前欲入熾昌必戈勿力為安呾，嗣後不須戈勿力。若有妥人家業可稱富，有可為安呾。因是，本堂照護，莫致熾昌虧損。

謹將察勘情由，呈上大挨實嗹裁奪。

（瑪腰、甲必丹、雷珍蘭、朱葛礁為本期記錄簽名：馬來文草書）

Tan Tjoentiat（陳濬哲）　　　Tan Soetjiong（陳思聰）

---

① 龜里：閩南話，亦作龜理。潮州話作咕哩、咕唎。馬來語 Kuli，英語 Coolie。源自印地語 Koli。皆指"苦力"，雇工，重體力勞動者，

② 亞廊：亦作亞朗、亞弄、鴉廊，馬來語 Warong，小店鋪，零售店、小攤販。

Ko Setjoan（高西川）　　　　Tan Kongsoej（陳江水）

Oeij Tjengian（黃清淵）　　　Tan Boensok（陳文速）

Ni Boentjiang（連文清）　　　Tan Konglioe（陳江流）

Tan Konghoa（陳光華）　　　Tan Gioktiang（陳玉長）

和 1866 年 8 月 1 日，拜三

公堂設嘧喳嘮

媽腰陳濟哲官、雷珍蘭高西川官、雷珍蘭黃清淵官、雷珍蘭陳文速官、雷珍蘭連文清官、雷珍蘭陳江流官、雷珍蘭陳光華官、朱葛礁賴觀瀾官俱在座。陳思聰甲大、鄭肇基甲、陳江水甲、沈松茂甲，不到。

（賴經訴其子被岳母圖占改姓一案）

承副挨實嘩於和 1866 年 7 月 23 日第 57 號又 9 號附一唐字，為賴經上書於王上。因伊子賴兩驂在汶①，伊岳圖佔交寅用燈施姓。祈查勘詳覆。

列台閱書，吊訊賴經年六十歲，住小南門，為評命②度活，供云："晚果有上書於王上。因晚子賴兩驂被岳母娘仔戀圖佔，致

----

① 汶：井里汶（Cirebon）簡稱。地名，在今印度尼西亞 爪哇島北岸，爲爪哇島上第四大海港。

② 評命：算命。

66

晚無靠。但晚於辛丑年和 1841 年在汶進贅娘仔戀之女施娘為妻，至壬寅年①遂移居井里汶，生子兩騃。至甲辰年②妻故，將兒子寄交岳母娘仔戀撫養，晚遂登吧，逐年寄信並銀少許為費。今兒子兩騃於和 1866 年交寅用施姓之燈，可見娘仔戀圖佔晚子兩騃。晚曾寄信懇汶甲必丹追究，至今並無覆息。所以晚膽敢上書王上，懇明鑒察奪，並獻二唐信，係晚岳施長發回覆晚寄信銀之事。

列台曰："汝尚在吧，何以知汝子在汶交寅用施姓之燈？"賴經云："係賴籌寄信達知。"

公堂會議："此事伊岳母娘仔戀現在井里汶，無可查勘，獨據賴經一面之言。如果實情，灼見娘仔戀所為大不合式。乃欲詳勘此案，須行文到汶勘察，涇渭乃分。"

謹詳副挨實嗹裁奪。

（高瓊瑤、李梓昌、蘇紹宗懇補雷珍蘭之缺）

承挨實嗹於和 1866 年 7 月 17 日第 2663 號又 11 致書，附三口詞。祈查勘選擇一人最嫻世務者，以代雷珍蘭陳江水之缺。詳聞。

據高瓊瑤、李梓昌、蘇紹宗③口詞，三人俱懇補雷珍蘭缺，俱可堪。但蘇紹宗伊父蘇天庇為人聰明敏達，李梓昌為

---

① 壬寅年：清 道光二十二年甲辰，西元 1842 年。
② 甲辰年：清 道光二十四年甲辰，西元 1844 年。
③ 蘇紹宗：Souw Siauw Tjong，前甲必丹蘇天庇長子，1838 年生於中港仔。1868 年 8 月 12 日上書懇補協理雷珍蘭黃德章之缺，未果。1877 年 5 月 7 日舉為欽賜雷珍蘭，直到 1899 年。

人醇正,年紀老成。惟憑挨實嗹採取。若高瓊瑤理事美惜甘,從和1849年9月5日第二號案奪,並無敘明異處職員可補公堂內之缺。

謹詳大挨實嗹裁奪。

(瑪腰、甲必丹、雷珍蘭、朱葛礁為本期記錄簽名:馬來文草書)

Tan Tjoentiat(陳濟哲)	Ko Setjoan(高西川)
Oeij Tjengian(黃清淵)	Tan Boensok(陳文速)
Ni Boentjiang(連文清)	Tan Konglioe(陳江流)
Tan Konghoa(陳光華)	Loa Koanlan(賴觀瀾)

和1866年8月3日,拜五

公堂設嘧喳嘮

媽腰陳濟哲官、甲必丹陳思聰舍、雷珍蘭高西川官、雷珍蘭黃清淵舍、雷珍蘭連文清官、雷珍蘭陳江流官、雷珍蘭陳光華官、雷珍蘭沈松茂官、朱葛礁賴觀瀾官俱在座。鄭肇基甲、陳江水甲、陳文速甲,不到。

(查勘楊一斗懇入熾昌借銀事)

承熾昌干刀寄下楊一斗口詞,懇入熾昌負欠銀壹千貳百盾,援蔡松茂及劉元壽為安呾。祈查勘可堪否?勘畢詳覆。

吊訊楊一斗年三十五歲,住觀音亭,供云:"晚果有入熾昌負欠銀壹千貳百盾,援蔡松茂及劉元壽為安呾。又塗大戀船字①,付與熾昌為質。"

吊訊蔡松茂年三十五歲,及劉元壽年四十九歲,俱供云:"晚願安呾楊一斗入熾昌干刀銀壹千貳百盾。"

吊訊塗大戀年三十一歲,住觀音亭,供云:"晚果願將船字付與熾昌為質楊一斗入熾昌銀壹千貳百盾。"

公堂會議:"現時可堪擔戴。"

存案。

(查勘林籬懇入熾昌借銀事)

承熾昌干刀寄下林籬口詞,懇入熾昌負欠銀貳千伍百盾正,援陳圈、陳玉成為安呾。祈公堂查勘可堪與否?勘畢詳覆。

吊訊林籬年三十歲,住班芝蘭巷,供云:"晚果有入熾昌干刀銀貳千伍百盾,援陳圈及陳玉成為安呾。"

吊訊陳圈年五十七歲,住新厝仔,燒灰生理,及訊陳玉成,二人俱供云:"晚願安呾林籬入熾昌銀貳千伍百盾。"

公堂會議:"二安呾人可堪擔戴。"

存案。

(吳傳娘向林溫討回伊孫劉德和一案)

承副挨實嗹寄下日案,為吳傳娘向林溫討回伊孫劉德

---

① 船字:閩南話,船隻證件。

69

和事云。吳傳娘_{年六十歲,住大使廟}①,請林溫:"為氏子劉財娶林溫之女為妻,生下一男名劉德和,今年九歲。因氏子劉財已故九年,媳婦林基娘亦故四年,僅留幼孫德和在伊外祖林溫家撫養,屢討不還,伏乞追究。"

訊林溫_{年五十五歲,住戈奢園}②,供云:"誠如所言。但女婿劉財故日,女子基娘即出另居,其子隨帶。後基娘又故,晚將外孫送還吳傳娘,不肯承受。晚遂將外孫德和交與次婿王道陽撫養,至今已有四年。今吳傳娘要討伊孫劉德和,如其願從,晚欲交還。獨次婿王道陽亦必要討四年養費,伏乞明判。"

吊訊王道陽_{年三十六歲,住唐病厝}③,供云:"當妻姊未故時,此劉德和即晚撫養,計至今已有五年之久。吳傳娘既要討伊孫劉德和,晚願交還。但五年內,德和衣食資費不願烏有。伏乞判斷。"

吊訊吳傳娘_{住大使廟},供如日案所言。吊訊林溫_{住竹呀低巷},供如日案所言。

公堂會議論:"吳傳娘要討伊孫劉德和,乃是合理,其林溫外祖之親不得兜留。但要討養費銀陸百盾,吳傳娘既無可還,係詩礁之事。劉德和須即交還吳傳娘撫養。"

存案。

---

① 大使廟:亦作鳳山廟,今名"多磨維賈亞廟"(Wihara Dharma Wijaya),奉祀清元真君,吧城 華人寺廟之一。約 1751 年由吧城的漳州府 長泰縣籍華人集體捐金建置,位於觀音亭(又名金德院)附近。

② 戈奢園:亦稱八戈然(Pakojan),位於吧城西區,原爲來自印度 古吉拉特(Gujarat)的戈奢(Kodjah)商人在吧城的聚居地。

③ 病厝:閩南話,醫舘、醫院。

（公堂發放達氏、蠻律、馬礁每月辛金事）

媽腰繳入王上案奪和 1866 年 7 月 13 日第 17 號，為准公堂開發櫃內之項還二達氏，每月辛金銀伍拾盾；又准發蠻律一名，每月辛金銀壹拾陸盾；又准發馬礁①六名，每月辛金銀玖拾盾。此三條，共銀壹百伍拾陸盾，於本月終發起。謹即通聞列台。列台曰：“遵命。”

存案。

（瑪腰、甲必丹、雷珍蘭、朱葛礁為本期記錄簽名：馬來文草書）

Tan Tjoentiat（陳濬哲）　　　Tan Soetjiong（陳思聰）

Ko Setjoan（高西川）　　　　Oeij Tjengian（黃清淵）

Ni Boentjiang（連文清）　　　Tan Konglioe（陳江流）

Tan Konghoa（陳光華）　　　Sim Siongbouw（沈松茂）

Loa Koanlan（賴觀瀾）

和 1866 年 8 月 8 日，拜三

公堂設嘧喳嘮

媽腰陳濬哲官、甲必丹陳思聰舍、雷珍蘭高西川官、雷珍蘭陳文速官、雷珍蘭連文清官、雷珍蘭陳江流官、雷珍蘭陳光華官、雷珍蘭沈松茂官、朱葛礁賴觀瀾官俱在座。鄭肇

---

① 　馬礁：亦作傌礁，馬來語 mata-mata，偵探、巡警、監工。

基甲、陳江水甲、黃清淵甲，不到。

（王才娘告被陳清珠辱罵一案）

承副挨實嗹於和 1866 年 8 月 7 日附一日案，祈查勘詳覆。

日案云：王才娘年四十九歲，即王必興之生母，仝番婦倫哖同住丹藍望①，請娘仔陳清珠：“為昨午氏等王必興便到陳珠清家，要率出嗣婦陳全娘歸丹藍望。纔至門未入，娘仔陳清珠便開口罵氏狗豬，不愛汝等來我家。以姻眷之親而出毀言，甚為不美。經投明該默楊宗良，又有削視巫讓②納母聽聞。伏乞明判。”

吊訊娘仔陳清珠年五十一歲，住大使廟，供云：“氏聞人言，女婿王必興當率其妻陳全娘回家。何王必興不自來而令汝等？當時王必興自率其妻來此，今當自率歸家方為合理。此言即有。”

吊訊默氏楊宗良住大使廟，供云：“昨日果有王才娘請，云伊被娘仔陳清珠罵氏是豬是狗。晚到處勘問，娘仔陳清珠云並無罵他豬狗，惟巫讓納母有言，伊聞人聲有曰豬狗，不知罵於誰人？所供是實。”

吊訊削視番納母年約三十歲，住大使廟，供云：“此拜六午約十二點鐘，王才娘仝倫哖到娘仔陳清珠家，賤果在處，果聞娘仔陳清珠罵豬狗，不知罵是誰人？”台問：“其時有誰人在

---

① 丹藍望：亦作丹籃望（Tanah Abang），位於吧城西南郊外，為一大市鎮。

② 巫讓：亦作“務讓”，馬來語 Bujang，僕人，尤指男僕。

72

處?"納母答曰:"惟有王才娘及貓務①倫哖而已。至時至嚷闌時約頃刻間,所供是實。"

吊訊削視甌實番粘_{年四十歲,住丹藍望},供云:"賤停馬車在過港樹腳,果聞娘仔陳清珠罵王才娘及貓務倫哖豬狗諸惡言,賤至時隔嚷闌時約有一點鐘。所供是實。"

吊訊削視蕭題英_{年四十歲,住礤內},供云:"此拜六日午間約一點鐘,晚到陳元龍要討沙雷,果聞王才娘與娘仔陳清珠嚷闌,王才娘所言俱是要率陳全娘回丹藍望,娘仔陳清珠不肯付回,並無言有罵豬狗惡言。所供是實。"

覆訊王必興_{年十八歲,住丹藍望},供如日案所言。覆訊林秀娘_{年五十一歲,住大使廟},供云:"王必興所言皆虛,昨約三點餘鐘,果王必興到氏家要率其妻陳全娘回丹藍望。向其妻言,其妻不從。氏云:女婿可入內勸之,或者願從亦未可知,有一巫讓隨後遂云不肯歸亦罷,自回可也。王必興遂同巫讓而歸。氏雖女流,亦知女子既嫁出,惟夫是從,那敢兜留?"

吊訊陳全娘_{年十九歲,住大使廟},供云:"昨下午約三點餘鐘,果拙夫到家,至門而立。氏亦招入內,拙夫僅云,汝要回家否?不回亦罷,並無他言。岳母林秀娘亦無他言,氏思不願從歸丹藍望甚有不妙。倘無別厝,即稅一間小室,氏願同住。因已屢次致請干刀,誣氏盜鉤。又前初交寅後數日,氏染惡物致病沉重,既有數事,氏那得從居丹藍望之理?"

公堂會議:"唐人之例,婦人既嫁從夫。今王必興要率伊妻陳全娘回歸,合當從之。為之父母者,所不得參與其事。"

---

① 貓務:亦作"峇務",馬來語 Babu,女傭。

謹詳副挨實嗹裁奪。

（和尚明德師與陳水生生端一案）

承副挨實嗹於和 1866 年 7 月 26 日第 2769 號致書，附一日案第 4303 號。為和尚明德師請，被陳水生毆打至額顱有傷。據陳水生供，實戲謔誤中其額。祈公堂查勘詳覆。

公堂會議論：「和尚規矩，不宜如此戲謔大過。既然明德師與陳水生生端，灼見二比所為俱不是。但陳水生居吧既有六年，未見有出范圍，當面責為是。若明德師初來之人，有粗率之行，合當革回。」

存案。

（瑪腰、甲必丹、雷珍蘭、朱葛礁為本期記錄簽名：馬來文草書）

Tan Tjoentiat（陳濬哲）　　Tan Soetjiong（陳思聰）

Ko Setjoan（高西川）　　　Tan Boensok（陳文速）

Ni Boentjiang（連文清）　　Tan Konglioe（陳江流）

Tan Konghoa（陳光華）　　Sim Siongbouw（沈松茂）

Loa Koanlan（賴觀瀾）

和 1866 年 8 月 17 日，拜五

公堂設嘧喳嘮

瑪腰陳濬哲官、甲必丹陳思聰舍、雷珍蘭高西川官、雷

珍蘭黃清淵舍、雷珍蘭連文清官、雷珍蘭陳江流官、雷珍蘭陳光華官、雷珍蘭沈松茂官、朱葛礁賴觀瀾官俱在座。鄭肇基甲、陳江水甲、陳文速甲，不到。

（編製 1867 年和曆事）

媽腰繳入挨實嗹連奎，附馬里直[①]干刀書，祈造成和曆，要用於和 1867 年，詳覆。

列台閱書議：當造成和曆詳報。

存案。

（李戊娘、蕭逢美夫妻分離一案）

據公舘公勃低鄭（肇基）、陳（文速）詳。續李戊娘請案。

吊訊張一娘年四十九歲，即蕭逢美之母，住班芝蘭，供云："媳婦李戊娘果然不賢，自交寅至今，家事不理。氏稍嫌之，便入房睡臥不起。每欲他往即往，並無告知。即氏之衣食未嘗照顧，但氏能為兒子成婚合巹，不得為兒子拆散離邊。要離要合，彼夫妻之事，任出自裁。所供是實。"

將情申詳公堂大嘧內裁奪。

列台覆訊李戊娘及蕭逢美，俱供如公勃低所詳。

公堂會議："夫妻既不相投，難期白首，以其苟安於旦夕，不若各遂所欲，自為終身之計猶逾耳。當堂即判離邊。"

---

① 馬里直：馬來語 Militer，荷蘭語 Militair，軍隊、軍事。此指荷印軍事部門，特指陸軍。參見本輯和 1867 年 8 月 30 日，〈查勘甘永壬承應於 1868 年武營什物事〉有云："馬里直即武營衙。"

存案。

（林珠娘、謝亞三夫妻分離一案）

據公舘公勃低陳（江水）、黃（清淵）詳。

林珠娘到公堂再請伊夫謝亞三："為遵判當相率歸家，依舊和好。執意拙夫今既一年無給資費，兒疾病通知，並不看視。似此不情，乞判分離。"

吊訊謝亞三，供云："晚果無看顧妻子，因身病僅一個月而已，雖無多給亦有些少。拙妻到堂投控，經既屢屢，諒欲絕情於晚。已欲分離，晚固願從。"

台查案牘[1]，林珠娘到堂稟請不啻十餘次矣。謝亞三所言，一無可憑。灼見夫妻難期白首。"

將情申詳公堂大嗇內裁奪。

列台覆訊林珠娘、謝亞三，供如公勃低所詳。

公堂會議："既然二比決志要離，當准其離。但一子纔十個月，暫付林珠娘撫養，每月謝亞三須貼銀五盾為費，至七歲方歸謝亞三教督成人。"

存案。

（查勘黃益謙入熾昌借銀事）

承熾昌干刀致書附黃益謙口詞，因前有入熾昌銀捌千盾，援甲丁王元龍及雷珍蘭陳江泰為安咀。今甲丁王元龍已故，要換陳文桂以代。祈查勘詳覆。

---

① 案牘：《公堂案牘》簡稱。

76

列台閱書。

吊訊黃益謙_{年二十七歲},供云:"晚前果有入熾昌干刀負欠銀八千盾,援王元龍為安呾。今元龍已故,晚懇換陳文桂以代。"

吊訊陳文桂_{年二十一歲},供云:"晚願安呾黃益謙熾昌干刀銀捌千盾。"

公堂會議:"可堪。"

存案。

(瑪腰、甲必丹、雷珍蘭、朱葛礁為本期記錄簽名:馬來文草書)

Tan Tjoentiat(陳濬哲)   Tan Soetjiong(陳思聰)

Ko Setjoan(高西川)   Oeij Tjengian(黃清淵)

Ni Boentjiang(連文清)   Tan Konglioe(陳江流)

Tan Konghoa(陳光華)   Sim Siongbouw(沈松茂)

Loa Koanlan(賴觀瀾)

和 1866 年 8 月 24 日,拜五

公堂設嚤喳嘮

媽腰陳濬哲官、甲必丹陳思聰舍、雷珍蘭高西川官、雷珍蘭陳文速官、雷珍蘭連文清官、雷珍蘭陳江流官、雷珍蘭陳光華官、朱葛礁賴觀瀾官俱在座。惟鄭肇基甲、陳江水甲、黃清淵甲、沈松茂甲,不到。

（高瓊瑤借公堂櫃內蓄項須質地及援二妥人安呾事）

承大挨實嗹於和 1866 年 8 月 10 日第 2806 號又 43 號致書云，可付高瓊瑤甲借銀五拾仟盾公堂櫃內蓄項，須質吃勞兀洛地，援二妥人安呾，每年利息六八仙行；又須獻新的栖字①，現時值價銀玖拾仟盾方可。

列台閱書，議曰：“如此可行。”

媽腰請曰：“據高瓊瑤甲獻安呾人連鳳池、楊福源。請問列台妥當否？”

列台曰：“妥當可行。”

存案。

（靳淵生、許和娘夫妻求離一案）

據公舘公勃低高（西川）、連（文清）詳。

靳淵生②年二十二歲，住丹藍望，請伊妻許和娘：“為交寅十一載，生下一女二男：女名曰增娘，年九歲；男名曰安然，年六歲；次名曰茂順，年四歲。因拙妻無故常出外遨遊，並無告知。第此六月十五日自早出至晚方回，晚略嫌之，拙妻遂發怒，即將帽突③擲晚。晚幸走避房間，拙妻仍不休，再將火柴頭擲入房內。晚遂不能忍，將他掌之。拙妻遂請知褒

---

① 的栖字：的栖，亦作“的西”，荷蘭語 Taxatie，意為檢驗、察驗、評估。的栖字，即檢驗、察驗或評估的證明文件。

② 靳淵生：據《婚簿》載，1855 年 5 月 14 日，靳淵生（21 歲）與許和娘（18 歲）成婚於丹藍望。媒妁：陳寅娘，男方主婚：靳乙生（胞兄），女方主婚：吳質娘（母）。

③ 帽突：荷蘭語 Muts，蓋子、帽子、罩、套。

78

黎司,害晚被治充公役三天。似此不良,伏乞判離。"

吊訊許和娘_{年二十九歲},住仝上,供云:"拙夫所言非也,是日氏果去割粟,至下午即回。拙夫不悅,怒形於色,詿詈萬端,且言氏欲尋番人相通可速去,繼之毆打。且拙夫受罪係拙夫自生端,豈氏所害。今拙夫欲求分離,諒難再合,氏願從之。"

台諭:"靳淵生與汝妻生端,因汝心多疑所致,況未能指明汝妻為不貞。雖因此而受責,獨不思既生下許多子女,豈可中道而相棄乎?當攜汝妻回家,依舊和好。"

礙二比任勸不從。將情申詳公堂大嚙內裁奪。

列台覆訊靳淵生及許和娘,供如公勃低所詳。據許和娘又供,氏並無犯過,不願分離。

吊訊削視番婦是尿_{年約三十歲},住慈致,供云:"賤即番媚溫之棄妻,果見許和娘與離夫些逸媚溫貓澤①紗囊②二條,又素常洗滌拙夫衣褲,賤稍宛言譏誚,且罵賤娼婦。餘事不知,所供是實。"

吊訊削視番媚溫_{年約三十歲},供云:"果有夜間約十二鐘,許和娘到賤家求飯,云伊腹饑。賤令入內向取食。餘不知情,所供是實。"

公堂會議:"靳淵生所請伊妻不端,未可指明,雖有二削視,亦是蒙昧之言。當再援歸家,依舊和好。"

存案。

---

① 貓澤:亦作"媽澤"、"峇澤",馬來語 Batik,東印度群島特產的蠟染花布。

② 紗囊:亦作紗郎、紗籠、紗襱、呷郎,馬來語 Sarung 音譯,馬來群島土著男女常穿的一種花裙,主要由蠟染的峇澤布(Batik)製成。

79

（捐修金德院路橋芳名錄）

媽腰（陳濟哲）請曰："現今金德院路並橋崩壞，不堪車馬往來，當速脩整。若集眾勸捐，又費多事。孰若就在座諸公勸捐，以襄此舉。"

列台曰："善。"於是列台喜捐芳名詳載於左［下］：

媽腰陳濟哲官捐銀陸拾盾。

甲必丹陳思聰舍捐銀叁拾盾。

雷珍蘭高西川舍捐銀叁拾盾。

雷珍蘭鄭肇基官捐銀叁拾盾。

雷珍蘭陳江水官捐銀叁拾盾。

雷珍蘭黃清淵舍捐銀叁拾盾。

雷珍蘭陳文速官捐銀伍拾盾。

雷珍蘭連文清官捐銀壹百捌拾盾。

雷珍蘭陳江流官捐銀叁拾盾。

雷珍蘭陳光華官捐銀叁拾盾。

雷珍蘭沈松茂官捐銀叁拾盾。

以上共捐有金銀伍百叁拾盾正。

（瑪腰、甲必丹、雷珍蘭、朱葛礁為本期記錄簽名：馬來文草書）

Tan Tjoentiat（陳濟哲）	Tan Soetjiong（陳思聰）
Ko Setjoan（高西川）	Tan Boensok（陳文速）
Ni Boentjiang（連文清）	Tan Konglioe（陳江流）
Tan Konghoa（陳光華）	Loa Koanlan（賴觀瀾）

和 1866 年 8 月 31 日，拜五

公堂設嘧喳嘮

媽腰陳濬哲官、甲必丹陳思聰舍、雷珍蘭黃清淵舍、雷珍蘭陳文速官、雷珍蘭連文清官、雷珍蘭陳江流官、雷珍蘭沈松茂官、朱葛礁賴觀瀾官俱在座。高西川甲、鄭肇基甲、陳江水甲、陳光華甲，不到。

（詹玉娌娘、王榮春夫妻求離一案）

據公舘公勃低陳（江水）、黃（清淵）詳。

詹玉娌娘年二十二歲,住珍把殺,請伊夫王榮春："為交寅六載,生下子女三人俱故。因拙夫不顧氏之衣食,逐夜出遊不歸。氏阻之,遂至較鬧,舉刀欲刺於氏,幸有伯姆鄭宣娘勸解,故免遭兇。經請干刀,拙夫受責,被罤①三日。嗣後絕不看顧,愈見厭氏。似此不良,乞判分離。"

吊訊王榮春年三十歲,住全上,供云："拙妻所請晚舉刀實有其事,因拙妻屢屢生端,欲藉以恐嚇之。後請干刀,晚被責罤禁三日。至云無給資費,晚乃賣生理,獲利些少,或有時付費四五盾,或三四盾,不得拘定。今拙妻求離,晚願從。"

台曰："汝夫妻生端,致請干刀。王榮春已經受責,可見舉刀之事可謂明矣。今詹玉娌娘不願以王榮春為夫,而王榮春不願以詹玉娌娘為妻。二比俱含蓄恨,難期偕

---

① 被罤:被關押。

81

老。"

将情申詳公堂大嘧內裁奪。

列台覆訊詹玉娌娘及王榮春，供如公勃低所詳。

公堂會議："夫妻之間既已致請干刀，王榮春受責三天。二者挾恨已深，勢難勸合，本堂准其離邊可也。"

存案。

（瑪腰、甲必丹、雷珍蘭、朱葛礁為本期記錄簽名：馬來文草書）

Tan Tjoentiat（陳濬哲）	Tan Soetjiong（陳思聰）
Oeij Tjengian（黃清淵）	Tan Boensok（陳文速）
Ni Boentjiang（連文清）	Tan Konglioe（陳江流）
Sim Siongbouw（沈松茂）	Loa Koanlan（賴觀瀾）

和 1866 年 9 月 14 日，拜五

公堂設嘧喳嘮

瑪腰陳濬哲官、甲必丹陳思聰舍、雷珍蘭高西川舍、雷珍蘭陳文速官、雷珍蘭連文清官、雷珍蘭陳江流官、雷珍蘭沈松茂官、朱葛礁陳玉長官俱在座。鄭肇基甲、陳江水甲、黃清淵甲、陳光華甲四位不到。

（捐脩安恤廟並橋樑芳名錄）

列台細閱陳逢義甲、李長茂官稟詞，咸致謝曰：誠哉二

公之善舉也！不憚煩勞董理脩安恤廟並橋樑，擔支重費。本堂雖不能湊成不敷之數，然亦虔心喜出些少微資，以附餘光之萬一耳。

媽腰陳濬哲官喜出銀壹百盾。

甲必丹陳思聰舍喜出銀貳拾五盾。

雷珍蘭高西川舍喜出銀貳拾五盾。

雷珍蘭鄭肇基官喜出銀貳拾五盾。

雷珍蘭黃清淵舍喜出銀貳拾五盾。

雷珍蘭陳文速官喜出銀貳拾五盾。

雷珍蘭連文清官喜出銀貳拾五盾。

雷珍蘭陳江流官喜出銀貳拾五盾。

雷珍蘭陳光華官喜出銀貳拾五盾。

雷珍蘭沈松茂官喜出銀貳拾五盾。

（查勘吳源流懇入熾昌借銀事）

承熾昌干刀寄下吳源流[1]口詞，懇入熾昌負欠銀四千盾，援吳福全及鄭天文為安嗜[2]。祈查勘入字人及安咀人可堪擔戴否？詳覆。

吊訊吳源流年二十三歲，住西門為商，供云："晚果有入熾昌負欠銀四千盾，援吳福全及鄭天文為安嗜。"

---

① 吳源流：1844 年生。據《婚簿》載，1863 年 7 月 2 日，吳源流（20 歲）與甘必娘（16 歲）成婚於洪溪。媒人：曾貞娘，男方主婚：吳佛庇（父），女方主婚：甘溪源（父）。吳源流伯父為前甲必丹吳纘緒（1800—1809 年在任），祖父為前武直迷吳組綏。

② 安嗜：亦作安咀，馬來語 Antar，擔保。

吊訊吳福全並鄭天文，二人俱供云："晚果願安呾吳源流懇入熾昌負欠銀四千盾。"

公堂會議："吳源流懇入熾昌銀四千盾，援吳福全及鄭天文為安噠。本堂查勘鄭天文不足擔戴。"

存案。

（謝一娘、陳英傑夫婦求離一案）

據公舘公勃低陳（思聰）、陳（江流）詳。

謝一娘到公舘再請伊夫陳英傑："為自蒙公舘判回以來，拙夫屢屢尋事生端。此近日又請干刀，欲陷氏以罪。似此不良，乞判分離。"

吊訊陳英傑，供云："拙妻如此舊性不改，終難偕老。求離之事，晚實願從。"

將情申詳公堂大嗱內裁奪。

列台覆訊謝一娘及陳英傑，供如公勃低所詳。

公堂會議："夫婦之間，夫倡而婦隨方成夫婦之道。今謝一娘與其夫陳英傑屢到公堂稟請求離，彼夫妻各自含恨，難期白首。本堂即准其離邊可也，但其女當歸伊父撫養。"

存案。

（默氏簡敬忠懇買式厘坡地為雙壙壽域事）

具稟人晚生簡敬忠為年既古稀事，欲求買式厘坡地十六腳距，為雙壙壽域一所，伏乞公堂俯賜恩准。而晚在於昔

84

日亦有任默二十餘年,後蒙緞挨實嚥[1]准晚辭任。此言非敢邀乎恩賜,惟是望助於行成也。

列台閱稟會議:"勘得簡敬忠懇買式厘坡地,因他有任默氏二十餘年之久,後年邁告退。本堂准其所懇可也。"

存案。

(瑪腰、甲必丹、雷珍蘭、朱葛礁為本期記錄簽名:馬來文草書)

Tan Tjoentiat(陳濬哲)　　Tan Soetjiong(陳思聰)
Ko Setjoan(高西川)　　　Tan Boensok(陳文速)
Ni Boentjiang(連文清)　　Tan Konglioe(陳江流)
Sim Siongbouw(沈松茂)　　Tan Gioktiang(陳玉長)

和 1866 年 9 月 21 日,拜五

公堂設嘧喳嘮

瑪腰陳濬哲官、甲必丹陳思聰舍、雷珍蘭高西川舍、雷珍蘭黃清淵舍、雷珍蘭陳文速官、雷珍蘭連文清官、雷珍蘭陳江流官、朱葛礁陳玉長官俱在座。鄭肇基甲、陳江水甲、陳光華甲、沈松茂甲四位不到。

(查勘洪潑懇入熾昌借銀事)

承熾昌干刀寄下洪潑口詞,懇入熾昌負欠銀陸千盾,援

---

① 緞挨實嚥:馬來語 Tuan Resident,駐紮官或州長先生。

曾金海及許清泉甲為安咀。祈查勘入字人並安咀人可堪擔
戴否？詳覆。

吊訊洪潑_{年五十九歲,住五腳橋},供云："晚果有入熾昌銀陸
千盾,援安咀人曾金海、許清泉甲。"

吊訊曾金海_{住小南門},供云："晚願安咀洪潑懇入熾昌銀
陸千盾。"

吊訊許清泉甲,供云："職果有安咀洪潑入熾昌負欠銀
陸千盾。"

公堂會議："勘得洪潑口詞,懇入熾昌銀陸千盾,援安咀
人曾金海及許清泉甲,現時可堪。"

存案。

（查勘邱水生懇入熾昌借銀事）

承熾昌干刀寄下邱水生口詞,懇入熾昌負欠銀壹萬盾,
援安咀人邱媽海、邱火壽。祈查勘可堪否？詳覆。

吊訊邱木生_{年二十六歲,住五腳橋},供云："晚果有入熾昌負
欠銀壹萬盾,援邱媽海及邱火壽為安咀。"

吊訊邱媽海_{年六十五歲},及訊邱火壽_{年二十七歲},俱供云：
"晚二人願安咀邱木生入熾昌銀壹萬盾。"

公堂會議："此三人同一生理,二安咀人俱不足擔戴。"

存案。

（高廷興、謝木娘夫妻求離一案）

據公舘公勃低陳（江水）、黃（清淵）詳。

86

高廷興①年三十四歲,住八茶貫,請伊妻謝木娘:"為交寅三載,未有產育。因拙妻自去年唐七月間歸寧,屢喚不歸,不情甚矣。乞判分離。"

吊訊謝木娘年十八歲,住大使廟,供云:"氏之歸寧乃拙夫所使,後並無換回。今拙夫欲求分離,氏固願從。"

台見二比生端並無事故,試問:"汝各自思尚有不捨之情否?"俱答云:"立志已決,切要分離。"

將情申詳公堂大嚜內裁奪。

公勃低陳(思聰)、陳(江流)又詳。

吊訊陳曲娘年五十七歲,即高廷興之母,住烏褒土庫,供云:"媳婦謝木娘果然不孝,兒子廷興往海嶼,氏在家身病一年餘,累次喚召回家照顧湯藥,並不一歸,且往臭橋番加心家。氏到處要尋回,他又嚷鬧口出怨言。似此名雖有媳,孰若無媳之為愈也,所供是實。"

將情申詳公堂大嚜內裁奪。

列台覆訊高廷興及謝木娘,供如公勃低所詳。

公堂會議:"細勘高廷興所供求離之事,甚不合式。及訊伊母陳曲娘所供,伊媳果然不孝,伊病年余,叫喚不歸省視湯藥,就此一節而論,灼見不孝。合當准其離遏。"

存案。

---

① 高廷興:據《婚簿》載,1864 年 9 月 8 日,住烏褒土庫。高廷興(31 歲)與謝木娘(16 歲)成婚。媒人:蔡勤娘,男方主婚:高疇(堂兄),女方主婚:謝京郎(堂叔祖)。

（瑪腰、甲必丹、雷珍蘭、朱葛礁為本期記錄簽名：馬來文草書）

Tan Tjoentiat（陳濬哲）　　Tan Soetjiong（陳思聰）

Ko Setjoan（高西川）　　Oeij Tjengian（黃清淵）

Tan Boensok（陳文速）　　Ni Boentjiang（連文清）

Tan Konglioe（陳江流）　　Tan Gioktiang（陳玉長）

和 1866 年 9 月 28 日，拜五

公堂設嘧喳嘮

瑪腰陳濬哲官、甲必丹陳思聰舍、雷珍蘭高西川舍、雷珍蘭黃清淵舍、雷珍蘭陳文速官、雷珍蘭連文清官、雷珍蘭陳江流官、雷珍蘭沈松茂官、朱葛礁陳玉長官俱在座。鄭肇基甲、陳江水甲及陳光華甲三位不到。

（高瓊瑤借公堂蓄項更換擔保人事）

據高瓊瑤甲繳入新的栖字係吃勞兀地，果然有價銀拾萬盾。但前 8 月 24 日公堂嘧喳嘮，獻安呾人楊福源，副挨實嗹已嫌不足擔戴。今換高西川甲為安嗻，合當申詳挨實嗹，然後定奪。

存案。

（查勘楊成根懇入熾昌借銀事）

承熾昌干刀寄下楊成根口詞，懇入熾昌負欠銀貳千盾，

援朱福興、陳山景為安噠。祈查勘可堪與否？勘畢詳覆。

吊訊楊成根年三十九歲，住鑒光貓厘為稅把殺主，供云：“晚果入熾昌干刀銀貳千盾，援朱福興、陳山景為安呾。”

吊訊朱福興年三十一歲，為廚工漆，住全上，供云：“晚果願安噠楊成根入熾昌干刀銀貳仟盾。”

吊訊陳山景年三十五歲，住珍，供云：“晚願安噠楊成根入熾昌干刀銀貳仟盾。”

公堂會議：“楊成根經有安噠林拱矣，且二安噠人現不足擔戴，不得承受。”

存案。

（查勘黃亞四懇入熾昌借銀事）

承熾昌干刀寄下黃亞四口詞，懇入熾昌負欠銀壹千盾，援安呾人梁連光及饒亞傑。祈查勘可堪擔戴否？勘畢詳覆。

吊訊黃亞四年三十二歲，住鑒光美惜近，供云：“晚果入熾昌干刀銀壹千盾，援梁連光、饒亞傑為安噠。”

吊訊梁連光年三十五歲，住小南門，供云：“晚願安噠黃亞四入熾昌干刀銀壹千盾。”

吊訊饒亞傑年三十二歲，住小南門，供云：“晚願安噠黃亞四入熾昌干刀銀壹千盾。”

公堂會議：“安噠人饒亞傑不足擔戴。”

存案。

（詹成娘、邱金生夫妻求離一案）

據公舘公勃低陳（思聰）、陳（江流）詳。

詹成娘年四十歲，住蚊茄勿殺，請伊夫邱金生："既回唐三年並無留下分文，亦無家業。自回至今，絕無信息。氏思無靠，乞賜下一憑，可任別適，聊以資身。萬望恩准。"

吊訊邱晚年四十八歲，住大南門①，即邱金生之親，供云："邱金生果晚至親，當時回唐並無攜帶分文，甚然貧窘，諒無再來。今姪婦詹成娘果然無依，欲留欲棄，出其自便。"台諭詹成娘曰："汝夫回唐纔三載，欲來與否尚未可知。當懇伊親寄信通知，待汝夫覆息，然後定奪。"詹成娘曰："無衣無食不能再耐。"

將情申詳公堂大嚜内裁奪。

吊訊詹成娘，供如公勃低所詳。

公堂會議："即諭詹成娘當再待一二年，果無息回，然後定奪。"

存案。

（公堂定每日派員在干刀鑒察新客一事）

瑪腰（陳濬哲）請："副挨實嗹有命此和 10 月 1 日起，每日當一員胡勃實②，一員朱葛礁在干刀鑒察新客③之事。何者應值?"列台曰："當暇月之人應值。"

存案。

---

① 大南門：Pintu Besar。吧城最早的城門之一，建於 1631—1632 年，荷蘭人稱之爲新門（Nieuwe Poort）。

② 胡勃實：亦作"胡字實"，荷蘭語 Officier，意爲官員、首領、頭人。此指公堂中有官階品位之華人，諸如瑪腰、甲必丹、雷珍蘭等。

③ 鑒察新客：公堂官員對前來吧城的唐人新客進行鑒別、詢問並予以登記在簿。

（瑪腰、甲必丹、雷珍蘭、朱葛礁為本期記錄簽名：馬來文草書）

Tan Tjoentiat（陳潘哲）	Tan Soetjiong（陳思聰）
Ko Setjoan（高西川）	Oeij Tjengian（黃清淵）
Tan Boensok（陳文速）	Ni Boentjiang（連文清）
Tan Konglioe（陳江流）	Sim Siongbouw（沈松茂）
Tan Gioktiang（陳玉長）	

和 1866 年 10 月 12 日，拜五

公堂設嚤嗏嘮

媽腰陳潘哲官、甲必丹陳思聰舍、雷珍蘭高西川官、雷珍蘭陳文速官、雷珍蘭連文清官、雷珍蘭陳光華官、雷珍蘭沈松茂官、朱葛礁陳玉長官俱在座。鄭肇基甲、陳江水甲、黃清淵甲、陳江流甲四位不到。

（鄭寅娘訴李吉疾娘未經至親允許婚嫁一案）

承副挨實嗹於和 1866 年 10 月 3 日第 3754 號又 1 號來書，附一日案，為鄭寅娘①請李吉疾娘。因接唐美惜甘案奪，付其教養李吉疾娘，經已往取，見李吉疾娘磨齒剃面，似已交寅之狀，且又不從居住伊家，伏乞明判。

列台閱書。

---

① 鄭寅娘：下文作"鄭壬娘"。原檔如此。

91

吊訊李吉疾娘_{住西門}，供云："係氏先居，後周辛娘方來合住十五日，乃移吃啷班讓。氏與周辛娘同居約三個月之久。"

吊訊林溪陵，供云："吉疾娘居吃啷班讓，乃與李月娘同居。前住西門與周辛娘同住，約有三個月。"

吊訊周辛娘，供云："初交寅之時住東居，後移西門，室內原有吉疾娘在厝，氏每要探看，林溪陵便驅逐。"

吊訊林居娘_{年三十歲，住西門}，（供云）："是日果氏到娘仔公勃璽厝，見娘仔公勃璽在此除草，並無李吉疾娘同行。"

吊訊李月娘_{年二十七歲，住吃啷班讓}，供云："當家母做百日後，林溪陵果要將小妹吉疾娘交母姨鄭壬娘，並無要交於氏。"

公堂會議："勘此案，當鄭音娘故日，林溪陵合當將其子女送交伊親。雖鄭音娘、林溪陵所畜，然不得比於髮妻。若養繼女亦有之，但當照顧得宜，無致嫌疑。今吉疾娘已經剃面磨齒，可見所為不是。又據周辛娘及娘仔公勃璽供，林溪陵所為誠哉背理。今李吉疾娘苟不從於鄭壬娘，即從伊姊李月娘猶為至親，可謂合式。"

存案。

（公堂決議今後凡有職員之家子女婚娶須在公舘給婚字）

媽腰（陳濬哲）請："常例，凡有職員之家子女婚娶，必請公勃低就其家給婚字。劣謂此事不妥。從今以後，不論僚屬及欽賜要給婚字，須在公舘，但當各服禮衣以別官庶。請問列台如何意見？"

列台曰："如此合理，即宜遵行。"

存案。

（瑪腰、甲必丹、雷珍蘭、朱葛礁為本期記錄簽名：馬來文草書）

Tan Tjoentiat（陳濬哲）　　　　Tan Soetjiong（陳思聰）

Ko Setjoan（高西川）　　　　　Tan Boensok（陳文速）

Ni Boentjiang（連文清）　　　　Tan Konghoa（陳光華）

Sim Siongbouw（沈松茂）　　　Tan Gioktiang（陳玉長）

和 1866 年 10 月 24 日，拜三

公堂設嘧喳嘮

媽腰陳濬哲官、甲必丹陳思聰舍、雷珍蘭高西川舍、雷珍蘭黃清淵舍、雷珍蘭陳江流官、雷珍蘭陳光華官、雷珍蘭沈松茂官、朱葛礁陳玉長官俱在座。鄭肇基甲、陳江水甲、陳文速甲、連文清甲四位不到。

（挨實嗹批准高瓊瑤甲借公堂蓄項伍萬盾）

承挨實嗹於和 1866 年 10 月 10 日第 3342 號又 12 號致書，謂高瓊瑤甲借公堂項伍萬盾，援連鳳池、高西川甲為安呾，可以承受。須從和 1866 年 8 月 10 日第 2806 號又 12 號之書而行。

存案。

（查勘許田懇入熾昌借銀事）

承熾昌干刀寄下許田口詞，懇入熾昌負欠銀壹萬盾，援

93

安呾人林華、許天乞。祈查勘可堪擔戴否？勘畢詳覆。

吊訊許田年二十八歲，住大港堄①，供云："晚果有入熾昌干刀銀壹萬盾，援安呾人林華及許天乞。"

吊訊林華年四十三歲，住亞森腳②，供云："晚果有安呾許田入熾昌銀壹萬盾。"

吊訊許天乞年三十五歲，住亞森腳，供云："晚願安呾許田入熾昌銀壹萬盾。"

公堂會議："許田未有生業，現許天乞要助生理，其安呾林華、許天乞二人合夥，當再添安呾人。"

存案。

（查勘葉再興懇入熾昌借銀事）

承熾昌干刀寄下葉再興口詞，懇入熾昌負欠銀五千盾，援劉盛祝、葉嫣益為安呾。祈查勘可堪擔戴否？勘畢詳覆。

吊訊葉再興年三十一歲，住小南門，供云："晚果有入熾昌干刀銀伍千盾，援安呾人劉盛祝、葉嫣益。"

吊訊劉盛祝年四十七歲，住公司後，供云："晚願安呾葉再興入熾昌干刀銀伍千盾。"

吊訊葉嫣益年三十八歲，住大巷內，供云："晚果願安呾葉再興入熾昌干刀銀伍千盾。"

公堂會議："據葉再興云，伊理劉盛祝事，其安呾人劉盛

---

① 大港堄：亦作大港唇，Kali Besar，吧城地名，位於小南門外華人居住區。

② 亞森腳：亦作把殺亞森、亞森墟，Pasar Asem、Asemka，吧城地名，位於小南門外華人居住區內。

祝雖可堪，但葉媽益不足擔戴。”

存案。

（查勘鄭仁諒懇入熾昌借銀事）

承熾昌干刀寄下鄭仁諒口詞，懇入熾昌干刀負欠銀叁仟盾，援安呾人鄭服及楊忠良。祈查勘可堪与否？勘畢詳覆。

吊訊鄭仁諒_{年二十八歲，住大港塊}，供云：“晚果有入熾昌干刀銀叁仟盾，援安呾人鄭服、楊忠良。”

吊訊鄭服_{年七十五歲，住大港塊}，供云：“晚果甘願安呾鄭仁諒入熾昌干刀銀叁仟盾。”

吊訊楊忠良_{年三十一歲，住仝上}，供云：“晚甘願安呾鄭仁諒入熾昌干刀銀叁千盾。”

公堂會議：“鄭仁諒及安呾人俱可堪。”

存案。

（戴清懷、劉冬娘夫妻求離一案）

據公舘公勃低陳（思聰）、陳（江流）詳。

戴清懷①_{年二十三歲，住蚊茹勿殺②}，請伊妻劉冬娘：“為交寅四載，未有產育。因拙妻於唐本年正月間歸寧，至今屢喚不

---

① 戴清懷：據《婚簿》載，1863 年 8 月 17 日，住戈勞屈，戴清懷（20 歲）與劉銅（冬）娘（20 歲）成婚。媒人：蕭吉娘，男方主婚：戴彩應（父），女方主婚：劉為風（胞叔）。

② 蚊茹勿殺：Mangga Besar。亦作蚊茹賴、蚊荽賴、望加賴、芒果路亞、Manggarai，Mangga Dua。吧城地名，位於大南門外，爲吧城最早的華人居住區之一。

歸，且欲與晚較鬧，使晚移居。晚思家父年老不忍拋離，終無了局，乞判分離。"

吊訊劉冬娘_{年二十三歲，住十八間}，供云："氏果歸寧八個月，拙夫亦屢招氏回家。但氏心決要分離，不願再以為夫。"

台曰："汝夫妻別無事故相爭，惟各懷不悅，遂欲求離，殊不合理。當相率歸家，依舊和好。"

礙各決志欲離。將情申詳。

據公館公勃低高_(西川)、連_(文清)詳。

吊訊戴采應_{年五十八歲，住蚊茄勿殺，即戴清懷之父}，供云："媳婦劉冬娘果然不孝，專心致愛外家①，不出三四日即要歸寧，一歸不至月餘不回。況又逐日與兒清懷較鬧，無時休息。晚思終無了局，欲再忍耐，恐無盡時。所供是實。"

吊訊曹溫娘_{年五十三歲，住十八間，即劉冬娘之母}，供云："當女子劉冬娘歸寧，係婿戴清懷相率而來。及後小女無回，亦婿言要附暫住氏處。但戴清懷或三日或二日至看視，或有時在厝宿夜，或有時多言亦僅少可而已，總是老大之人冀望其夫妻偕老。今既如此，惟憑彼二人之心，要離要合，非氏敢言。所供是實。"

將情申詳公堂大嗌內裁奪。

覆訊戴清懷及劉冬娘，供如公勃低所詳。

公堂會議論："凡唐人之規，女子既嫁從夫。茲劉冬娘歸寧八個月之久，其夫屢招不回，大失為婦之道。及訊伊父戴采應所供，伊媳劉冬娘果然不孝，專心致愛外家。如此較

———————————

① 外家：閩南話，女方娘家。

96

鬧之事，遂起夫嫌婦怨，難期白首。本堂即准其離邊可也。"

存案。

（瑪腰、甲必丹、雷珍蘭、朱葛礁為本期記錄簽名：馬來文草書）

Tan Tjoentiat（陳濬哲）　　Tan Soetjiong（陳思聰）

Ko Setjoan（高西川）　　Oeij Tjengian（黃清淵）

Tan Konglioe（陳江流）　　Tan Konghoa（陳光華）

Sim Siongbouw（沈松茂）　　Tan Gioktiang（陳玉長）

和 1866 年 11 月 2 日，拜五

公堂設嘧喳嘮

媽腰陳濬哲官、雷珍蘭高西川舍、雷珍蘭黃清淵舍、雷珍蘭陳文速官、雷珍蘭陳江流官、朱葛礁賴觀瀾官俱在座。陳（思聰）甲大、鄭肇基甲、陳江水甲、連文清甲、陳光華甲、沈松茂甲，不到。

（李添喜懇其父母同葬丹絨事）

據李添喜請："前伊母鄭木娘故在戈勞屈，經葬丹絨塚。今伊父又故，懇要附其母葬丹絨。"

列台會議："其母已葬丹絨，今懇其父要再其處，無害於義。准之可也。"

存案。

（查勘黃清帆懇入熾昌借銀事）

承熾昌干刀寄下**黃清帆**口詞,懇入熾昌負欠銀叁萬盾,援**馬淼泉**①及**黃元機**為安呾。祈查勘可堪與否？勘畢詳覆。

吊訊**黃清帆**_{年三十四歲},住_{大南門},供云:"晚為**瑛美公司**棧主在**壟**,名**馬益三**。"

公堂會議論:"**黃清帆**原是**壟人**②,來吧未及一年,在吧為**馬益三**棧主,不過蔭分而已。若其安呾**馬淼泉**在**壟**,實為富有;若**黃元機**,未識其人。"

存案。

（陳玉山、韓福娘夫妻求離一案）

據公館公勃低高（_{西川}）、連（_{文清}）詳。

陳玉山③_{年五十一歲},住_{把殺亞森},請伊妻**韓福娘**:"為交寅十六年,生下男女共五胎,僅存一女名**寅娘**,年三歲,餘俱故。因拙妻屢屢通姦番人,於**唐**七月初十夜經現捉在房,致請干刀,拙妻充役二個月。今屆限滿回家,晚思無顏再為夫婦,伏乞判離。"

吊訊**韓福娘**_{年四十歲},住_{仝上},供云:"拙夫所言誠是,但一

---

①　馬淼泉:Be Biauw Tjoan,三寶壟第三任唐人瑪腰**馬榮周**(1841 年任職,1857 年去世)之子。1845 年任三寶瓏 唐人雷珍蘭,娶三寶壟第二任唐人瑪腰**陳峰煙**(1833 年任職)之女**陳讓娘**為妻。1862 年陞任三寶壟 唐人第四任瑪腰,1904年去世。

②　壟人:三寶壟人之簡稱。

③　陳玉山:據《婚簿》載,1850 年 11 月 11 日,住**亞森街**,**陳玉山**(35 歲)與**韓福娘**(26 歲)成婚。媒人:**阮緞娘**,男方主婚:**陳位**(胞兄),女方主婚:**韓福生**(胞兄)。

98

時誤錯竟入迷途。今拙夫求離,氏固願從。"

台曰:"姦情已明,離遏亦宜。"

將情申詳公堂大嗑內裁奪。

覆訊陳玉山及韓福娘,供如公勃低所詳。

公堂會議:"姦情既明,當判離遏。"

存案。

(瑪腰、甲必丹、雷珍蘭、朱葛礁為本期記錄簽名:馬來文草書)

Tan Tjoentiat(陳濬哲)　　　　Ko Setjoan（高西川）

Oeij Tjengian（黃清淵）　　　　Tan Boensok（陳文速）

Tan Konglioe（陳江流）　　　　Loa Konglan（賴觀瀾）

和 1866 年 11 月 14 日,拜三

公堂設嗑喳嘮

瑪腰陳濬哲官、甲必丹陳思聰舍、雷珍蘭高西川舍、雷珍蘭陳文速官、雷珍蘭連文清官、雷珍蘭陳江流官、雷珍蘭陳光華官、雷珍蘭沈松茂官、朱葛礁賴觀瀾官俱在座。鄭肇基甲、陳江水甲、黃清淵甲,不到。

(牛郎沙里塚地內築屋安全事)

承副挨實嗹於和 1866 年 11 月 13 日第 4255 號又 1 號來書,謂牛郎沙裏塚地內築屋,或有相連,甚為不美。祈即

99

安頓，後來若有築屋，當一屋一巷相離，庶免火災之患。詳覆。

列台閱書。吊訊陳豹住牛郎沙裡，供云：“現牛郎沙裡雖有亞答厝①，並無相連。惟廟前兩邊開亞廊數間相連而已。”

公堂會議論：“據陳豹所供，牛郎沙裡地內屋舍並無相連，惟廟前兩邊開亞廊有連數間，然已築就，難以改移。嗣後若欲再築者，須遵上命所定而行。即諭廟主陳豹宜謹守其諭，但本堂切思塚地內居住，原非欲為鑒光，不過分界各掌，冀得剪除草木，無致積穢而已。”

謹詳副挨實嗹裁奪。

（定公堂列台所任之權條規）

茲定公堂列台所任之權詳下：

一、公堂設嘧喳嘮，瑪腰首座同列台及朱俱在座。瑪腰訊原、被告供詞，朱②當記供。訊畢，問列台意見和同否？如不同者，則從多人意見而斷。倘有一、二員堅執不從者，必從多人者而判。如一、二不從者，將其意見登在案簿。

二、公館逐日二員公勃低及朱在座，如有人投請事務，審勘其是非，朱當依供記明登簿。如小事能和者可判，畢事存案。若不得結局，當詳公堂內覆訊定奪。

---

① 亞答厝：亞答，亦作阿答，馬來語 Atap 音譯，一種聶帕棕櫚樹（Nipah）葉，長而堅硬，羽狀復葉，常用來覆蓋屋頂和編織籮筐。用這種樹葉做爲屋頂的馬來式住宅（包括草屋等），通稱“亞答屋”、“亞答厝”。

② 朱：朱葛礁（荷蘭語 Secretaris，書記官）簡稱。

三、唐人要給婚字，二員公勃低同朱在座。公勃低問男女家之主婚人要交寅者男女姓名、坐址、年紀、交寅何日，及主婚人姓名，媒妁人姓名。朱記登婚簿，令兩家主婚人及媒妁人花押畢，呈與公勃低查察明白。二員公勃低及朱亦花押婚簿，俟另日將婚字遣達氏送交男家收執。

四、凡有人要買風水者，先向丹絨掌塚蠻律查勘出單，然後向公舘給買。朱登入風水簿，公勃低查察明白，令其出單付執公勃低花押收項。但不時公勃低當到塚查勘。

五、公堂置一鐵櫃，用鎖匙三支，瑪腰及公勃低同朱各掌一支。若所畜之項，只可用塚事祭費，脩理塚、路、橋樑、祀壇，及地宅、公舘厝八仙、修公舘厝等費。又可開達氏二名辛金，及蠻律一名、馬礁六名之辛金。如開此項，當請知公堂。倘必須開費大項，務宜請知挨實嗹案奪方可。但公勃低逐月將數呈入公堂查察，然後清櫃交盤過鬮。如公項積多，可付人借去，逐月取息。

六、定二員公勃低掌廟宇，查察和尚及廟公諸事。如無規矩，立即請知公堂查勘。每逢正月初四日，列台齊到觀音亭禮佛，清明亦齊到禮佛致祭。祀壇七月設孤，列台齊到禮佛拜孤，每年輪換一爐主①。若要擇新爐主，當二員掌廟宇公勃低到處鑒察。

---

① 爐主：閩南話，指華人神廟、廟會每年輪值主祭之人，負責收集祭祀費用、準備祭品、聘請僧道及戲班等所有與祭事活動相關的事務。通常每年選舉一次，在神誕之日，由候選人依次在神明前擲筊，以擲出聖筊（一陰一陽）次數最多者擔任。

（查勘詳覆豬餉贌官張德茂故果無遺業，徐金爐果無家業可助還否）

承大挨實嗹於和 1866 年 11 月 7 日第 4274 號又 35 致書云，因劉亞四於和 1861 年安呾張德茂贌宰豬僑仔。現張德茂已故，無存遺業，其同為安呾徐金爐①亦無力可以相助，懇賜還禮罰銀 3 394 盾。祈查張德茂故果無遺業，徐金爐果無家業可助還否？祈公堂酌量查勘詳覆。

列台閱書。

吊訊劉亞四住小南門供云："晚仝徐金爐果有安呾張德茂贌宰豬僑仔，今張德茂已經故矣，況聞無額②，雖有二為安呾，然又無能可還。懇免之可也。"

公堂會議論："查和 1861 年豬餉贌官張德茂果故在禁內，並無留存遺業。同為安呾徐金爐，現時為傭陳甘郎③甲大理記，果無餘資可助。劉亞四一人獨賠還僑仔叁萬盾，亦出於不得已者。懇要追回禮罰銀 3394 盾，憑挨實嗹裁奪可耳。"

存案。

---

① 徐金爐：亦作徐爐，又因任二朱、大朱、武直迷而尊稱徐金爐甲、徐爐甲、徐甲。1801 年生於閩南，1835 年任二朱，1836 年陞大朱，1841 年陞武直迷，1843 年因病告退，病愈任公堂事務助理，1851 年 11 月 30 日再任大朱。1856 年 1 月 16 日告老，1886 年 8 月 16 日逝世於吧城大使廟，享年八十六歲。

② 無額：閩南話，破產，倒閉，虧空，失業。

③ 陳甘郎：Tan Kamlong，1811 年生於大港墘。1844 年 1 月 26 日獲名譽雷珍蘭頭銜。1847 年獲名譽甲必丹頭銜。1878 年逝世。

102

（雷珍蘭鄭肇基、陳江水告退，吳榮輝、陳光華、李子昌陞任）

承大挨實嗹於和 1866 年 11 月 15 日第 4364 號又 11 號來書公堂，為遵王上於和 1866 年 11 月 7 日第五號案奪，雷珍蘭鄭肇基官因病告老，優意准其告辭理事。已經酌量，仍留雷珍蘭知廚禮銜榮身。其雷珍蘭陳江水官禮意准其告辭理事，但懇雷珍蘭知廚禮銜，不得承受。即舉吳榮輝為特授雷珍蘭職，理公堂事務；陞協理雷珍蘭知廚禮陳光華為特授雷珍蘭職，理公堂事務；舉李子昌為雷珍蘭知廚禮職，協理公堂事務。

存案。

列台閱書，即揀和 1866 年 11 月 17 日拜六，敬請特授雷珍蘭吳榮輝官陞任，特授雷珍蘭陳光華官陞任，協理雷珍蘭李子昌舍榮任。

定應值公舘公勃低

壹鬮：甲必丹陳思聰舍、雷珍蘭陳光華官，一、五、九（月）。

貳鬮：雷珍蘭高西川舍、雷珍蘭吳榮輝官，二、六、十（月）。

叁鬮：雷珍蘭黃清淵舍、雷珍蘭陳江流官，三、七、十一（月）。

肆鬮：雷珍蘭陳文速官、雷珍蘭連文清官，四、八、十二（月）。

定應值外務公勃低

壹圖:甲必丹陳思聰舍、雷珍蘭陳光華官,二、六、十（月）。

貳圖:雷珍蘭高西川舍、雷珍蘭吳榮輝官,三、七、十一（月）。

叁圖:雷珍蘭黃清淵舍、雷珍蘭陳江流官,四、八、十二（月）。

肆圖:雷珍蘭陳文速官、雷珍蘭連文清官,一、五、九（月）。

定應值干刀公勃低

壹圖:甲必丹陳思聰舍、雷珍蘭陳光華官,三、七、十一（月）。

貳圖:雷珍蘭高西川舍、雷珍蘭吳榮輝官,四、八、十二（月）。

叁圖:雷珍蘭黃清淵舍、雷珍蘭陳江流官,一、五、九（月）。

肆圖:雷珍蘭陳文速官、雷珍蘭連文清官,二、六、十（月）。

定應值干刀點客公勃低

壹圖:甲必丹陳思聰舍、雷珍蘭陳光華官,四、八、十二（月）。

貳圖:雷珍蘭高西川舍、雷珍蘭吳榮輝官,一、五、九（月）。

叁圖:雷珍蘭黃清淵舍、雷珍蘭陳江流官,二、六、十（月）。

104

肆圖:雷珍蘭陳文速官、雷珍蘭連文清官,三、七、十一(月)。

定掌事務公勃低

一、二,掌水淬。三、四,掌買辦。

五、六,掌工役。七、八,掌街衢。

一、三、五、七,掌塚地。

二、四、六、八,掌廟宇。

定值夜公館公勃低

四,拜一①。五,拜二。六,拜三。七,拜四。八,拜五。

首協,拜六②。次協,禮拜③。

上定應值圖聲,照圖輪流,週而復初。如有事故不暇,則協理之人代之。若值夜之員或有不暇,則首、二、三及大二朱代之。務於晚間八點起至十二點止,親自到公館勘察事務。倘值公館之員,務於早八點鐘到公館至下午二點止,在處勘察事務。

謹此,存案。

(瑪腰、甲必丹、雷珍蘭、朱葛礁為本期記錄簽名:馬來文草書)

Tan Tjoentiat(陳潛哲)　　　Tan Soetjiong(陳思聰)

---

① 四,拜一:指公堂排位第四的官員於禮拜一值夜。

② 首協,拜六:指公堂首位協理雷珍蘭於禮拜六值夜。

③ 次協,禮拜:指公堂次位協理雷珍蘭於禮拜天值夜。

Ko Setjoan（高西川）　　　Tan Boensok（陳文速）

Ni Boentjiang（連文清）　　Tan Konglioe（陳江流）

Tan Konghoa（陳光華）　　Sim Siongbouw（沈松茂）

Loa Konglan（賴觀瀾）

和 1866 年 11 月 23 日，拜五

公堂設嚜喳嘮

瑪腰陳濬哲官、甲必丹陳思聰舍、雷珍蘭黃清淵舍、雷珍蘭陳文速官、雷珍蘭連文清官、雷珍蘭陳江流官、雷珍蘭吳榮輝官、雷珍蘭陳光華官、雷珍蘭沈松茂官、雷珍蘭李子昌舍、朱葛礁賴觀瀾官俱在座。高西川甲報身體欠安，不到。

（值月公舘俸銀分發事）

瑪腰（陳濬哲）請曰："此月公舘俸銀，前半月坐人，後半月坐人，如何分發？請問列台各出意見。"列台曰："前半月之人得前半月之俸銀，後半月之人得後半月之俸銀可也。"

存案。

（查勘李清溪懇入熾昌借銀事）

承熾昌干刀寄下李清溪口詞，懇入熾昌負欠銀伍千盾，援安呾人李伯適甲及梁龐熙。祈公堂查勘可堪與否？勘畢詳覆。

106

吊訊李清溪，供云："晚果有入熾昌干刀銀五千盾，援安咟人李伯適、梁龐熙。"

吊訊李伯適甲，往山頂未到，寄來書云："職願安咟李清溪入熾昌干刀銀五千盾。"

吊訊梁龐熙，供云："晚願安咟李清溪入熾昌干刀銀五千盾。"

公堂會議："李清溪所懇入熾昌干刀銀五千盾，援安咟人李伯適甲及梁龐熙，可以承受。"

存案。

（查勘陳錦文懇入熾昌借銀事）

承熾昌干刀寄下陳錦文口詞，懇入熾昌負欠銀貳千盾，援安咟人番①名吉疾毛含抹，住丹藍望，娘仔咖里溫住干冬圩。祈查勘可堪擔戴否？勘畢詳覆。

吊訊陳錦文住檳榔社，供云："晚果有入熾昌干刀銀貳千盾，援番吉疾毛含抹、番咖里溫為安咟。"

公堂會議："陳錦文所懇入熾昌干刀銀貳千盾，現時可堪。"

存案。

（瑪腰、甲必丹、雷珍蘭、朱葛礁為本期記錄簽名：馬來文草書）

Tan Tjoentiat（陳潺哲）　　　　Tan Soetjiong（陳思聰）

---

① 安咟人番：此條為番人（土著）首開擔任吧城唐人入熾昌借銀擔保人之例。

Oeij Tjengian（黃清淵） Tan Boensok（陳文速）

Ni Boentjiang（連文清） Tan Konglioe（陳江流）

Gouw Enghoei（吳榮輝） Tan Konghoa（陳光華）

Sim Siongbouw（沈松茂） Lie Tjoetjang（李子昌）

Loa Konglan（賴觀瀾）

和 1866 年 12 月 7 日，拜五

公堂設嘧喳嘮

瑪腰陳濟哲官、甲必丹陳思聰舍、雷珍蘭高西川舍、雷珍蘭黃清淵舍、雷珍蘭陳文速官、雷珍蘭連文清官、雷珍蘭陳江流官、雷珍蘭吳榮輝官、雷珍蘭陳光華官、雷珍蘭沈松茂官、雷珍蘭李子昌舍、朱葛礁賴觀瀾官俱在座。

（查勘王必興懇入熾昌借銀事）

承熾昌干刀寄下王必興口詞，懇入熾昌干刀負欠銀壹萬盾，援王文成及黃宗標為安呾。祈查勘可堪擔戴否？勘畢詳覆。

吊訊王必興年十八歲，供云："晚果入熾昌干刀銀壹萬盾，援王文成、黃宗標為安呾。"

吊訊王文成年三十一歲，供云："晚願安呾王必興入熾昌干刀銀壹萬盾。"吊訊黃宗標年三十九歲，供云："晚亦願為安呾。"

108

公堂會議："王必興所懇入熾昌干刀銀壹萬盾,可以承受。"

存案。

（查勘許田懇入熾昌借銀事）

承熾昌干刀寄下許田口詞,懇入熾昌負欠銀壹萬盾,援林華並楊志明為安咀。祈查勘可堪擔戴否？詳覆。

吊訊許田_{年二十七歲,住大港塊},供云："晚果有入熾昌干刀銀壹萬盾,援林華並楊志明為安咀。"

吊訊林華_{年四十三歲,住亞森腳},供云："晚願安咀許田入熾昌干刀銀壹萬盾。"吊訊楊志明_{年三十歲,住小南門},供云："晚亦願為安咀。"

公堂會議："許田所懇入熾昌干刀銀壹萬盾,可以承受。"

存案。

（瑪腰、甲必丹、雷珍蘭、朱葛礁為本期記錄簽名：馬來文草書）

Tan Tjoentiat（陳潗哲）　　Tan Soetjiong（陳思聰）

Ko Setjoan（高西川）　　Oeij Tjengian（黃清淵）

Tan Boensok（陳文速）　　Ni Boentjiang（連文清）

Tan Konglioe（陳江流）　　Gouw Enghoei（吳榮輝）

Tan Konghoa（陳光華）　　Sim Siongbouw（沈松茂）

Lie Tjoetjang（李子昌）　　Loa Konglan（賴觀瀾）

和 1866 年 12 月 21 日,拜五

公堂設嘧喳嘮

瑪腰陳濬哲官、雷珍蘭高西川舍、雷珍蘭黃清淵舍、雷珍蘭陳文速官、雷珍蘭連文清官、雷珍蘭陳江流官、雷珍蘭吳榮輝官、雷珍蘭陳光華官、雷珍蘭沈松茂官、雷珍蘭李子昌舍、朱葛礁賴觀瀾官俱在座。

(梁兆麟入稟懇移葬父棺事)

據梁兆麟入稟,懇伊父寄棺,因字向不利,要移葬在浮爐,闊 12 腳距、長 24 腳距為墳。

列台會議:"當君眉司查視,方可定奪。"

存案。

(陳豹等諸人入稟懇承稅 1867 年草滘椰欄取息事)

據陳豹、胡沙囊、陳陽茂、陳秋林入稟,俱懇承稅和 1867 年全年草滘椰欄取息,陳秋林價最高銀 840 盾。

承應人邱青龍全年價銀壹千四盾正,安呾人趙清水、鍾三軀。

和 1867 年 1 月 4 日,拜五

公堂設嘧喳嘮

瑪腰陳濬哲官、甲必丹陳思聰舍、雷珍蘭高西川舍、雷

珍蘭黃清淵舍、雷珍蘭陳文速官、雷珍蘭連文清官、雷珍蘭陳江流官、雷珍蘭吳榮輝官、雷珍蘭陳光華官、雷珍蘭沈松茂官、雷珍蘭李子昌舍、朱葛礁陳玉長官俱在座。

（楊金秋入稟懇抄婚字事）

據楊金秋入稟，懇抄婚字。

列台會議："准懇可也。"

存案。

（查勘鍾桂淑懇入熾昌借銀事）

承熾昌干刀寄下鍾桂淑口詞，懇入熾昌干刀負欠銀壹千盾，援安呾人鍾振春、顏德富。祈查勘可堪擔戴否？詳覆。

吊訊鍾桂淑_{年三十三歲，住戈勞屈}[①]，供云："晚果入熾昌干刀銀壹千盾，援鍾振春及顏德富為安呾。"

吊訊鍾振春_{年五十八歲}，供云："晚願安呾鍾桂淑入熾昌干刀銀壹千盾。"吊訊顏德富_{年五十四歲，住大南門}，供云："晚亦願為安呾。"

列台會議："准之可也。"

存案。

（邱質娘、陳振芳求離一案）

據公舘公勃低陳（_{文速}）、連（_{文清}）詳。

---

① 戈勞屈：亦作高勞屈，Glodok，吧城地名，位於小南門外華人居住區。

邱質娘再請:"前蒙公堂判斷,氏已從命。執意拙夫愛妾留戀不棄,終日與氏為仇,況又資費半文無給。似此終無了局,乞判分離。"

吊訊陳振芳,供云:"晚非敢違命,拙妻歸家仍然不理家政,且屢尋事生端,晚實不堪其擾,願從分離。"

將情申詳公堂大嚤內裁奪。

覆訊邱質娘及陳振芳,供如公勃低所詳。

公堂會議:"准其離遏可也。"

存案。

(蔣栢生、鄭坤娘夫妻分離一案)

據公舘公勃低黃(清淵)、陳(江流)詳。

蔣栢生[①]年二十六歲,住占仔蚋,請伊妻鄭坤娘:"為交寅四載,生下一子,名曰金水,年二歲。因晚入贅岳母之家,逐日與岳母不和,遂聽拙妻之言移居別處。每歸家,拙妻必詬詈不休。每月得辛金銀叁拾盾,必銀拾五盾付拙妻為零費,油米柴晚自支。而拙妻逐日往外賭博,要往要來並無告知。似此不良,晚實不堪,乞判分離。"

吊訊鄭坤娘年二十一歲,住仝上,供云:"拙夫每月並無付氏銀壹拾五盾為零費,惟每日有給費銀叁方。家內諸事,俱氏擔戴,且竊取氏紗囊貳條、纖衣一領。氏一啓口詢問,遂即

---

① 蔣栢生:據《婚簿》載,1863 年 1 月 29 日,蔣栢生(22 歲)與鄭明章之女鄭坤娘成婚於吉石珍。媒人:陳雲娘。由此可知,蔣栢生入贅岳母之家在吉石珍,後遷居於占仔蚋。

112

毆打。今毆打之事，氏亦不究，但求分離，氏固願從。"

吊訊默氏葉冉四住占仔蚋，供云："此蔣栢生移晚界內纔十二日，即與妻角口，投請晚。晚為勸和，後未幾遂又角口，祇以乏項為詞。若鄭坤娘賭博與否？晚實不知。其人居晚界內，逐日爭較，晚實不能堪，欲令其移居別處為妙。供此是實。"

吊訊鄰居鄭冬岸娘，供云："氏果與蔣栢生為居比鄰，不知其事。所供是實。"

吊訊鄰居黃愛娘，供云："氏居與蔣栢生比鄰，不知其事。所供是實。"

台曰："細勘二比之供及三削視所言，灼見求離之事甚不合式。"即令蔣栢生當攜歸汝妻，照顧得宜。又令鄭坤娘當從夫歸，此後切勿生端。礙二比決志要離，不從台諭。

將情申詳公堂大嚜內裁奪。

覆訊蔣栢生及鄭坤娘，供如公勃低所詳。

列台會議："據蔣栢生懇分離其妻鄭坤娘，已經酌量二比，既已絕情，合當離邊。但兒子年方二歲，須仍付鄭坤娘撫養，每月蔣栢生當貼費銀五盾，至七歲方歸伊夫蔣栢生教督成人。"

存案。

（公堂准梁北麟移葬父棺）

據公勃低陳江流甲、沈松茂甲查報，梁北麟懇伊父梁亞五寄棺塚地，尚未歸土，果然實情。所擇風水在浮爐，四至果無傷礙。謹詳。

公堂會議："既然果係寄棺，准其移處可也。"

存案。

（陳根娘與其夫楊九龍欲求分離一案）

據公舘公勃低陳(文速)、連(文清)詳。

陳根娘到堂再請："氏經遵命隨到夫家，拙夫楊九龍仍是不納，使氏當回山頂①。氏遂到公舘，其門已閉，即再回新山。至今並無看視，亦無給下資費。且伊愛妾仍居室內，致髮妻棲身無處。似此不情，乞判分離。"

吊訊楊九龍，供云："拙妻到家，忿怒不息。晚思終無了局，故使其再往山頂。自拙妻往山頂，晚曾探問，並無居新山，不知往於何處。今拙妻求離，晚實願從。"

將情申詳公堂大嗌內裁奪。

覆訊陳根娘及楊九龍，供如公勃低所詳。

列台會議："勘得陳根娘與其夫楊九龍，屢登公堂投請，懇求分離。諒難以勸合，本堂准其離邊，可也。"

存案。

和 1867 年 1 月 25 日，拜五

公堂設嘧喳嘮

瑪腰陳濟哲官、甲必丹陳思聰舍、雷珍蘭高西川舍、雷

---

① 山頂，閩南話，相對"海上"而言，指陆地、山中、山上，此指市郊、内地。

珍蘭黃清淵舍、雷珍蘭陳文速官、雷珍蘭連文清官、雷珍蘭吳榮輝官、雷珍蘭陳光華官、雷珍蘭李子昌舍、朱葛礁陳玉長官俱在座。陳江流甲、沈松茂甲，不到。

（舉葉榮水暫理達事）

是日即舉葉榮水暫理達事，後見若可用，方為實任。

存案。

（公堂議脩丹絨一帶大路事）

公堂會議："現今丹絨路自二角橋起至公司止一帶大路，凹窟不堪，車馬往來，過榴連橋之處，最為不堪人行，當填補。不然，將至荒廢。約開費銀叁千盾，議當行文上臺，懇准方可。即于明日詳聞。"

存案。

（延聘義學先生事）

瑪腰（陳濬哲）請曰："義學不可無師虔祀先賢，訓督貧人子弟。如有德業可推者，當延為西席①。但束金之事，在位每員喜出就俸銀抽出，交大朱、二朱暫收。"

列台曰："如此甚善。"

存案。

（查勘鍾三龜懇入熾昌借銀事）

承熾昌干刀寄下鍾三龜口詞，懇入熾昌干刀負欠銀叁

---

① 西席：舊時教師之尊稱。

115

千盾,援安咀人鍾秀二、趙清水。祈查勘可堪擔戴否？詳覆。

吊訊鍾三軀_{年三十九歲},供云:"晚懇入熾昌干刀銀叁千盾,援鍾秀二及趙清水為安咀。"

吊訊鍾秀二_{年四十一歲},供云:"晚願安咀鍾三軀入熾昌干刀銀叁千盾。"吊訊趙清水_{年三十一歲},供云:"晚亦願為安咀。"

公堂會議:"可堪。"

存案。

和 1867 年 2 月 24 日,禮拜

公堂開印大吉

風調雨順、國泰民安。

瑪腰陳潘哲官、甲必丹陳思聰舍、雷珍蘭高西川舍、雷珍蘭陳文速官、雷珍蘭連文清官、雷珍蘭吳榮輝官、雷珍蘭沈松茂官、雷珍蘭李子昌舍、朱葛礁陳玉長官俱在座。黃清淵甲、陳江流甲、陳光華甲,不到。

定應值公館公勃低

壹鬮:甲必丹陳思聰舍、雷珍蘭陳光華官,正、五、九(月)。

貳鬮:雷珍蘭高西川舍、雷珍蘭吳榮輝官,二、六、十(月)。

叁鬮:雷珍蘭黃清淵舍、雷珍蘭陳江流官,三、七、十一(月)。

116

肆鼠:雷珍蘭陳文速官、雷珍蘭連文清官,四、八、十二
（月）。

定應值外務公勃低

壹鼠:甲必丹陳思聰舍、雷珍蘭陳光華官,二、六、十
（月）。

貳鼠:雷珍蘭高西川舍、雷珍蘭吳榮輝官,三、七、十一
（月）。

叁鼠:雷珍蘭黃清淵舍、雷珍蘭陳江流官,四、八、十二
（月）。

肆鼠:雷珍蘭陳文速官、雷珍蘭連文清官,正、五、九
（月）。

定應值干刀公勃低

壹鼠:甲必丹陳思聰舍、雷珍蘭陳光華官,三、七、十一
（月）。

貳鼠:雷珍蘭高西川舍、雷珍蘭吳榮輝官,四、八、十二
（月）。

叁鼠:雷珍蘭黃清淵舍、雷珍蘭陳江流官,正、五、九
（月）。

肆鼠:雷珍蘭陳文速官、雷珍蘭連文清官,二、六、十
（月）。

定應值干刀點客公勃低

壹鼠:甲必丹陳思聰舍、雷珍蘭陳光華官,四、八、十二
（月）。

貳鼠:雷珍蘭高西川舍、雷珍蘭吳榮輝官,正、五、九
（月）。

叁圖：雷珍蘭黃清淵舍、雷珍蘭陳江流官，二、六、十（月）。

肆圖：雷珍蘭陳文速官、雷珍蘭連文清官，三、七、十一（月）。

定掌事務公勃低

一、二，掌水淬。三、四，掌買辦。

五、六，掌工役。七、八，掌街衢。

一、三、五、七，掌塚地。二、四、六、八，掌廟宇。

定值夜公勃低

四，拜一。五，拜二。六，拜三。七，拜四。八，拜五。

首協，拜六。次協，禮拜。

上定應值圖聲，照圖輪流，週而復初。如有事故不暇，則協理之人代之。若值夜之員或有不暇，則首、二、三及大、二朱代之。務晚間八點起，至十二點止，親自到公館勘察事務。倘值公舘之員，務早八點起到公舘，至下午二點止在處勘察事務。

謹此，存案。

（舉吳金麟為茄唠旺轄甲必丹之職）

承副挨實哖於和 1867 年 2 月 21 日第 631 號又 1 號致書公堂：達知為遵王上於和 1867 年 2 月 9 日第 25 號案奪，

舉吳金麟①住鑒光毛唝甲為前任默氏，為茄嘮旺②轄甲必丹之職。准此。

存案。

(蘇英甫先生入稟懇明誠書院啓讀事)

蘇英甫先生入稟云："懇於唐丁卯年③正月廿四日，明誠書院即行啓讀。"

列台閱稟，准懇可也，但限一禮拜之久，須請一副先生仝教。

存案。

(准葉榮水任公堂達氏)

列台會議："勘得葉榮水所行，可堪公堂達氏。"

存案。

和 1867 年 3 月 1 日，拜五

公堂設嚟喳嘮

瑪腰陳潽哲官、甲必丹陳思聰舍、雷珍蘭高西川舍、雷

---

① 吳金麟：Gouw Kiem Lien，曾任多處唐人鑒光（五腳橋、鑒光美色近、鑒光毛六甲）默氏，1867 年 12 月 16 日陞任茄老旺甲必丹。

② 茄嘮旺：亦作茄荖旺、茄荖王、茄荖望、膠荖旺、加拉旺、加拉橫、克拉旺，Krawang 音譯，地名，位於吧城以東，茂物東北。

③ 唐丁卯年：清 同治六年丁卯，西元 1867 年。

119

珍蘭黃清淵舍、雷珍蘭陳文速官、雷珍蘭連文清官、雷珍蘭陳江流官、雷珍蘭吳榮輝官、雷珍蘭陳光華官、雷珍蘭沈松茂官、雷珍蘭李子昌舍、朱葛礁賴觀瀾官俱在座。

（大挨實嗹准公堂可發公堂蓄項修丹絨路及春秋祭塚之費）

承大挨實嗹於和 1867 年 2 月 20 日第 585 號又蔽字①5 號致書，為准公堂所懇，可發公堂蓄項銀三千盾，為脩丹絨路之費。又准發銀柒百盾，為春秋祭塚之費。茲即黎壟②，付人出價包入石蛋仔③。每桶，陳全郎出價銀 2.95 盾。湯二素④甲，每桶出价銀 2.6 盾。即與定著，包入每桶價銀 2.6 盾。須立約字，援二妥人安呾。

承應人：湯二素甲。

存案。

（查勘林奇楠懇入熾昌借銀事）

承熾昌干刀寄下林奇楠口詞，懇入熾昌負欠銀貳千盾，援劉金錢及廖增壽為安呾。祈查勘可堪擔戴否？詳覆。

---

① 蔽字：荷蘭語字母 P 的閩南話譯音。
② 黎壟：葡萄牙語 Leilão，馬來語 Lelang，拍賣。
③ 石蛋仔：閩南話，鵝卵石。
④ 湯二素：Thung Njieshu，又名湯如素，1815 年生。1863 年 1 月 5 日，舉為和美色甘雷珍蘭；1872 年 2 月 28 日，陞任和美色甘甲必丹智廚禮。1877 年 2 月 17 日身故，享年 63 歲。

吊訊林奇楠_{年二十七歲}，供云："晚果有入熾昌干刀銀貳千盾，援劉金錢、廖增壽為安呾。"

吊訊劉金錢_{年二十五歲}，供云："晚願安呾林奇楠入熾昌干刀貳千盾。"

吊訊廖增壽_{年五十九歲}，供云："晚亦願為安呾。"

公堂會議："林奇楠所懇入熾昌干刀銀貳千盾，援劉金錢、廖增壽為安呾。現時可以承受。"

存案。

（查勘吳永成懇入熾昌借銀事）

承熾昌干刀寄下吳永成口詞，懇入熾昌負欠銀陸千盾，援吳丁山、陳水生為安呾。祈查勘可堪擔戴否？詳覆。

吊訊吳永成_{年二十六歲}，供云："晚果有入熾昌干刀銀陸千盾，援安呾人吳丁山、陳水生。"

吊訊吳丁山_{年六十二歲}，供云："晚願為安呾吳永成入熾昌干刀銀陸千盾。"吊訊陳水生_{年七十四歲}，供云："晚亦願為安呾。"

公堂會議："吳永成懇入熾昌銀陸千盾，援安呾陳水生、吳丁山。但吳丁山小可生理，其陳水生足以擔戴，可堪。"

存案。

（修理牛郎沙里網穴之處水鍼事）

瑪腰（<u>陳濬哲</u>）請："承副挨實嗹來書云：'謂牛郎沙里網穴之處水鍼崩壞，當速脩理。'請問列台如何裁奪？"

列台曰："當遵命脩理。若脩路之項有餘,可以開用。"
存案。

(查勘蔡榮水懇入熾昌借銀事)
承熾昌干刀於和 1867 年寄下蔡榮水口詞,懇入熾昌負欠銀叁千盾,援安呾人饒奕才、張肇變。祈查勘可堪擔戴否? 詳覆。

吊訊蔡榮水年四十七歲,供云:"晚果有入熾昌干刀銀叁千盾,援安呾人饒奕才、張肇變。"

吊訊饒奕才並張肇變二人,俱供云:"晚願為安呾。"

公堂會議:"蔡榮水所懇,可以承受。"

存案。

和 1867 年 3 月 15 日,拜五

公堂設嘧喳嘮

瑪腰陳濬哲官、甲必丹陳思聰舍、雷珍蘭高西川舍、雷珍蘭黃清淵舍、雷珍蘭陳文速官、雷珍蘭連文清官、雷珍蘭陳光華官、雷珍蘭沈松茂官、雷珍蘭李子昌舍、朱葛礁賴觀瀾官俱在座。陳江流甲、吳榮輝甲,不到。

(公堂議脩丹絨大路事)

瑪腰(陳濬哲)請謂:"據包應小石仔填丹絨路,湯二素甲云,現今水小,船不堪行,艱於運載。要載足清明前赴用,定

122

然不能。余經與高西川甲到處,眼見現時雨晴,車馬堪行,可待稍緩。倘若速載,當先載二百桶停積在新橋過處,一百桶停積在榴連(橋)過處,以備應用。余意如此亦妙。請問列台意見如何?"

列台曰:"如此固妙。"

存案。

是日,即委陳文速甲再為料理。

(一年一度天后聖母壽誕事)

金德院三月廿三日天后聖母壽誕事。

存案。

和 1867 年 3 月 21 日,拜五

公堂設嘧喳嘮

瑪腰陳潃哲官、甲必丹陳思聰舍、雷珍蘭高西川舍、雷珍蘭黃清淵舍、雷珍蘭陳文速官、雷珍蘭連文清官、雷珍蘭吳榮輝官、雷珍蘭陳光華官、雷珍蘭沈松茂官、雷珍蘭李子昌舍、朱葛礁賴觀瀾官俱在座。陳江流甲報病不到。

(高瓊瑤還借銀利息事)

承大挨實嗹於和 1867 年 3 月 11 日第 890 號逸字 16 致書,謂閱公堂結冊內敘明,和 1866 年 10 月 22 日高瓊瑤借銀五萬盾,至 12 月終收還利息銀 575 盾。但 10 月 22 日至

10 月 31 日,計日而算,該利息銀 80.645 盾,餘兩全月該利息銀 500 盾。二合共銀 580.645 盾除外,減還利息銀5.645盾。祈向討取,充入櫃内。詳覆。

即問:"安呾高西川甲願還與否?"高西川甲曰:"願還。"列台曰:"若然,可補記在和 1866 年 12 月内,高瓊瑤甲找還利息銀 5.645 盾。結尾再存,可也。"

存案。

(吳榜全承應填丹絨路石子事)

即日發叫黎釐,付人包入老菓石① 20 戈②,以填丹絨路。吳榜全承應,每戈價銀五拾盾,限一個月半入完。

存案。

和 1867 年 3 月 29 日,拜五

公堂設嗎喳嘮

瑪腰陳濟哲官、甲必丹陳思聰舍、雷珍蘭高西川舍、雷珍蘭陳文速官、雷珍蘭連文清官、雷珍蘭吳榮輝官、雷珍蘭陳光華官、雷珍蘭沈松茂官、雷珍蘭李子昌舍、朱葛礁賴觀瀾官俱在座。黃清淵甲、陳江流甲,不到。

---

① 老菓石:又作老磞石,石類,用作鋪路。馬來語 Kolar 音譯。石子,鵝卵石。

② 戈:亦作"科延",馬來語 Koyan 簡稱,重量單位,1 戈約等於 30 擔,每擔爲 100 爪哇"加提"(Kati)。又,指體積單位,1 戈等於 3.1 立方米。

（林音娘、黃金英成婚糾紛一案）

據公舘公勃低黃（清淵）、陳（江流）詳。

承副挨實嗹於和 1867 年 3 月 25 日第□致書公堂，附 3 月 23 日第 1721 號日案，祈查勘唐人林金水住竹樹巷，為印字干刀備工，請番婦鐳即林金水之庶母。因鐳將伊妹林音娘交寅與黃金英，並無告知，已有七日之久。

吊訊鐳年約四十歲，住油車，供云：“賤自幼即林鐳養畜，後納為妾。此女林音娘果賤養育。當拙夫去年正月故時，林金水遂較鬧，罵賤以娼妓，自出居別處，不認其母、其妹。今女子成婚，果無告知。”

（列台）閱書，吊訊林金水年二十四歲，住竹樹巷，供如日案所言。

吊訊番婦鐳年四十歲，住油車，供云：“賤果有將養女配與黃金英為妻。從貧人之式，並無取黃金英之項。因拙夫故後，兒子林金水不認賤是其繼母，且不認女子林音娘，且賤已再醮他人為夫。自拙夫故後約五個月，林金水遂出居別處，至今並無看視，亦無給費。賤思女子長大，合當適人，所以敢付交寅。況林金水將出時，罵賤娼婦諸惡言，是以不告而嫁此女。”

吊訊黃金英年二十八歲，住大港墘，供云：“此林音娘果晚之髮妻，當時係姊夫陳瑞榮代求此婦，惟聞姊夫有付費銀四十盾而已，然晚亦未嘗有畜他婦。現晚居大港墘姊夫店幫理店事。”

吊訊林音娘年十九歲，住大港墘，供云：“此林金水果氏之兄，因家父故時，家兄不認氏為妹，自去獨居，全無看顧。絕

125

情如此，養母所以並無告知婚事。但養母乃是番婦，與家兄已不相往來，則不知當以婚事告知。"

台問林金水曰："汝妹配以黃金英妥當無嫌乎？"林金水答曰："妥當無嫌。"

將情申詳公堂大嘧內裁奪。

覆訊鐳及林音娘，供如公勃低所詳。

公堂會議："論唐人婚姻之事，必由父母之命。今林音娘交寅于黃金英，其父林鐳既故一年餘，合式林金水當為之主婚。成事乃伊庶母番婦鐳，竟不教而嫁其養女，似不合式。但林金水自供，伊妹交寅與黃金英妥當無嫌，且其父林鐳故後，伊並無照顧其妹。此事不可獨責番婦鐳之過，林金水亦失友愛之誼。今判：合當給婚字，方為明婚。"

二比甘願和息。謹詳副挨實嘽裁奪。

和 1867 年 4 月 12 日，拜五

公堂設嘧喳嘮

瑪腰陳濬哲官、甲必丹陳思聰舍、雷珍蘭高西川舍、雷珍蘭黃清淵舍、雷珍蘭連文清官、雷珍蘭吳榮輝官、雷珍蘭陳光華官、雷珍蘭沈松茂官、雷珍蘭李子昌舍、朱葛礁賴觀瀾官俱在座。陳文速甲、陳江流甲，不到。

（公堂派員查勘丹絨、榴連橋之路填石事）

據公勃低黃清淵甲、連文清甲詳云："既經查勘填丹絨、

榴連橋之路,海石貳拾戈及石蛋柒拾五桶,二者既足備矣。"

列台閱詳,二者既經足備,可開還其項。

存案。

(查勘王春溪懇入熾昌借銀事)

承熾昌干刀寄下王春溪口詞,懇入熾昌負欠銀貳千盾,援王春波、詹高山為安咀。祈查勘入字人並安咀人可堪擔戴否? 詳覆。

吊訊王春溪年二十六歲,住丹籃望開亞郎,供云:"晚果有入熾昌干刀銀貳千盾,援王春波、詹高山為安咀。"

吊訊王春波,供云:"晚願安咀王春溪入熾昌銀貳千盾。"吊訊詹高山,供云:"晚亦願為安咀。"

列台會議:"勘得王春溪入熾昌銀貳千盾,援伊兄王春波並詹高山為安咀。但王春波與其弟全居,又兼合夥生理,不得承受。須援別人為安咀。"

存案。

(瑪腰、甲必丹、雷珍蘭、朱葛礁為本期記錄簽名:馬來文草書)

Tan Tjoentiat(陳濬哲)　　Tan Soetjiong(陳思聰)

Ko Setjoan(高西川)　　Tan Boensok(陳文速)

Ni Boentjiang(連文清)　　Gouw Enghoei(吳榮輝)

Tan Konghoa(陳光華)　　Sim Siongbouw(沈松茂)

Lie Tjoetjang(李子昌)　　Loa Konglan(賴觀瀾)

和 1867 年 4 月 26 日，拜五

公堂設嘧喳嘮

瑪腰陳濬哲官、甲必丹陳思聰舍、雷珍蘭黃清淵舍、雷珍蘭連文清官、雷珍蘭吳榮輝官、雷珍蘭陳光華官、雷珍蘭沈松茂官、雷珍蘭李子昌舍、朱葛礁賴觀瀾官俱在座。高西川甲、陳文速甲、陳江流甲，不到。

（緞伴蘭職懇居惹致地之人免工役者該還銀項事）

承大挨實嗹於和 1867 年 4 月 12 日第 1333 號、又逸字致書公堂，祈酌議詳覆緞伴蘭職入字云："余承先父之業係惹致地不洛烏第 13 號、14 號作八份均分，其八仙字第 856 號，此地係向老瑪腰陳永元所買，君厘書已陳明在梁礁字內。但此地已過名于余矣。若地頭內所居之人，須從君得吥當做工於地頭主。今現居之人，多移往別處鑒光，則移居在公堂之地者甚眾，是多助公堂之役，余亦願從。但居余地內之人免工役者，逐月每人該還銀 1.5 盾，亦有還 1.66 盾。該還銀者之人，現居公堂地內，然屢年余所還去工役之項，祈公堂照數完明可也。但此事，余經已該處之亞余蘭及該處之默氏商酌。今余本地之人，欲居公堂之地，但其項要還於余。"

公堂會議論曰："本堂之人現今足用，不若從前所定舊例為美。茲緞伴蘭職所懇，不能從命。謹詳大挨實嗹裁奪。"

Tan Tjoentiat（陳潯哲）　　Tan Soetjiong（陳思聰）

Oeij Tjengian（黃清淵）　　Ni Boentjiang（連文清）

Gouw Enghoei（吳榮輝）　　Tan Konghoa（陳光華）

Sim Siongbouw（沈松茂）　　Lie Tjoetjang（李子昌）

Loa Konglan（賴觀瀾）

和 1867 年 5 月 3 日，拜五

公堂設嘧喳嘮

瑪腰陳潯哲官、甲必丹陳思聰舍、雷珍蘭黃清淵舍、雷珍蘭陳文速官、雷珍蘭連文清官、雷珍蘭陳江流官、雷珍蘭吳榮輝官、雷珍蘭陳光華官、雷珍蘭沈松茂官、雷珍蘭李子昌舍、朱葛礁陳玉長官俱在座。高西川甲不到。

（陳三娘、劉旺夫妻分離一案）

據公舘公勃低陳（思聰）、陳（光華）詳。

陳三娘年二十七歲，住柴梳巷，請伊夫劉旺：“為交寅七載，未有生產。因拙夫已一年餘不顧氏之衣食資費，且在家時屢屢趕逐。氏往拙夫之姊家，既一年半，絕無看視。似此不情，乞判分離。”

吊訊劉旺年二十八歲，住葛礁邦，供云：“拙妻所請已一年半無給資費，乃是虛言。晚居於家姊家相離不遠，每一二日即

129

往家姊家巡視。其衣食、資費，家姊擔無缺。且每月有對亞廊付取安惹，且屢屢招拙妻回家。拙妻不從，竟到公舘投請。今既求離，晚固願從。"

台判曰："汝夫妻雖然俱要求離，揆理而論，殊不合理。當相率歸家，依舊和好。"

陳三娘再請："伊夫劉旺並不叫回，且無給費，切懇分離。"吊詳劉旺，供云："分離之事，晚實願從。"

將情申詳公堂大嘧內裁奪。

覆訊陳三娘並劉旺，供如公勃低所詳。

公堂會議："勘得陳三娘與其夫劉旺求離一案，既屢次生端之所致，諒難期白首，且誠恐後來亦有不測之變。本堂准其離邊可也。"

存案。

（查勘詹炳茂懇入熾昌借銀事）

承熾昌干刀寄下詹炳茂口詞，懇入熾昌負欠銀叁千盾，援莊玉水並莊淡生為安咀。祈查勘入字人及安咀人可能擔戴否？詳覆。

吊訊詹炳茂年三十三歲，供云："晚果有入熾昌干刀銀叁千盾，援莊玉水及莊淡生為安咀。"

吊訊莊玉水年三十一歲，住珍，供云："晚願安咀詹炳茂入熾昌干刀銀叁千盾。"吊訊莊淡生，供云："晚亦願為安咀。"

公堂會議："可堪。"

存案。

（公勃低查勘丹絨路填石一事）

據公勃低黃清淵甲、連文清甲詳："經到丹絨查勘，其填路老果石有 20 戈，已足額矣。"

列台議曰："既 20 戈足額，合當如價清還其項。"

存案。

（黎亞龍及劉辛娘夫妻求離一案）

據公勃低陳（文速）、連（文清）詳。

劉辛娘年四十七歲，住干冬三丕，請伊夫黎亞龍①："為交寅二十七載，未有產育。因拙夫有言，氏既老邁，定無產育，欲另娶少年之婦。故無風生波，誣氏行止不端，致請干刀。氏被禁數天，蒙上人明鏡，釋放回家。氏羞愧甚矣，伏乞判離。"

吊訊黎亞龍年五十歲，住巷葛礁邦，供云："晚雖有疑拙妻行止不端之事，已經上人查勘不明，晚亦知過矣。今拙妻欲求分離，晚不願從。"

將情申詳公堂大嘧內裁奪。

覆訊黎亞龍及劉辛娘，供如公勃低所詳。

公堂會議："論夫妻之情，以和為貴。既因姦興釁恨心之事，合當准其離遏可也。"

存案。

---

① 黎亞龍：據《婚簿》載，1840 年 7 月 21 日，黎亞龍（24 歲）與劉江生之女劉辛娘（20 歲）成婚於戈勞屈。媒人：吳瑞娘。

（瑪腰、甲必丹、雷珍蘭、朱葛礁為本期記錄簽名：<u>馬來
文草書</u>）

Tan Tjoentiat（<u>陳濬哲</u>）　　Tan Soetjiong（<u>陳思聰</u>）

Oeij Tjengian（<u>黃清淵</u>）　　Tan Boensok（<u>陳文速</u>）

Ni Boentjiang（<u>連文清</u>）　　Tan Konglioe（<u>陳江流</u>）

Gouw Enghoei（<u>吳榮輝</u>）　　Tan Konghoa（<u>陳光華</u>）

Sim Siongbouw（<u>沈松茂</u>）　　Lie Tjoetjang（<u>李子昌</u>）

Tan Gioktiang（<u>陳玉長</u>）

和 1867 年 5 月 24 日，拜五

公堂設嗎喳嘮

<u>瑪腰陳濬哲</u>官、<u>雷珍蘭高西川</u>舍、<u>雷珍蘭陳文速</u>官、<u>雷
珍蘭連文清</u>官、<u>雷珍蘭吳榮輝</u>官、<u>雷珍蘭陳光華</u>官、<u>雷珍蘭
沈松茂</u>官、<u>雷珍蘭李子昌</u>舍、<u>朱葛礁陳玉長</u>官俱在座。<u>陳思
聰</u>甲大、<u>黃清淵</u>甲、<u>陳江流</u>甲，不到。

（<u>楊福源</u>入稟懇再抄伊姪<u>楊光發</u>之婚字事）

據<u>楊福源</u>入稟云伊姪<u>楊光發</u>之婚字，因既失落，懇公堂
再抄，方為執照。

列台會議："准再抄可也。"

存案。

（查勘<u>陳媽招</u>懇入<u>熾昌</u>借銀事）

承<u>熾昌</u>干刀寄下<u>陳媽招</u>口詞，懇入<u>熾昌</u>負欠銀四千盾，

援<u>李彥</u>、<u>邱塗</u>為安咀。祈查勘入字人並安咀人可堪擔戴否？詳覆。

吊訊<u>陳媽招</u>_{年二十一歲}，住<u>公司</u>，供云："晚果有入熾昌干刀銀四千盾，援<u>李彥</u>、<u>邱塗</u>為安咀。"

吊訊<u>李彥</u>_{年六十七歲}，住仝上，供云："晚願安咀<u>陳媽招</u>入熾昌銀四千盾。"吊訊<u>邱塗</u>，供云："晚亦願為安咀。"

公堂會議："<u>陳媽招</u>所懇，可以承受。"

存案。

（查勘<u>林玉水</u>懇入熾昌借銀事）

承熾昌干刀寄下<u>林玉水</u>口詞，懇入熾昌負欠銀貳千盾，援<u>林永順</u>及<u>林承爵</u>為安咀。祈查勘入字人並安咀人可堪擔戴否？詳覆。

吊訊<u>林玉水</u>_{年三十四歲}，住<u>班芝蘭</u>，供云："晚懇入熾昌干刀銀貳千盾，援<u>林永順</u>、<u>林承爵</u>為安咀。"

吊訊<u>林永順</u>_{年三十四歲}，住<u>新厝仔</u>，供云："晚願安咀<u>林玉水</u>入熾昌銀貳千盾。"吊訊<u>林承爵</u>_{年四十一歲}，住<u>大南門</u>，俱供云："晚亦願為安咀。"

公堂會議："<u>林玉水</u>所懇，可以承受。"

存案。

（查勘<u>陳清涼</u>懇入熾昌借銀事）

承熾昌干刀寄下<u>陳清涼</u>口詞，懇入熾昌負欠銀陸千盾，援安咀人<u>陳江流</u>甲、<u>黃清秀</u>。祈查勘入字人並安咀人可堪擔戴否？詳覆。

吊訊陳清涼_{年五十六歲,住大港墘},供云:"晚果有入熾昌干刀銀陸千盾,援陳江流甲及黃清秀為安呾。

吊訊黃清秀_{年五十七歲,住小南門},供云:"晚果願為安呾。"

公堂會議:"陳清涼所懇,可堪承受。"

存案。

(查勘賴長輝懇入熾昌借銀事)

承熾昌干刀寄下賴長輝口詞,懇入熾昌負欠銀伍千盾,援賴保生、趙清水為安呾。祈查勘入字人並安呾人可能擔戴否?詳覆。

吊訊賴長輝_{年十八歲,住新把殺①},供云:"晚果有入熾昌干刀銀伍千盾,援賴保生及趙清水為安呾。"

吊訊賴保生_{年四十三歲,住仝上},供云:"晚願安呾賴長輝入熾昌干刀銀五千盾。"吊訊趙清水_{年三十二歲,住仝上},供云:"晚亦願為安呾。"

公堂會議:"賴長輝年纔十八歲,未有室家。其二安呾人,現時可堪。"

存案。

(查勘黃益謙懇入熾昌借銀事)

承熾昌干刀寄下黃益謙口詞云,晚前有入熾昌干刀銀捌千盾,援陳江泰、陳文桂為安呾。今陳江泰已故,懇換陳

---

① 新把殺:Pasar Baru,吧城地名,位於吧城東南面靠近牛郎沙里處。

文薄為安呾。祈查勘可堪否？詳覆。

吊訊黃益謙年廿八歲，住三間土庫，供云：“晚原入熾昌干刀銀捌千盾，援陳江泰、陳文桂為安呾。今陳江泰已故，懇換陳文薄為安呾。”

吊訊陳文桂掛咁陳文薄，果願安呾。

公堂會議：“黃益謙、陳文桂可堪，其陳文薄在唐在吧有地頭，應份有掛咁坐額，可堪。”

存案。

（續：林上達、陳江娘夫妻求離一案）

據公舘公勃低陳（文速）、連（文清）詳。

陳江娘到公舘再請：“經遵判斷，拙夫林上達當稅厝付氏另居，已過一個月，毫無動靜，且無看顧。氏不能再耐，切懇分離。”

吊訊林上達，供云：“前蒙甲必丹判，當稅厝付拙妻另居。愴惶之間，未及數思，故爾應承。但晚父母尚在，所以娶妻者，願奉養父母邁年。既不能共處，晚願從離。況拙妻所行素有不善，晚是以亦絕情如是。”

將情申詳公堂大嚓內裁奪。

覆訊林上達、陳江娘，供如公勃低所詳。

公堂會議：“論陳江娘再請公舘，因其夫林上達不稅厝另居，並無他事。據林上達所供，伊父母所在願共處奉養，是有孝敬之心，亦非有他過。然一孝一不孝，難期白首。本堂准其離遏可也。”

存案。

（大朱繳入清明祭塚及牛郎沙里路水鹹開費單）

據大朱繳入清明祭塚開費一單，又修牛郎沙里路水鹹一單，共銀 399.1 盾。

列台閱單。公堂會議："可即開數①。"

存案。

（查勘蔡清蓮懇入熾昌借銀事）

承熾昌干刀寄下蔡清蓮口詞，懇入熾昌負欠銀四千盾，援林玩及顏福為安呾。祈查勘入字人並安呾人可堪擔戴否？詳覆。

吊訊蔡清蓮_{年三十五歲，住班芝蘭}②，供云："晚果有入熾昌干刀銀四千盾，援林玩及顏福為安呾。"

吊訊林玩_{年六十一歲，住聖望港}③_{為商}，供云："晚願為安呾。"
吊訊顏福_{年三十七歲，住亭仔腳}，供云："晚亦願為安呾。"

公堂會議："蔡清蓮所懇，林玩現時不足承受，其顏福可堪。"

存案。

（瑪腰、甲必丹、雷珍蘭、朱葛礁為本期記錄簽名：馬來文草書）

Tan Tjoentiat（陳潴哲）　　　　Ko Setjoan（高西川）

---

①　開數：閩南話，開賑、開費。

②　班芝蘭：Pancuran，吧城地名，位於吧城之城南，東與蚊茄賴（Mangga Dua）相鄰，南與戈勞屈（Glodok）相接，爲吧城鬧市之一。

③　聖望港：亦作聖墓港，吧城地名，位於吧城以南郊外。

Tan Boensok(陳文速)　　Ni Boentjiang(連文清)

Gouw Enghoei(吳榮輝)　　Tan Konghoa(陳光華)

Sim Siongbouw(沈松茂)　　Lie Tjoetjang(李子昌)

Tan Gioktiang(陳玉長)

和 1867 年 5 月 31 日，拜五

公堂設嘧喳嘮

瑪腰陳濬哲官、雷珍蘭高西川舍、雷珍蘭黃清淵舍、雷珍蘭陳文速官、雷珍蘭連文清官、雷珍蘭陳江流官、雷珍蘭吳榮輝官、雷珍蘭陳光華官、雷珍蘭沈松茂官、雷珍蘭李子昌舍、朱葛礁陳玉長官俱在座。陳(思聰)甲大不到。

（陳敏娘、賴甲汶夫妻分離一案）

據公舘公勃低陳(文速)、連(文清)詳。

陳敏娘年二十六歲，住八廚沃間①，請伊夫賴甲汶②："為交寅十載，生下四兒，現存一男二女。男曰天興，年九歲；女曰榮初，年六歲；次女曰夏勃，年二歲。因拙夫近此數月並無回家，況又無照顧兒女之費。即此前拜四夜，拙夫回家，氏開門稍遲，遂將毆打氏眼上有傷，繼之趕逐。但毆打之事，氏

---

①　八廚沃間：Petuakan，吧城地名，位於吧城西郊。

②　賴甲汶：據《婚簿》載，1857 年 12 月 29 日，賴甲汶(19 歲)與陳敏娘(16 歲)成婚於八廚沃間。媒人：吳敏娘，男方主婚：賴亞三(父)，女方主婚：莊惜娘(母)。

不追究，祇願乞判分離。"

吊訊<u>賴甲汶</u>年二十九歲，住仝上，供云："晚未嘗數月無回家，亦無毆打，但資費亦無缺。若拙妻欲求分離，晚不願從。"

將情申詳公堂大嚟內裁奪。

覆訊<u>陳敏娘</u>、<u>賴甲汶</u>，供如公勃低所詳。

公堂會議："<u>陳敏娘</u>與其夫<u>賴甲汶</u>，已見屢次生端，終難期白首，合當准其離邊。"

存案。

（瑪腰、甲必丹、雷珍蘭、朱葛礁為本期記錄簽名：馬來文草書）

Tan Tjoentiat（<u>陳溶哲</u>）	Ko Setjoan（<u>高西川</u>）
Oeij Tjengian（<u>黃清淵</u>）	Tan Boensok（<u>陳文速</u>）
Ni Boentjiang（<u>連文清</u>）	Tan Konglioe（<u>陳江流</u>）
Gouw Enghoei（<u>吳榮輝</u>）	Tan Konghoa（<u>陳光華</u>）
Sim Siongbouw（<u>沈松茂</u>）	Lie Tjoetjang（<u>李子昌</u>）
Tan Gioktiang（<u>陳玉長</u>）	

<u>和</u> 1867 年 6 月 14 日，拜五

公堂設嚟喳嘮

瑪腰<u>陳溶哲</u>官、甲必丹<u>陳思聰</u>舍、雷珍蘭<u>高西川</u>官、雷珍蘭<u>黃清淵</u>舍、雷珍蘭<u>陳文速</u>官、雷珍蘭<u>連文清</u>官、雷珍蘭

吳榮輝官、雷珍蘭陳光華官、雷珍蘭沈松茂官、雷珍蘭李子昌舍、朱葛礁陳玉長官俱在座。陳江流甲不到。

（詳覆副挨實嗹致書詢問唐人立過房書之例）

承副挨實嗹於和 1867 年 6 月 8 日第 1026 號、又 8 號致書公堂，附文登外淡①書，要知有婦人之子，既立過房書②與其翁姑，其婦人尚可爭執子女否？又其人將子女送交於人撫養教督，無立過房書，後來生身父母有權可爭執否？祈按例詳覆。

列台閱書。公堂會議："論唐人之例，子有親生，亦有過繼，自古有之。然既立過房書以子與人，生身之母無權可與爭執。若僅以子女與人撫養教督，無立過房書，祇可謂養子而已，其權尚在生身父母，他人不與焉。倘有父故，其母欲他適，所有子女當歸還翁姑，或其夫之至親。"

謹詳副挨實嗹裁奪。

（林硌娘、陳春水夫妻求離一案）

據公舘公勃低陳（文速）、連（文清）詳。

林硌娘年二十四歲，住礁內，請伊夫陳春水："為交寅七年，生下二女一男。現存一男，名文章，年六歲；女名浮都，年四

---

① 外淡：城外淡板公的簡稱，馬來語 Tumenggung luar，是負責城外事務的長官。

② 過房書：在近親或宗親間選擇領養兒子，撫子繼嗣的過繼文書。

歲。因拙夫不尋利路，氏略嫌之，拙夫遂發怒，將**大伯公**[1]香爐破碎，繼之趕逐。似此不良，伏乞判離。"

吊訊<u>陳春水</u>，供云："誠如所言。今拙妻要求分離，晚願從其便。"

將情申詳。

據公舘公勃低高（<u>西川</u>）、吳（<u>榮輝</u>）詳。

<u>林硶娘</u>再請伊夫<u>陳春水</u>："前蒙公堂判拙夫須尋利路，今拙夫已有利路，並無看顧氏之費用。諒絕情於氏，切懇分離。"

將情申詳公堂大嘧內裁奪。

覆訊<u>林硶娘</u>及伊夫<u>陳春水</u>，供如公勃低所詳。

列台會議："勘得<u>林硶娘</u>與其夫<u>陳春水</u>，累登本堂控告，定難再合之理。即判准其離邊可也。"

存案。

（瑪腰、甲必丹、雷珍蘭、朱葛礁為本期記錄簽名：馬來文草書）

Tan Tjoentiat（<u>陳濬哲</u>）	Tan Soetjiong（<u>陳思聰</u>）
Ko Setjoan（<u>高西川</u>）	Oeij Tjengian（<u>黃清淵</u>）
Tan Boensok（<u>陳文速</u>）	Ni Boentjiang（<u>連文清</u>）
Gouw Enghoei（<u>吳榮輝</u>）	Tan Konghoa（<u>陳光華</u>）
Sim Siongbouw（<u>沈松茂</u>）	Lie Tjoetjang（<u>李子昌</u>）

---

① <u>大伯公</u>：即<u>土地公</u>。<u>客家</u>人稱為<u>大伯公</u>，<u>東南亞</u>地區<u>華</u>人亦多稱作<u>大伯公</u>。

Tan Gioktiang（陳玉長）

和 1867 年 6 月 21 日，拜五

公堂設嘧喳嘮

瑪腰陳濟哲官、雷珍蘭高西川舍、雷珍蘭連文清官、雷
珍蘭陳江流官、雷珍蘭吳榮輝官、雷珍蘭陳光華官、雷珍蘭
沈松茂官、雷珍蘭李子昌舍、朱葛礁陳玉長官俱在座。陳
（思聰）甲大、黃清淵甲、陳文速甲，不到。

（查勘高地懇入熾昌借銀事）

承熾昌干刀寄下高地口詞，懇入熾昌負欠銀四千盾，援
高西川甲及劉木生為安呾。祈公堂查勘入字人及安呾人可
堪擔戴否？詳覆。

吊訊高地_{年三十四歲，住新厝仔}，供云：“晚果有入熾昌干刀
銀四千盾，援高西川甲及劉木生為安呾。”

吊訊劉木生_{年 73 歲，住洪溪①為商}，供云：“晚願安呾高地入
熾昌干刀銀四千盾。”高西川甲在。

列台會議：“勘得高地入熾昌干刀銀四千盾，援安呾人
高西川甲及劉木生，現時可以承受。”

存案。

---

① 洪溪：亦作紅溪，Angke，吧城地名，位於吧城城西，今雅加達市西北部。

141

（瑪腰、甲必丹、雷珍蘭、朱葛礁為本期記錄簽名：馬來文草書）

Tan Tjoentiat（陳濬哲）　　　Ko Setjoan（高西川）

Ni Boentjiang（連文清）　　　Tan Konglioe（陳江流）

Gouw Enghoei（吳榮輝）　　　Tan Konghoa（陳光華）

Sim Siongbouw（沈松茂）　　　Lie Tjoetjang（李子昌）

Tan Gioktiang（陳玉長）

和 1867 年 7 月 5 日，拜五

公堂設嚂喳嘮

瑪腰陳濬哲官、雷珍蘭黃清淵舍、雷珍蘭陳文速官、雷珍蘭連文清官、雷珍蘭陳江流官、雷珍蘭吳榮輝官、雷珍蘭陳光華官、雷珍蘭沈松茂官、雷珍蘭李子昌舍、朱葛礁賴觀瀾官俱在座。陳（思聰）甲大、高西川甲，不到。

（雍仕元甲妻黃氏懇為伊夫蔭地事）

據雍仕元甲妻黃氏投稟，懇伊夫前任理望茄寺[①]雷珍蘭今已故，懇求蔭地壹穴，照例 24 腳距為埋身之所。

列台會議：“論望茄寺亦城裏管，既為雷珍蘭勤勞王事，合式准懇可也。”存案。

---

① 望茄寺：亦作望笳寺、勿加泗，Bekasi，吧城地名，位於吧城以東郊區。

（和尚德陞入稟告知觀音亭厝及大使廟厝二處八仙失還事）

據和尚德陞入稟請，謂觀音亭厝及大使廟厝二處，已三四年八仙失還，懇列台裁奪。

列台會議：“既然如此，當就列台年緣①，先還一半，以為充還可也。”

即委陳江流甲安頓得宜。

存案。

（蔡娘那、許媽曾欲求分離一案）

據公舘公勃低陳（思聰）、陳（光華）詳。

蔡娘那年二十九歲，住鑒光咇瓦，請伊夫許媽曾：“為交寅五年，未有生產。因拙夫既一年餘並無看顧，自去居住別處。即前同居時，亦屢次毆辱。今居鑒光吥咖，有畜二妾，十分眷戀。似此不情，乞判分離。”

吊訊許媽曾年三十歲，住仝上，供云：“晚九個月無顧拙妻。當時晚要搬出，率拙妻不從，是以從此無給資費。至請晚畜妾，晚亦不得已而為之，因洗爨乏人故也。今懇分離，晚實願從。”

台曰：“夫婦之間，和順為貴。既無大故關係，當相歸家，依舊和好為妙。”

礙二比梗執不從。將情申詳。

據公舘公勃低高（西川）、吳（榮輝）詳。

---

① 年緣：每年向寺廟的題捐。

143

吊訊鑒光卌默氏卌於美_{約年三十七歲}，供云："許媽曾前居於敝界，傍居與伊岳母娘仔吥，不過幫助料理磚仔窯而已。常向伊妻蔡娘那討項不遂，以致毆打其妻，致請褒黎司。況許媽曾又兼畜妾，仍居於敝界。但此數月前已移往別處，賤不得其詳矣。所供是實。"

謹詳公堂大嚇內裁奪。

覆訊蔡娘那、許媽曾，供如公勃低所詳。

公堂會議："既然夫妻不能共敦倡隨，准其離逿可也。"

存案。

（大挨實嗹案奪緞伴蘭職所懇要付公堂承坐惹致地公班衙番還項之事）

承大挨實嗹於和 1867 年 5 月 29 日第 2074 號、又挨字 18 號致書達知，緞伴蘭職所懇要付公堂承坐惹致地公班衙番還項之事，已經案奪，不得承受。從和 5 月 2 日第 58 號所詳。

存案。

（瑪腰、甲必丹、雷珍蘭、朱葛礁為本期記錄簽名：馬來文草書）

Tan Tjoentiat（陳濬哲）　　Oeij Tjengian（黃清淵）

Tan Boensok（陳文速）　　Ni Boentjiang（連文清）

Tan Konglioe（陳江流）　　Gouw Enghoei（吳榮輝）

Tan Konghoa（陳光華）　　Sim Siongbouw（沈松茂）

Lie Tjoetjang（李子昌）　　Loa Konglan（賴觀瀾）

144

和 1867 年 7 月 17 日，拜三

公堂設嘧喳嘮

瑪腰陳潘哲官、雷珍蘭高西川舍、雷珍蘭黃清淵舍、雷珍蘭陳文速官、雷珍蘭連文清官、雷珍蘭陳江流官、雷珍蘭吳榮輝官、雷珍蘭沈松茂官、雷珍蘭李子昌舍，朱葛礁賴觀瀾官俱在座。陳（思聰）甲大、陳光華甲，不到。

（慶祝大伯公壽誕事）

據安恤廟爐主張長恩入稟，稱本年八月半十四、十五日慶祝大伯公壽誕，並無子弟班可請。今欲易十二、十三日慶祝，懇列台裁奪。

公堂會議："十三日可演子弟班，十五日可演女戲為妙。"

存案。

（議捐脩理觀音亭路一事）

瑪腰（陳潘哲）請："現今觀音亭路崩壞，當速脩理。經有黃光攀、黃松得、蘇紹宗舍、陳體元諸人欲助成事，尚又有不足之項。懇列台裁奪。劣願捐銀壹百盾，餘不足者，□□座中捐題意下如何？"

列台曰："可。"

存案。

（蘇英甫入稟告知義學啓讀事）

據義學塾師蘇英甫入稟，請知於本年七月廿日啓讀。

列台曰："可。"惟陳文速甲云："此位塾師前晚經不合意，今見果然無師范，並且無學業。下冬束金，晚不願出。"

存案。

（捐助脩理觀音亭路芳名錄）

即日，付貓氏蕭亞四包理觀音亭路，議定工銀 425 盾。謹將喜助芳名詳載於後：

瑪腰陳濬哲官喜助銀壹百盾。

甲必丹陳思聰舍喜助銀壹拾四盾五方。

雷珍蘭高西川舍喜助銀壹拾四盾五方。

雷珍蘭黃清淵舍喜助銀壹拾四盾五方。

雷珍蘭陳文速官喜助銀壹拾四盾五方。

雷珍蘭連文清官喜助銀壹拾四盾五方。

雷珍蘭陳江流官喜助銀壹拾四盾五方。

雷珍蘭吳榮輝官喜助銀壹拾四盾五方。

雷珍蘭陳光華官喜助銀壹拾四盾五方。

雷珍蘭沈松茂官喜助銀壹拾四盾五方。

雷珍蘭李子昌舍喜助銀壹拾四盾五方。

蘇紹宗舍喜助銀壹百盾。

黃光攀官喜助銀貳拾盾。

黃松得官喜助銀貳拾盾。

陳體元官喜助銀貳拾盾。

林德元官喜助銀貳拾盾。

（王坤娘、黄本仕夫妻分离一案）

据公馆公勃低高（西川）、吴（荣辉）详。

王坤娘年二十五岁，住巷咖沙，请伊夫黄本仕："为交寅五年，未有产育。因拙夫有一年余，并无照顾氏之费用，氏无奈傍食於家母。似此不良，乞判分离。"

吊讯黄本仕年二十五岁，供云："拙妻所言一年余无给资费者，非也。晚於本年谅有三四个月之久果无付项，因拙妻无照顾晚故也。今拙妻要求分离，晚愿从其便。"

将情申详公堂大嘧内裁夺。

覆讯王坤娘、黄本仕，供如公勃低所详。黄本仕云："晚果不能照顾，拙妻要求分离，晚固愿从。"

公堂会议："黄本仕既自供不能照顾，其情两绝，合准其离遏。"

存案。

（张渊娘、叶长安夫妻分离一案）

据公馆公勃低黄（清渊）、陈（江流）详。

张渊娘年二十四岁，住吃郎班让，请伊夫叶长安："为交寅纔九个月，未有子女。因拙夫无故殴逐，乞判分离。"

吊讯叶长安年二十三岁，住仝上，供云："殴逐之事实无，祇因拙妻无故逃归伊姑之家，晚有嫌不合式，拙妻遂生端，致请公勃壨①。今要求分离，晚亦从其便。"

台曰："夫妇之间，以和为贵，况无关大节之事，合当相

---

① 公勃壨：荷兰语 Commandant，指挥官、地方防卫首长。

147

率歸家，依舊和好。"

礙二比堅執不從。將情申詳公堂大嚙內裁奪。

覆訊張淵娘、葉長安，供如公勃低所詳。

公堂會議："勘汝二比之供，俱無關大節之事，當相率歸家和好。"二比稱願。唯退。

存案。

（瑪腰、甲必丹、雷珍蘭、朱葛礁為本期記錄簽名：馬來文草書）

Tan Tjoentiat（陳濬哲）　　　Ko Setjoan（高西川）

Oeij Tjengian（黃清淵）　　　Tan Boensok（陳文速）

Ni Boentjiang（連文清）　　　Tan Konglioe（陳江流）

Gouw Enghoei（吳榮輝）　　　Sim Siongbouw（沈松茂）

Lie Tjoetjang（李子昌）　　　Loa Konglan（賴觀瀾）

和 1867 年 8 月 2 日，拜五

公堂設嚙喳嘮

瑪腰（陳濬哲）因喪事[①]不到，陳（思聰）甲大告假往茂[②]，

---

① 瑪腰因喪事：據《丹絨塚平安簿》（61113 號）載，1867 年 7 月 22 日，瑪腰陳濬哲妻黃淡娘（1826—1867 年）身故於觀音亭社，員板葬丹絨塚 570 號，瑪腰任理事人，喪期一個月。

② 茂：茂物（Bogor）簡稱。地名，位於吧城以南約 50 公里處，荷蘭語作 Buitenzorg，意爲"無憂之鄉"。

雷珍蘭高西川舍攝理。雷珍蘭黃清淵舍、雷珍蘭陳文速官、雷珍蘭連文清官、雷珍蘭陳江流官、雷珍蘭吳榮輝官、雷珍蘭陳光華官、雷珍蘭沈松茂官、雷珍蘭李子昌舍、朱葛礁賴觀瀾官俱在座。

（查勘王天水承應干冬圩病厝洗衣事）

承副挨實嗹於和 1867 年 8 月 1 日第 136 號又致書公堂，附馬里直干刀書，要查勘入字人及安呾人可堪擔戴否？詳覆。

吊訊王天水年二十八歲，住丹藍望，供云："晚果應干冬圩病厝洗衣，援安呾人林宗喜及緞褒弼。"

吊訊林宗喜年三十歲，住丹藍望，供云："晚願為安呾。"
公堂會議："可堪。"
存案。

（查勘李光旺懇入熾昌借銀事）

承熾昌干刀寄下李光旺口詞，懇入熾昌負欠銀叁千盾，援安呾人李經元、李金娘。祈查勘可堪擔戴否？勘畢詳覆。

吊訊李光旺年二十二歲，住晉郎安，供云："晚果有入熾昌干刀銀叁千盾，援安呾人李經元、李金娘。"

吊訊李經元年五十八歲，住晉郎安開打鐵店，供云："晚願為安呾。"吊訊李金娘年三十二歲，住西啣橋開打鐵店並馬車間，供云："氏願為安呾。"

據公勃低陳（文速）、連（文清）詳。已觀李金娘之業可堪。

149

公堂會議："李光旺懇入熾昌銀叁千盾可堪。"

存案。

（鄭丁岸娘、吳南文夫妻分離一案）

據公舘公勃低黃（清淵）、陳（江流）詳。

鄭丁岸娘年二十九歲，住占仔蚋樹，請伊夫吳南文："為交寅九載，生下子女三人，長名溫然，年八歲；次名源鳳，年五歲；三名源水，年三歲。因拙夫自本年正月間至今，每歸或六七日，或三五日即去，並無放下分文留氏。妻子呱呱待哺，一日難度一日。似此不情，乞判分離。"

吊訊吳南文年三十歲，住仝上，供云："晚極照顧拙妻，亦惜兒女。因傭工在安怃，不得時時看顧。拙妻求離，晚不願從。"

台曰："觀汝夫妻恩情未絕，且有三子牽連，合式當歸家依舊和好。"

礙鄭丁岸娘堅執不從。將情申詳公堂大嚜內裁奪。

覆訊鄭丁岸娘及吳南文，供如公勃低所詳。

公堂會議："觀汝夫妻之事，非關大節，惟以乏費為詞。今吳南文須每月給費足用，相率歸家依舊和好。"

存案。

（查勘詳覆承應人甘永壬，安呾人甘溪元資格事）

承副挨實嗹於和1867年8月1日第136號、又9號致書公堂，附馬里直干刀書，祈查勘入字承應人及安呾人可堪否？詳覆。

吊訊甘永壬年三十歲，住珍。

150

吊訊甘永全_{年三十八歲,住珍}，吊訊甘溪元_{年四十三歲,住勃鎦月}，俱云："晚二人願為安咀。"

黃（清淵）甲評："不堪。"

陳（江流）甲評："不堪。"

吳（榮輝）甲評："不堪。"

陳（光華）甲評："不堪。"

沈（松茂）甲評："不堪。"

公堂會議："不足擔戴。"

存案。

（邱塗告知丹絨路當賣細沙事）

邱塗請："丹絨路填海石後，當賣細沙，約當有銀貳百盾之額。"

列台曰："可就修路之項為開。"

存案。

（瑪腰、甲必丹、雷珍蘭、朱葛礁為本期記錄簽名：馬來文草書）

Ko Setjoan（高西川）　　Oeij Tjengian（黃清淵）

Tan Boensok（陳文速）　　Ni Boentjiang（連文清）

Tan Konglioe（陳江流）　　Gouw Enghoei（吳榮輝）

Tan Konghoa（陳光華）　　Sim Siongbouw（沈松茂）

Lie Tjoetjang（李子昌）　　Loa Konglan（賴觀瀾）

和 1867 年 8 月 12 日,拜一

公堂設嘧喳嘮

雷珍蘭<u>高西川</u>舍攝理。雷珍蘭<u>黃清淵</u>舍、雷珍蘭<u>陳文速官</u>、雷珍蘭<u>連文清官</u>、雷珍蘭<u>陳江流官</u>、雷珍蘭<u>沈松茂官</u>、<u>朱葛礁賴觀瀾官</u>俱在座。<u>陳</u>（思聰）甲大、<u>吳榮輝</u>甲、<u>陳光華</u>甲、<u>李子昌</u>甲四位不到。

（查勘<u>李亞二</u>承應<u>網甲</u>火油事）

承副挨實喠於<u>和</u> 1867 年 8 月 10 日第 142 號、又 9 號致書公堂,因唐人<u>李亞二</u>[①]承應<u>網甲</u>[②]油 965 擔,約銀 3 000 盾,援<u>安呾</u>人<u>李三盛</u>、<u>李琳振</u>。祈查勘詳覆。

列台閱書。吊訊<u>李亞二</u>年二十九歲,住<u>小南門</u>油米店,供云:"晚果有承應<u>網甲</u>火油,援<u>安呾</u>人<u>李三盛</u>、<u>李琳振</u>。"

吊訊<u>李三盛</u>年四十歲,住<u>八廚沃間</u>為商,<u>李琳振</u>年三十二歲,住<u>小南門</u>為商,二人俱供云:"晚願為<u>安呾</u>。"

公堂會議:"可堪承受。"

存案。

---

①　<u>李亞二</u>:據《婚簿》載,1856 年 12 月 29 日,住東居<u>李亞二</u>(21 歲)與<u>楊庚娘</u>(17 歲)成婚。媒人:<u>劉金娘</u>,男方主婚:<u>李格彬</u>(父),女方主婚:<u>楊亞福</u>(父)。

②　<u>網甲</u>:亦作"蚊膠"、"蚊甲"、"望甲"。Banka 之音譯,地名,<u>蘇門答臘島</u>東南面的邦加島。

（瑪腰、甲必丹、雷珍蘭、朱葛礁為本期記錄簽名：馬來文草書）

Ko Setjoan（高西川）　　　Oeij Tjengian（黃清淵）

Tan Boensok（陳文速）　　　Ni Boentjiang（連文清）

Tan Konglioe（陳江流）　　　Sim Siongbouw（沈松茂）

Loa Konglan（賴觀瀾）

和 1867 年 8 月 14 日，拜三

公堂設嘧喳嘮

雷珍蘭高西川舍攝理。雷珍蘭陳文速官、雷珍蘭連文清官、雷珍蘭陳江流官、雷珍蘭吳榮輝官、雷珍蘭陳光華官、雷珍蘭沈松茂官、雷珍蘭李子昌舍、朱葛礁賴觀瀾官俱在座。陳（思聰）甲大、黃清淵甲，不到。

（查勘王天水承應病厝洗衣及換褲仔事）

承副挨實嗹於和 1867 年 8 月 13 日第 136 號、又 9 號致書公堂，為承馬里直干刀書於和 1867 年 8 月 12 日第□號，因唐人王天水承應珍病厝及惹呀毛吃①病厝洗衫及換褲仔，於和 1867 年全年該項 20830 盾，援緞絨褒厘並林宗喜為安咀。

---

① 惹呀毛吃：Jaga Monyet，吧城地名，位於吧城 大南門外郊區。

列台閱書。吊訊<u>王天水</u>_{年二十八歲}，住<u>丹藍望</u>為入<u>南旁</u>①食物，供云：“晚果承應珍及惹呀毛吃二處病厝洗衣及換褲仔，援緞絨褒厘、<u>林宗喜</u>為安咀。”

吊訊<u>林宗喜</u>_{年三十歲}，住全上，為<u>媽澤</u>②，亦有合夥入武營食物，供云：“晚願為安咀。”

列台會議：“可堪。”

存案。

（<u>高西川</u>告知暫理港墘一事）

<u>高西川</u>甲請：“因<u>丹絨路</u>現要動工修理，欲下海石及石蛋並沙，暫理港墘。待工告竣，但須上書褒<u>黎司</u>方為妥當。”

列台曰：“此事得宜。”

存案。

（<u>瑪腰</u>、<u>甲必丹</u>、<u>雷珍蘭</u>、<u>朱葛礁</u>為本期記錄簽名：<u>馬來文草書</u>）

Ko Setjoan（<u>高西川</u>）　　　　Tan Boensok（<u>陳文速</u>）

Ni Boentjiang（<u>連文清</u>）　　　Tan Konglioe（<u>陳江流</u>）

Gouw Enghoei（<u>吳榮輝</u>）　　　Tan Konghoa（<u>陳光華</u>）

Sim Siongbouw（<u>沈松茂</u>）　　　Lie Tjoetjang（<u>李子昌</u>）

Loa Konglan（<u>賴觀瀾</u>）

---

①　<u>南旁</u>：Lampong，又作“<u>南榜</u>”、“<u>楠榜</u>”，地名。位於<u>蘇門答臘島</u>南端，與<u>爪哇島</u>隔海相望。

②　<u>媽澤</u>：亦作“<u>貓澤</u>”、“<u>峇澤</u>”，<u>馬來</u>語 Batik，<u>東印度群島</u>特產的蠟染花布。

和 1867 年 8 月 21 日，拜三

公堂設嘧喳嘮

雷珍蘭高西川舍攝理。雷珍蘭陳文速官、雷珍蘭連文清官、雷珍蘭陳江流官、雷珍蘭吳榮輝官、雷珍蘭陳光華官、雷珍蘭沈松茂官、雷珍蘭李子昌舍、朱葛礁賴觀瀾官俱在座。陳(思聰)甲大、黃清淵甲二位不到。

（查勘蔡清連懇入熾昌借銀事）

承熾昌干刀寄下蔡清連口詞，懇入熾昌負欠銀四千盾，援顏福、鄭仁諒為安咀。祈查勘可堪否？詳覆。

列台閱書。吊訊蔡清連年三十五歲,住班芝蘭為布生理,供云："晚果有入熾昌干刀銀四千盾,援顏福及鄭仁諒為安咀。"

吊訊顏福並鄭仁諒,供云："晚等願為安咀。"

公堂會議論："勘得蔡清連懇入熾昌干刀銀四千盾,援顏福及鄭仁諒為安咀,現時可堪。"

存案。

（查勘林金鐘懇入熾昌借銀事）

承熾昌干刀寄下林金鐘口詞，懇入熾昌負欠銀捌千盾，援林溪勝甲及林奢為安咀。祈查勘可堪否？詳覆。

列台閱書。吊訊林金鐘年二十四歲,住小南門為商,供云："晚果有入熾昌干刀銀八千盾,援林溪勝甲並林奢為安咀。"

吊訊林奢,供云："晚願為安咀。"據陳光華甲云："林溪勝

155

甲寄批達知公堂云：'願為安呾林金鐘入燉昌銀八千盾。'"

列台會議："如此足能擔戴。"

存案。

（謄唐曆於和 1868 年之用事）

承大挨實嗹於和 1867 年 8 月 17 日第 3664 號，又奕字①12 號致書公堂，祈謄唐曆於和 1868 年之用。

列台閱書，俱曰："當抄成妥當繳上。"

存案。

（瑪腰、甲必丹、雷珍蘭、朱葛礁為本期記錄簽名：馬來文草書）

Ko Setjoan（高西川）　　　Tan Boensok（陳文速）

Ni Boentjiang（連文清）　　Tan Konglioe（陳江流）

Gouw Enghoei（吳榮輝）　　Tan Konghoa（陳光華）

Sim Siongbouw（沈松茂）　　Lie Tjoetjang（李子昌）

Loa Konglan（賴觀瀾）

和 1867 年 8 月 24 日，拜六

公堂設嘧喳嗙

雷珍蘭高西川甲攝理。雷珍蘭黃清淵舍、雷珍蘭陳文

---

①　奕字：荷蘭語字母 S 的閩南話譯音。

156

速官、雷珍蘭連文清官、雷珍蘭陳江流官、雷珍蘭陳光華官、朱葛礁賴觀瀾官俱在座。陳（思聰）甲大、吳榮輝官、沈松茂官、李子昌舍四位不到。

（查勘詳覆溫榮壽及邱群妹承應修珍武營內港墩事）

承大挨實嗹於和 1867 年 8 月 24 日第 153 號、又 9 號致書公堂，因唐人溫榮壽及邱群妹承應修珍武營內港墩兵丁浴所，約銀四萬盾，援梁德水並饒奕才為安咀。祈查勘可堪否？詳覆。

列台閱書。吊訊溫榮壽年三十三歲，邱群妹年四十五歲，二人俱供云："晚果有入字承應修珍武營內港墩，約銀四萬盾，援梁德水、饒奕才為安咀。"

吊訊梁德水年四十一歲，饒奕才年四十一歲，二人俱供云："晚願為安咀。"

公堂會議："可堪。"

存案。

（瑪腰、甲必丹、雷珍蘭、朱葛礁為本期記錄簽名：馬來文草書）

Ko Setjoan（高西川）	Oeij Tjengian（黃清淵）
Tan Boensok（陳文速）	Ni Boentjiang（連文清）
Tan Konglioe（陳江流）	Tan Konghoa（陳光華）
Loa Konglan（賴觀瀾）	

和 1867 年 8 月 30 日，拜五

公堂設嘧喳嘮

雷珍蘭高西川舍攝理。雷珍蘭黃清淵舍、雷珍蘭陳文速官、雷珍蘭陳江流官、雷珍蘭吳榮輝官、雷珍蘭陳光華官、雷珍蘭沈松茂官、雷珍蘭李子昌舍、朱葛礁賴觀瀾官俱在座。陳（思聰）甲大、連文清官二位不到。

（高西川告知須派員巡察修理榴槤橋之路事）

高西川甲請：「現榴槤橋之路已經修理，每禮拜須遣值月二員公勃低，當到處巡察方為妥當。」

列台曰：「如此可行。」

存案。

（查勘陳文速懇入熾昌借銀事）

承熾昌干刀寄下陳文速甲口詞，懇入熾昌負欠銀叁千盾，援連文清甲、韓懷然甲為安呾。祈公堂查勘可堪否？詳覆。

訊陳文速甲年四十六歲，住中港仔，供云：「職果有入熾昌干刀銀叁千盾，援連文清甲、韓懷然甲為安呾。」

列台會議：「勘得陳文速甲入熾昌負欠銀叁千盾，援連文清甲及韓懷然甲為安呾。此二人俱是富豪之家，況陳文速甲亦是為商之人，足能擔戴。」

存案。

158

（查勘沈景坤懇入熾昌借銀事）

承熾昌干刀寄下沈景坤口詞，懇入熾昌負欠銀六千盾，援莊玉水及薛文秀為安呾。祈公堂查勘可堪否？詳覆。

列台閱書。吊訊沈景坤年二十九歲，住珍為布路生理，供云："晚果有入熾昌干刀銀六千盾，援莊玉水、薛文秀為安呾。"

吊訊莊玉水年三十一歲，住珍為掌地頭主，薛文秀年三十一歲，住珍與黃再生為合夥酒路生理，俱云："晚等願為安呾。"

列台會議："勘得沈景坤懇入熾昌負欠銀六千盾，援莊玉水、薛文秀為安呾。今查諸人俱有利路，可堪擔戴。"

存案。

（大朱賴觀瀾繳入七夕丹絨祭祀開費一單）

大朱賴觀瀾官入單一張，係本年七夕丹絨祭祀之費，共開銀貳百叁拾四盾五角正。

列台閱單，皆曰："此係公事，合該開公堂之項還明。"

存案。

（狀師緞福來書祈為查明唐人王金石已經交寅與張蔭娘否）

承狀師緞福來書云："因唐人王金石①住文登，於和1839年已經交寅與張蔭娘。祈為查明有立婚書否？果有，錄明

---

① 王金石：據《婚簿》載，1839年8月1日，住文丁舊街的王金石（18歲）與張蔭娘（16歲）成婚。媒妁：曾宣娘，男方主婚：王驪（父），女方主婚：張金生（胞兄），完婚日：陰曆八月二十六日。

示知。"

列台閱書，皆曰："如查明果有，當錄明付他。"

存案。

（查勘甘永壬承應于 1868 年武營什物事）

承副挨實嚏於和 1867 年 8 月 29 日第 138 號又 9 號書，並附馬里直即武營衙及新舊二式達[①]，係諸唐人承應什物。祈為查勘入字人及安呾人可堪否？詳覆。

列台閱書。

吊訊甘永壬住珍，不到。據該處默氏陳山景云："甘永壬並無物業，惟常承應武營什物為生意。現欲應於和 1868 年全年珍武營什物，該銀 122 588 盾，援曾攀及沈取為安呾。其曾攀、沈取，係居干冬圩轄，不得吊訊。"

列台會議："勘得甘永壬承應於和 1868 年全年武營什物，該銀 122 588 盾，援曾攀、沈取為安呾。今據默氏陳山景云，甘永壬並無物業，惟常應武營食物為業，足見不堪。其曾攀、沈取，因同住干冬圩，不得查明。"

存案。

又訊甘永壬，不到。據上供云住珍，茲欲承應於和 1868 年全年武營什物，該銀 18 000 盾，援甘坤助及吳元流為安呾。

吊訊甘坤助住惹呀蘭，供云："晚並無為商，祇有厝數間收

---

① 式達：亦作"實達"，荷蘭語 Staat，陳述、說明、清單、記錄。

厝稅為生。"吊訊吳源流住全上,供云:"晚以出稅①馬車間為業。"二人俱云:"願為安呾甘永壬應武營什物於和 1868 年全年該銀 18 000 盾。"

列台會議:"勘得甘永壬欲承應和 1868 年全年武營什物,該銀 18 000 盾,援甘坤助及吳源流為安呾。甘永壬,前已論不足堪;若甘坤助及吳源流,可堪擔戴 18 000 盾之數,況又先入一個月之貨存底已,如此可堪。"

存案。

(查勘陳連生承應于 1868 年武營什物事)

吊訊陳連生,不到。據丹藍望默氏王春波云:"此陳連生住惹致,為油米店,欲承應於和 1868 年全年武營什物,該銀 55 400 盾,援周東漢及林亞志為安呾。"

吊訊周東漢,不到。林亞志,亦不到。

據默氏王春波云:"此周東漢住丹藍望,為土水②。林亞志,煮梘水③為業。二人俱願安呾陳連生承應武營什物於和 1868 年全年價銀 55 400 盾。"

列台會議:"勘得陳連生承應於和 1868 年全年武營什物,價銀 55 400 盾,援周東漢及林亞志為安呾。今據該處默氏王春波云,陳連生無甚大利路,況其安呾人亦不過度活而已,以致不足擔戴,不得承受。"

---

① 出稅:閩南話,出租。

② 土水:亦作泥水。閩南話,泥瓦活、泥瓦匠。

③ 煮梘水:梘水即食用碱水。傳統的煮梘水方法是草木灰加水煮沸浸泡一日,取上清液而得到碱性溶液。

存案。

（查勘張肇變承應于 1868 年武營什物事）

吊訊張肇變_{年二十七歲,住大港埏為商},供云："晚果有入字承應於和 1868 年全年武營貨物等,計二條:其一價銀 71 125 盾,其一價銀 21 250 盾,援梁德水、林淑郎為安咀。"

吊訊梁德水_{年四十一歲,住大南門為商},林淑郎_{年六十四歲,住毛吥甲街為商},二人供云："晚等願為安咀。"

列台會議："勘得張肇變承應武營什物於和 1868 年全年計二條:一價銀 71 125 盾,一價銀 21 250 盾,援梁德水、林淑郎為安咀,可以擔戴承受。"

存案。

（查勘黃再生承應于 1868 年武營什物事）

吊訊黃再生_{年三十三歲,住珍}為酒路生理,供云："晚果有入字承應於和 1868 年全年武營火柴,價銀 24 404 盾,援許讚及番學抹惹拔蘭為安咀。"

列台會議："勘得黃再生承應武營什物於和 1868 年全年價銀 24 404 盾,援許贊為安(咀)。其承應人及安咀人,現時頗有利路,可堪。"

存案。

（查勘王天水承應于 1868 年武營什物事）

吊訊王天水_{年二十八歲,住丹藍望為商},供云："晚果有入字承應於和 1868 年全年武營病厝食物,價銀 10 458.125 盾,

162

援緞絨寶弼及陳江流甲為安咀。"

吊訊陳江流甲_{年四十五歲,住聖望港為商},供云:"職願為安咀王天水承應武營病厝食物,全年價銀 10 458.125 盾。"

列台會議:"勘得王天水承應武營食物,全年價銀 10 458.125盾,援陳江流甲並緞絨寶弼為安咀,可堪擔戴。"

存案。

又訊王天水,供云:"晚果有入字再承應干冬圩武營食物,於和 1868 年全年價銀 59 750 盾,援緞絨寶弼並林宗喜為安咀。"

吊訊林宗喜_{年三十歲,住丹藍望為商},供云:"晚願為安咀王天水承應武營食物,全年價銀 59 750 盾。"

列台會議:"勘得王天水承應武營食物,全年價銀59 750盾,援林宗喜為安咀,可堪承受。"

存案。

(查勘張亞廣承應于 1868 年武營什物事)

吊訊張亞廣_{年三十三歲,住鑒光美色近},供云:"晚果有入字承應武營干冬圩於和 1868 年全年食物,價銀 40 256 盾,援梁德水及陳湘敬為安咀。"

吊訊梁德水_{年四十一歲,住大南門為商},陳湘敬_{年三十三歲,住八茶貫為商}。二人俱供云:"晚等願為安咀。"

列台會議:"勘得張亞廣承應武營食物,全年價銀40 256盾,援梁德水、陳湘敬為安咀,現時可堪。"

存案。

（查勘朱金水承應于 1868 年武營什物事）

吊訊朱金水_{年二十三歲}，住小南門為開米店，供云："晚果有人字承應茂物①武營於和 1868 年全年食物，價銀 5 742 盾，援饒奕才並劉亞四為安咀。"

吊訊饒奕才_{住美色近}，及劉亞四_{住小南門}，因病不到。

列台會議："勘得朱金水承應茂物武營食物，全年價銀 5 742 盾，援饒奕才並劉亞四為安咀，現時可堪。"

存案。

（查勘鄭長水承應于 1868 年武營什物事）

吊訊鄭長水_{年二十三歲}，住珍為開米店，供云："晚果有人字，懇承應武營食物於和 1868 年全年價銀 13 937 盾，援緞絨寶弼及林宗喜為安咀。"

吊訊林宗喜_{年三十歲}，住丹藍望為媽澤生理，供云："晚願為安咀。"

列台會議："勘得鄭長水承應武營食物，全年價銀 13 937 盾，援林宗喜為安咀，現時可堪。"

存案。

（瑪腰、甲必丹、雷珍蘭、朱葛礁為本期記錄簽名：馬來文草書）

Ko Setjoan（高西川）　　　　Oeij Tjengian（黃清淵）

---

① 茂物：Bogor，地名，位於吧城以南約 50 公里處，荷蘭語作 Buitenzorg，意為"無憂之鄉"。

Tan Boensok（陳文速）　　　Tan Konglioe（陳江流）

Gouw Enghoei（吳榮輝）　　Tan Konghoa（陳光華）

Sim Siongbouw（沈松茂）　　Lie Tjoetjang（李子昌）

Loa Konglan（賴觀瀾）

和 1867 年 9 月 6 日，拜五

公堂設嘧喳嘮

瑪腰陳濬哲官、甲必丹陳思聰舍、雷珍蘭黃清淵舍、雷珍蘭陳文速官、雷珍蘭連文清官、雷珍蘭吳榮輝官、雷珍蘭陳光華官、雷珍蘭李子昌舍、朱葛礁賴觀瀾官俱在座。高西川甲、陳江流甲、沈松茂甲三位不到。

（曹信郎、鄭文娘夫妻分離一案）

據公舘公勃低陳（思聰）、陳（光華）詳。

曹信郎^①年三十二歲，住式南吧，請伊妻鄭文娘："為交寅十二年，並無產育。因於去年間唐五月，晚將回唐，有向拙妻言，晚回唐汝待一年，若無來，可便從人。孰意回來三個月，經從別人，伏乞判離。"

吊訊鄭文娘年二十九歲，住眠丁茗淰班讓，供云："拙夫回唐，並

———

① 曹信郎：据《婚簿》載，1855 年 1 月 22 日，住实南巴的曹信郎（18 岁）與鄧文娘（16 岁）成婚。媒妁：林英娘，男方主婚：曹彩郎（堂兄），女方主婚：鄧甲生（胞兄）。据此，新娘的姓氏应为鄧。閩南話"鄧"與"鄭"發音相近。

無留下分文,且約氏六個月再來。後接來信云伊並無定著來吧,要從人與否,任從其便,氏是以別尋他人為夫。今曹信郎要求離,須還氏承母所得金盆冷①一個,可充老費。如若不還,氏不願撒破婚事。此金盆冷,拙夫已借當二年之久。"

將情申詳公堂大噹內裁奪。

覆訊曹信郎、鄭文娘,供如公勃低所詳。

公堂會議:"既然鄭文娘已經從人,所謂覆水難收者也,合當判其離邊。"

存案。

(黃乖娘、溫全郎夫妻分離一案)

黃乖娘年二十歲,住吉石珍,請伊夫溫全郎:"為交寅六載,有生不育。因拙夫不尋利路,自取氏之機白宇午衣一領,紗囊三條,織衣二領,並無交還。又送氏歸寧珍母家,今已九日,僅給費銀 15 盾而已。又遣人訪察,恐氏所為不端。似此不情,乞判分離。"

吊訊溫全郎年二十四歲,住班芝蘭巷,供云:"拙妻與母氏不和,日夜令晚搬移別處,遂同拙妻移居班芝蘭巷二個月之久。前者招晚移居吉石珍有一年餘,後與妻相商,路途遙遠,往返多費,孰若居城尤妙,兩相喜悅,居班芝蘭巷。拙妻所請晚取其物件,俱是虛詞。今拙妻求離,晚自思無過,不願依從。"

---

① 金盆冷:亦作金盆領,馬來語 pending,以金或銀薄片製成的胸部飾物或腰帶。

台曰："勘汝二比之供，俱屬兒女之態，因細事而致請公廷，殊不合理，當相率歸家，依舊和好。"二比稱願，唯退。

存案。

據公舘公勃低陳（文速）、連（文清）詳。

溫全郎到堂再請："晚遵令於昨日即帶銀拾五盾，要交拙妻黃乖娘為費。豈意不受，有默氏陳山景見證，伏乞明判。"

吊訊黃乖娘，供云："氏既不願以溫全郎為夫，給費奚為？切懇分離而已。"

吊訊默氏陳山景，供云："晚果見溫全郎要付伊妻黃乖娘銀壹拾五盾，黃乖娘不受，且出言不雅，果然頑梗。所供是實。"

將情申詳公堂大嚙內裁奪。

覆訊黃乖娘、溫全郎，供如公勃低所詳。

（公堂會議：）"黃乖娘不問是非，懇即日離邊為是。如若不離，懇要尋更遠，且出言怒罵伊夫諸惡言，合當申詳上臺警戒。"

（查勘張亞廣承應入兵營柴器及桶路事）

吊訊張亞廣年三十三歲，住鑒光美色近，供云："晚果應入兵營柴器及桶路，援饒奕才、梁德水為安呾。"

吊訊饒奕才年四十一歲，梁德水年四十一歲，供云："晚等願為安呾。"

公堂會議："可堪。"

存案。

（瑪腰、甲必丹、雷珍蘭、朱葛礁為本期記錄簽名：馬來文草書）

Tan Tjoentiat（陳湑哲）　　Tan Soetjiong（陳思聰）

Oeij Tjengian（黃清淵）　　Tan Boensok（陳文速）

Ni Boentjiang（連文清）　　Gouw Enghoei（吳榮輝）

Tan Konghoa（陳光華）　　Lie Tjoetjang（李子昌）

Loa Konglan（賴觀瀾）

和 1867 年 9 月 20 日，拜五

公堂設嘧喳嘮

瑪腰陳湑哲官、甲必丹陳思聰舍、雷珍蘭黃清淵舍、雷珍蘭陳文速官、雷珍蘭連文清官、雷珍蘭陳江流官、雷珍蘭吳榮輝官、雷珍蘭陳光華官、雷珍蘭沈松茂官、雷珍蘭李子昌舍、朱葛礁賴觀瀾官俱在座。高西川甲，不到。

（陳亞二、鄭清漢生端一案）

據公舘公勃低陳（思聰）、陳（光華）詳。

陳亞二年六十七歲，住戈勞屈，請鄭清漢："為去年唐二月間，伊令伊親媽老君[1]到晚家，求小女為配。經許允，付手

---

[1]　媽老君：老君，馬來語 Dukun，醫師。媽老君，意為女醫師。

指班①為信,云急要交寅。及後,又遣媽老君再云:眠床②漆未畢,懇稍緩。至今已一年餘,且畜別婦於室,公然請默,且奉紅燭及單。似此所為甚然,目無懼憚。乞追回手指班,退廢親事。"

吊訊鄭清漢_{年二十六歲,住仝上},供云:"晚果有去年令媽老君到陳亞二厝,懇其女子為婚,擬意速欲交寅,因手痛不能料理諸事。至五月間,契母遂故,晚即居喪。至唐十一月,契父又故,復居喪至今未脫。晚思今尚居喪,交寅不得,乏人執理炊洗諸事。不得已,權且暫畜一婦於室。若至交寅時,當逐出,不敢再留。若懇退婚,亦聽其意,晚當從令。"

將情申詳公堂大嚒內裁奪。

覆訊陳亞二、鄭清漢,供如公勃低所詳。

公堂會議:"既二比生端,將來亦難置處。不若各從其願,交回其手指班為是。"即當堂交訖,陳亞二領明。

存案。

(公堂會議准開祭祀、修路諸費事)

公堂會議:"前所懇准開祭祀費,全年銀 800 盾。今春秋二祭,僅發銀 539.5 盾,可就開數。其修理牛郎沙里水鹹,可開在修路數內③。若公舘掃灰,仍舊例可另開數。"

存案。

---

① 手指班:亦作手指辦,閩南話,戒指。

② 眠床:閩南話,供睡眠用的床鋪。

③ 數內:閩南話,賬內、賬下。

（瑪腰、甲必丹、雷珍蘭、朱葛礁為本期記錄簽名：馬來文草書）

Tan Tjoentiat（陳濬哲）　　Tan Soetjiong（陳思聰）

Oeij Tjengian（黃清淵）　　Tan Boensok（陳文速）

Ni Boentjiang（連文清）　　Tan Konglioe（陳江流）

Gouw Enghoei（吳榮輝）　　Tan Konghoa（陳光華）

Sim Siongbouw（沈松茂）　　Lie Tjoetjang（李子昌）

Loa Konglan（賴觀瀾）

和 1867 年 10 月 4 日，拜五

公堂設嚦喳嘮

瑪腰陳濬哲官、甲必丹陳思聰舍、雷珍蘭高西川舍、雷珍蘭黃清淵舍、雷珍蘭陳文速官、雷珍蘭連文清官、雷珍蘭陳江流官、雷珍蘭吳榮輝官、雷珍蘭陳光華官、雷珍蘭沈松茂官、雷珍蘭李子昌舍、朱葛礁陳玉長官俱在座。

（陳清涼懇添買風水事）

陳清涼入稟云："晚原有風水一穴，闊 12 腳距、長 24 距。今欲添買四腳距，以成闊 16 腳距、長 32 腳距之地。萬望恩准。"

列台閱稟，會議："據陳清涼懇添買風水四腳距，須委蠻律查明。若無傷礙，方可承受。"

存案。

170

（查勘藍森樹懇再添熾昌借銀事）

承熾昌干刀寄下藍森樹口詞，懇再添熾昌干刀銀貳仟盾，援藍奇傑及林硁為安咀。祈查勘可堪與否？詳覆。

列台閱書，（會議）："勘得藍森樹懇再添熾昌銀貳仟盾，仍援藍奇傑及林硁為安咀。但藍奇傑已經為安咀多矣，不足擔戴，其林硁可堪。"

存案。

（瑪腰、甲必丹、雷珍蘭、朱葛礁為本期記錄簽名：馬來文草書）

Tan Tjoentiat（陳溍哲）　　　Tan Soetjiong（陳思聰）

Ko Setjoan（高西川）　　　　Oeij Tjengian（黃清淵）

Tan Boensok（陳文速）　　　Tan Konglioe（陳江流）

Gouw Enghoei（吳榮輝）　　　Tan Konghoa（陳光華）

Sim Siongbouw（沈松茂）　　Lie Tjoetjang（李子昌）

Tan Gioktiang（陳玉長）

和 1867 年 10 月 11 日，拜五

公堂設嘧喳嘮

瑪腰陳溍哲官、甲必丹陳思聰舍、雷珍蘭高西川舍、雷珍蘭黃清淵舍、雷珍蘭陳文速官、雷珍蘭連文清官、雷珍蘭吳榮輝官、雷珍蘭陳光華官、雷珍蘭沈松茂官、雷珍蘭李子昌舍、朱葛礁陳玉長官俱在座。陳江流甲報病，不到。

171

(王瑞光入稟懇為伊父賜蔭地一事)

據王瑞光入稟,稱伊父王全成①任默旦仔低巷已三十八年,今因病故,懇賜蔭地,照例闊長,以為葬身。

公堂會議:"既已任默三十餘年之久,可謂勞於王事,況又在任而故,當准其所懇。"

存案。

(查勘邱水懇入熾昌借銀事)

承熾昌干刀寄下邱水口詞,懇入熾昌負欠銀六千盾,援邱木生、嚴惠娘為安呾。祈查勘入字人並安呾人可堪擔戴否?詳覆。

吊訊邱水年三十二歲,住五腳橋為貓澤,供云:"晚果有入熾昌負欠銀六千盾,援邱木生、嚴惠娘為安呾。"

吊訊邱木生年二十七歲,住仝上,嚴惠娘年四十六歲,住小南門,俱供云:"果願為安呾。"

公堂會議:"邱水入熾昌銀六千盾,援邱木生、嚴惠娘為安呾。雖嚴惠娘可堪,但邱木生任其父之事,不足擔戴。"

存案。

(查勘林寬生懇入熾昌借銀事)

承熾昌干刀寄下林寬生口詞,懇入熾昌銀四千盾,援梁德水、陳湘敬為安呾。祈查勘入字人並安呾人可堪與否?詳覆。

---

① 王全成:默氏王全成除曾任旦仔低巷默氏之外,還曾任大南門默氏。

172

吊訊林寬生_{年四十歲}，供云："晚果有入熾昌干刀銀四千盾，援梁德水、陳湘敬為安咀。"

吊訊梁德水及陳湘敬，二人俱供云："晚等願為安咀。"

公堂會議："現時可堪。"

存案。

（查勘陳玉長懇入熾昌借銀事）

承熾昌干刀寄下二朱陳玉長口詞，懇入熾昌銀叁千盾，援饒奕才及梁德水為安咀。祈查勘可堪否？詳覆。

訊二朱陳玉長，供云："職果有入熾昌銀叁千盾，援饒奕才、梁德水為安咀。"

吊訊饒奕才、梁德水，二人俱供云："晚等願為安咀。"

公堂會議："可堪。"

存案。

（續：鄭丁岸娘、吳南文夫妻分離一案）

鄭丁岸娘再請伊夫吳南文，並無給資費。

公堂會議："據二比之供，鄭丁岸娘云伊夫無給資費，吳南文云有給，並無別情。每禮拜當給付資費銀叁盾。"

存案。

（黎春娘、楊來換夫妻欲求分離一案）

據公館公勃低陳（_{思聰}）、陳（_{光華}）詳。

黎春娘再請："是早，氏當食飯，拙夫愛妾詩把將飯丟擲，拙夫坐視，並無一言。似此棄妻寵妾，情實不堪，乞判分離。"

吊訊楊來換，供云：“拙妻生端屢屢，雖可勸歸，後來仍是較鬧，已欲求離，晚固願從。”

將情申詳公堂大嚜內裁奪。

覆訊黎春娘、楊來換，供如公勃低所詳。

公堂會議：“論汝二比之供，生端之由乃因畜番婦。但此番婦當擯之異室，夫妻當依舊和好。”

存案。

(續：黃乖娘、溫全郎夫妻分離一案)

覆訊黃乖娘、溫全郎，供如公勃低所詳。

據溫全郎又云：“拙妻果然不端，曾任人率到蚊茄勿殺姦淫。若盜取物件，晚無其事。”

公堂會議：“據二比之供，彼此俱有嫌隙，況屬姦盜之情，非是小故。合准其離遍。”

存案。

(查勘黃長楠懇入熾昌借銀事)

承熾昌干刀寄下黃長楠口詞，懇入熾昌銀壹萬盾，援黃永羨甲、陳澘祥甲為安呾。祈查勘可堪否？詳覆。

公堂會議：“黃長楠入熾昌銀壹萬盾，援黃永羨甲、陳澘祥甲為安呾，現時可堪。”

存案。

(瑪腰、甲必丹、雷珍蘭、朱葛礁為本期記錄簽名：馬來文草書)

Tan Tjoentiat（陳澘哲）　　　　Tan Soetjiong（陳思聰）

Ko Setjoan（高西川）　　　　Oeij Tjengian（黃清淵）

Tan Boensok（陳文速）　　　　Ni Boentjiang（連文清）

Gouw Enghoei（吳榮輝）　　　Tan Konghoa（陳光華）

Sim Siongbouw（沈松茂）　　　Lie Tjoetjang（李子昌）

Tan Gioktiang（陳玉長）

和 1867 年 10 月 25 日，拜五

公堂設嘧嗻嘮

瑪腰陳濬哲官、甲必丹陳思聰舍、雷珍蘭黃清淵舍、雷珍蘭陳文速官、雷珍蘭連文清官、雷珍蘭陳江流官、雷珍蘭吳榮輝官、雷珍蘭陳光華官、雷珍蘭沈松茂官、雷珍蘭李子昌舍、朱葛礁陳玉長官俱在座。高西川甲因病不到。

（查勘朱金水承入南旁兵營食物事）

承副挨實嗹於和 1867 年 10 月 23 日第 199 號、又 9 號致書，附馬里直干刀書云朱金水承入南旁兵營食物，於和 1868 年全年價銀 37 354.014 盾，援湯如素[①]甲及饒奕才為安呾。祈查勘可堪否？詳覆。

列台閱書。吊訊朱金水年二十三歲，住洪溪，供云：“晚果有承應南旁兵營食物，於和 1868 年全年價銀 37 354.014 盾，援湯如素甲、饒奕才為安呾。”

————

①　湯如素：即湯二素，詳見前注。

吊訊湯如素甲並饒奕才,俱供云:"願為安咀。"

陳(思聰)甲大評:"承應人及安咀人可堪。"

黃清淵甲評:"據朱金水云,與人合夥為商,並無在本,不過蔭分而已,恐有微嫌。其安咀人可堪。"

陳文速甲從黃清淵甲所評。

連文清甲評:"朱金水承應南旁兵營食物,援湯如素甲及饒奕才為安咀。但奕才已為安咀人太多,不足擔戴。"

陳江流甲、吳榮輝甲、陳光華甲、沈松茂甲、李子昌甲五位,俱從陳(思聰)甲大所評。

公堂會議:"勘得朱金水承應南旁兵營食物,於和 1868 年全年價銀 37 354.014 盾,援安咀人湯如素甲、饒奕才,況無先領鈁項,可以承受。謹詳副挨實嗹裁奪。"

(查勘藍森樹懇再入熾昌借銀事)

承熾昌干刀寄下藍森樹口詞,懇再入熾昌銀貳千盾,援藍奇傑、林砵、藍牛三人為安咀。祈查勘可堪否? 詳覆。

吊訊藍森樹,供云:"晚果有添入熾昌銀貳千盾,援藍奇傑、林砵、藍牛為安咀。"

吊訊藍奇傑、林砵、藍牛,三人俱供云:"晚等願為安咀。"

公堂會議:"可堪。"

存案。

(瑪腰、甲必丹、雷珍蘭、朱葛礁為本期記錄簽名:馬來文草書)

Tan Tjoentiat(陳潜哲)　　　　Tan Soetjiong(陳思聰)

176

Oeij Tjengian（黃清淵）　　Tan Boensok（陳文速）

Ni Boentjiang（連文清）　　Tan Konglioe（陳江流）

Gouw Enghoei（吳榮輝）　　Tan Konghoa（陳光華）

Sim Siongbouw（沈松茂）　　Lie Tjoetjang（李子昌）

Tan Gioktiang（陳玉長）

和 1867 年 10 月 31 日，拜四

公堂設嚜喳嘮

瑪腰陳溶哲官、甲必丹陳思聰舍、雷珍蘭高西川舍、雷珍蘭連文清官、雷珍蘭陳江流官、雷珍蘭吳榮輝官、雷珍蘭陳光華官、雷珍蘭沈松茂官、雷珍蘭李子昌舍、朱葛礁陳玉長官俱在座。黃清淵甲、陳文速甲二位不到。

（查勘張辛郎承應驛亭鑲馬蹄鐵事）

承副挨實嘽於和 1867 年 10 月 30 日第 187 號、又 9 號書，祈查勘詳覆，然從本月 7 日第 4494 號核字 25 書。

列台閱書。吊訊張辛郎_{年四十七歲，住珍為貓氏馬車}，供云：晚果承應驛亭鑲馬蹄鐵，援李亞信、蔡亞富為安咀。"

吊訊李亞信_{年四十九歲，住珍為貓氏馬車}、蔡亞富_{住珍為貓氏勞智①}。二人俱供云："晚等願為安咀。"

---

① 勞智：馬來語 Roti 音譯，麵包，源出梵語。貓氏勞智，即麵包師傅。

公堂會議論：“可堪。”

存案。謹詳副挨實嗹裁奪。

（瑪腰、甲必丹、雷珍蘭、朱葛礁為本期記錄簽名：馬來文草書）

Tan Tjoentiat（陳潽哲）	Tan Soetjiong（陳思聰）
Ko Setjoan（高西川）	Ni Boentjiang（連文清）
Tan Konglioe（陳江流）	Gouw Enghoei（吳榮輝）
Tan Konghoa（陳光華）	Sim Siongbouw（沈松茂）
Lie Tjoetjang（李子昌）	Tan Gioktiang（陳玉長）

和 1867 年 11 月 2 日，拜六

公堂設嗎喳嘮

瑪腰陳潽哲官、雷珍蘭高西川舍、雷珍蘭黃清淵舍、雷珍蘭陳文速官、雷珍蘭吳榮輝官、雷珍蘭陳光華官、朱葛礁賴觀瀾官俱在座。陳（思聰）甲大、連文清甲、陳江流甲、沈松茂甲、李子昌甲，不到。

（查勘詳覆張肇燮承應包入挨實嗹干刀銃兵衣服事）

承挨實嗹於和 1867 年 11 月 2 日第 212 號致書云：唐人張肇燮承應包入本干刀銃兵衣服，和 1868 年、1869 年、1870 年三年，共價銀 1 897.95 盾，援梁德水、陳湘敬為安咀。祈查勘詳覆。

178

吊訊張肇燮_{年二十七歲,住大港墘},供云:"如書中所言。"

吊訊梁德水、陳湘敬,俱供云:"晚等願為安呾。"

公堂會議:"可堪。"

存案。謹詳挨實嗹裁奪。

(瑪腰、甲必丹、雷珍蘭、朱葛礁為本期記錄簽名:馬來文草書)

Tan Tjoentiat(陳濎哲)	Ko Setjoan (高西川)
Oeij Tjengian(黃清淵)	Tan Boensok(陳文速)
Gouw Enghoei(吳榮輝)	Tan Konghoa(陳光華)
Loa Konglan(賴觀瀾)	

和 1867 年 11 月 5 日,拜二

公堂設嘧喳嘮

瑪腰陳濎哲官、甲必丹陳思聰舍、雷珍蘭高西川舍、雷珍蘭黃清淵舍、雷珍蘭陳文速官、雷珍蘭連文清官、雷珍蘭陳光華官、雷珍蘭沈松茂官、雷珍蘭李子昌舍、朱葛礁賴觀瀾官俱在座。陳江流甲、吳榮輝甲,不到。

(查勘張肇燮承應包入兵營米、牛乳汁事)

承副挨實嗹於和 1867 年 11 月 4 日第 213 號、又 9 號機密致書,附馬里直干刀於和 1867 年 11 月 1 日第 28 號書云:為唐人張肇燮承應包入兵營米、牛乳汁,價銀 92375 盾。

179

前林淑郎為安呾，今林淑郎已故，要易陳湘敬以代。

吊訊張肇燮年二十七歲，住大港墘，供如書中所言。

吊訊陳湘敬年 34 歲，住亭仔腳。

公堂會議："陳湘敬果然妥為商之人，但前經有安呾別條，且自己有應包入別條貨物。欲代林淑郎之安呾張肇燮包入兵營米、牛乳汁，三年價銀 92 375 盾，再添一人為安呾則妙。"

謹詳副挨實嗹裁奪。

（瑪腰、甲必丹、雷珍蘭、朱葛礁為本期記錄簽名：馬來文草書）

Tan Tjoentiat（陳濬哲）　　Tan Soetjiong（陳思聰）

Ko Setjoan（高西川）　　　Oeij Tjengian（黃清淵）

Tan Boensok（陳文速）　　Ni Boentjiang（連文清）

Gouw Enghoei（吳榮輝）　Sim Siongbouw（沈松茂）

Lie Tjoetjang（李子昌）　　Loa Konglan（賴觀瀾）

和 1867 年 11 月 19 日，拜二

公堂設嘧喳嘮

瑪腰陳濬哲官、甲必丹陳思聰舍、雷珍蘭高西川舍、雷珍蘭黃清淵舍、雷珍蘭陳文速官、雷珍蘭陳江流官、雷珍蘭吳榮輝官、雷珍蘭陳光華官、雷珍蘭沈松茂官、雷珍蘭李子昌舍、朱葛礁賴觀瀾官俱在座。惟連文清甲不到。

（查勘詳覆韓懷仁素行可堪為干冬圩雷珍蘭否）

承挨實嗹寄下一書，為韓懷仁懇為雷珍蘭干冬圩轄。如可堪，果無醜行可指，可花押此字。如別有意見，另為詳聞。

公堂會議："韓懷仁素行，列台已經查核，並無有跡可指。但外言雖多，究無實情。現時韓懷仁家資富厚，且行止又無可摘，既欲干冬圩雷珍蘭，可堪。"

將情申詳大挨實嗹裁奪。

（瑪腰、甲必丹、雷珍蘭、朱葛礁為本期記錄簽名：馬來文草書）

Tan Tjoentiat（陳溓哲）　　Tan Soetjiong（陳思聰）

Ko Setjoan（高西川）　　Oeij Tjengian（黃清淵）

Tan Boensok（陳文速）　　Tan Konglioe（陳江流）

Gouw Enghoei（吳榮輝）　　Tan Konghoa（陳光華）

Sim Siongbouw（沈松茂）　　Lie Tjoetjang（李子昌）

Loa Konglan（賴觀瀾）

和 1867 年 11 月 22 日，拜五

公堂設嗼喳嘮

瑪腰陳溓哲官、甲必丹陳思聰舍、雷珍蘭高西川舍、雷珍蘭陳文速官、雷珍蘭連文清官、雷珍蘭陳江流官、雷珍蘭陳光華官、雷珍蘭沈松茂官、雷珍蘭李子昌舍、朱葛礁賴觀瀾官俱在座。黃清淵甲全吳榮輝甲，不到。

（查勘郭炮懇入熾昌借銀事）

承熾昌干刀寄下郭炮口詞，懇入熾昌負欠銀叄千盾，援李有、潘晚為安呾。祈查勘入字人並安呾人可堪擔戴否？詳覆。

吊訊郭炮年三十一歲，住廿六間①巷，供云："晚果有入熾昌干刀銀叄千盾，援李有、潘晚為安呾。"

吊訊潘晚年三十六歲，住八茶貫，李有年三十三歲，住仝上，俱供云："晚等願為安呾。"

公堂會議："郭炮懇入熾昌干刀銀叄千盾，援李有、潘晚為安呾，現時可堪。"存案。

（查勘陳泰山懇入熾昌借銀事）

承熾昌干刀寄下陳泰山口詞，懇入熾昌負欠銀四千盾，援余海生、廖亞三為安呾。祈查勘入字人並安呾人及可堪與否？詳覆。

吊訊陳泰山年四十三歲，住八茶貫，供云："晚果有入熾昌銀四千盾，援安呾人余海生、廖亞三。"

吊訊余海生年五十一歲，廖亞三年五十四歲，仝住八茶貫，俱供云："晚等願為安呾。"

公堂會議："陳泰山懇入熾昌干刀銀四千盾，援余海生、廖亞三為安呾，現時可堪。"

存案。

---

① 廿六間：Jilakien，吧城地名，位於小南門外華人居住區。

（查勘陳探懇入熾昌借銀事）

承熾昌干刀寄下陳探口詞，懇入熾昌負欠銀壹萬盾，援陳顯、陳越為安呾。祈查勘入字人並安呾人可堪擔戴否？詳覆。

吊訊陳探_{年二十歲}，供云："晚果有入熾昌干刀銀壹萬盾，援陳顯、陳越為安呾。"

吊訊陳越_{係陳顯掛咖}，供云："晚等願為安呾。"

公堂會議："安呾實美，但陳探初年二十歲，未有娶室。惟熾昌干刀裁奪。"

（廟主陳豹入稟懇草澝、椰欉以為守廟取息度口事）

據廟①主陳豹入稟，懇付陳源豐墳前草澝一小坵，及近廟椰叢三四叢，以為守廟取息度口。

公堂會議："待明午協同檢視，然後定奪。"

存案。

（公堂議定沙里牛郎、丹絨、式厘坡、惹致田地付人承租事）

瑪腰（_{陳濬哲}）請："本年沙裡牛郎②草澝、椰欉，丹絨、式厘坡地、惹致田地已經屆期，當再叫黎壟，付人承稅。欲於何時？祈列台裁奪。"

---

① 廟：指牛郎沙裡廟，亦稱完劫寺、報恩寺，建於 1760 年。

② 沙裡牛郎：亦作牛郎沙裡、牛啷咖里、牛郎些里、古農沙里，Gunung Sari，吧城華人墓地之一，位於吧城東南郊外。

列台會議："定於和 12 月 18 日公舘黎壨,須行文申詳上臺,懇粘諭告知人等。"

存案。

(瑪腰、甲必丹、雷珍蘭、朱葛礁為本期記錄簽名:馬來文草書)

Tan Tjoentiat(陳濬哲)　　Tan Soetjiong(陳思聰)

Ko Setjoan(高西川)　　Tan Boensok(陳文速)

Ni Boentjiang(連文清)　　Tan Konglioe(陳江流)

Tan Konghoa(陳光華)　　Sim Siongbouw(沈松茂)

Lie Tjoetjang(李子昌)　　Loa Konglan(賴觀瀾)

和 1867 年 12 月 2 日,拜一

公堂設嘧喳嘮

瑪腰陳濬哲官、甲必丹陳思聰舍、雷珍蘭陳文速官、雷珍蘭連文清官、雷珍蘭陳光華官、雷珍蘭沈松茂官、朱葛礁陳玉長官俱在座。高西川甲、黃清淵甲、陳江流甲、吳榮輝甲、李子昌甲五位不到。

(查勘詳覆湯其源承應茂物病厝食物事)

副挨實嗹於和 1867 年 11 月 30 日第 237 號、又 1 號致書,並附馬里直干刀書。祈查勘詳覆。

承馬里直干刀於和 1867 年 11 月 28 日第 32 號書,唐

人湯其源承應茂物病厝食物,該項 2656.25 盾於和 1868 年之用,援湯二素甲及饒奕才為安呾。

列台閱書。吊訊湯其源住鑒光毛吥甲,供云:"晚果承應茂物病厝食物,每年該項 2 656.25 盾,援湯二素甲及饒奕才為安呾。"

召訊湯二素為和美色甘干刀室,住仝上,並饒奕才為商,住仝上,二人等供云:"願為安呾湯其源承應茂物病厝食物,於和 1868 年之用。"

列台會議:"勘得湯其源為承應茂物病厝食物,全年價銀 2 656.25 盾,援湯二素甲及饒奕才為安呾,現時可堪。"

謹詳挨實嗹裁奪。

(瑪腰、甲必丹、雷珍蘭、朱葛礁為本期記錄簽名:馬來文草書)

Tan Tjoentiat(陳湊哲)　　Tan Soetjiong(陳思聰)

Tan Boensok(陳文速)　　Ni Boentjiang(連文清)

Tan Konghoa(陳光華)　　Sim Siongbouw(沈松茂)

Tan Gioktiang(陳玉長)

和 1867 年 12 月 7 日,拜六

公堂設嘧喳嘮

瑪腰陳湊哲官、甲必丹陳思聰舍、雷珍蘭黃清淵舍、雷珍蘭陳文速官、雷珍蘭連文清官、雷珍蘭陳江流官、雷珍蘭

沈松茂官、雷珍蘭李子昌舍、朱葛礁陳玉長官俱在座。高西川甲、吳榮輝甲、陳光華甲，不到。

（查勘詳覆劉德江承應各處罪人衣服事）

承挨實嗹於和 1867 年 12 月 6 日第 2943 號巴字①16（號）致書，祈公堂查勘詳覆。因唐人劉德江②甲住干冬圩，為承應於和 1868 年各處罪人衣，全年該項 120 000 盾，援陳清炎為安呾。祈勘畢詳覆。

列台閱書，即勘劉德江甲為承應各處罪人衣服全年該銀 120 000 盾，援陳清炎為安呾，不足擔戴。況又居干冬圩轄，未得深知。

謹詳挨實嗹裁奪。

（瑪腰、甲必丹、雷珍蘭、朱葛礁為本期記錄簽名：馬來文草書）

Tan Tjoentiat（陳潛哲）	Tan Soetjiong（陳思聰）
Ko Setjoan（高西川）	Tan Boensok（陳文速）
Ni Boentjiang（連文清）	Tan Konglioe（陳江流）
Sim Siongbouw（沈松茂）	Lie Tjoetjang（李子昌）
Tan Gioktiang（陳玉長）	

---

① 巴字：荷蘭語字母 B 的閩南話譯音。

② 劉德江：Lauw Tek Kang，劉屏官之子，1832 年生，1860 年代任干冬圩雷珍蘭。據《婚簿》載，1853 年 6 月 17 日，劉德江（22 歲）與林佰娘（18 歲）成婚於干冬圩。媒妁：郭一娘，男方主婚：劉屏官（父），女方主婚：林永秀（父）。

186

和 1867 年 12 月 13 日，拜五

公堂設嘧喳嘮

瑪腰陳濬哲官、甲必丹陳思聰舍、雷珍蘭高西川舍、雷珍蘭陳文速官、雷珍蘭連文清官、雷珍蘭陳江流官、雷珍蘭陳光華官、雷珍蘭沈松茂官、雷珍蘭李子昌舍、朱葛礁陳玉長官俱在座。黃清淵甲、吳榮輝甲，不到。

（緞奴嘎倫入稟懇牛郎沙里地造一蓋瓦之厝事）

緞奴嘎倫住新把殺入稟云，懇牛郎沙里地造一蓋瓦之厝，係蠻律亞琳之園內。懇公堂賜下一憑，方敢築造。若其地稅的栖公平，或一月清還，或壹年清還。

列台閱稟會議："須遣二員胡勃實到處查察妥當，然後定奪。"

存案。

（默氏張體元懇換葬伊二姊之墳事）

張體元住大南門獻於和 1855 年 9 月 25 日風水一單，係式厘坡地，闊 12 腳距、長 24 腳距，係葬伊父張三才為默氏為蔭地，照例免還。今添買 4 腳距，湊成 16 腳距、32 腳距，照例該銀 152.3 盾。今此墳由空，今懇欲葬伊二姊為雙壙之墳，萬望恩准。

列台會議："論張體元懇換葬伊二姊之墳，原係葬伊父張三才之墳。該地原張體元懇蔭地闊 12 腳距、長 24 腳距，

葬伊父張三才前為默氏墳,後添置四腳距,湊闊 16 腳、長
32 腳距,在式厘陂地。然其父張三才竟葬別地,此穴無用,
當歸公堂。今入稟致懇,要葬伊二姊。因其添買四腳距,既
有還項公堂,可付闊 12 腳距、長 24 腳距,以葬伊姊,則其還
項不虧矣。"

存案。

(陳豹懇牛郎沙里廟前之椰欉及一丘草淤付其自用事)

陳豹入稟云:懇近牛郎沙里廟①前之椰欉及一坵草淤
付其自用,因其取息稀少。

列台閱稟會議:"陳豹所懇,恐傷稅項。所懇不得承受。"
存案。

**(公堂議定丹絨、式厘坡、惹致三地欲叫黎釐付人承稅
事)**

列台會議:於和本月 18 日欲叫黎釐丹絨、式厘坡、惹致
三地,付人承稅,但須從公堂原所定之例,就中再添二條詳
下:

(一)定田已割禾,須倘有人放牛隻,不得阻當。

(二)定若有欲做風水於田內,亦不得阻當,任從其便,
亦不得取項。

---

① 牛郎沙里廟:亦稱完劫寺、報恩寺,吧城 華人四大神廟之一,祀觀音。
1760 年甲必丹林緝哥率衆雷珍蘭、唐人諸船主、富翁捐題購置,位於牛郎沙里
(Gunung Sari)塚地內。

（張淵娘、葉長安夫妻欲求分離一案）

據公舘公勃低黃（清淵）、陳（江流）詳。

張淵娘年24歲,住吃郎班讓,請伊夫葉長安:"為交寅才九個月,未有子女。因拙夫無故毆逐,乞判分離。"

吊訊葉長安年二十三歲,住仝上,供云:"毆逐之事實無,祇因拙妻無故逃歸伊姑之家,晚有嫌不合式,拙妻遂生端,致請公勃埋。今要求分離,晚亦從其便。"

台曰:"夫婦之間,以和為貴。況無關大節之事,合當相率歸家,依舊和好。"

礙二比堅執不從。將情申詳公堂大嘧內裁奪。

覆訊張淵娘及葉長安,供如公勃低所詳。

公堂會議:"既然夫妻不能共敦倡隨,准其離遏可也。"

存案。

（瑪腰、甲必丹、雷珍蘭、朱葛礁為本期記錄簽名:馬來文草書）

Tan Tjoentiat（陳潯哲）	Tan Soetjiong（陳思聰）
Ko Setjoan（高西川）	Tan Boensok（陳文速）
Ni Boentjiang（連文清）	Tan Konglioe（陳江流）
Tan Konghoa（陳光華）	Sim Siongbouw（沈松茂）
Lie Tjoetjang（李子昌）	Tan Gioktiang（陳玉長）

和 1867 年 12 月 14 日,拜四

公堂設嘧喳嘮

瑪腰陳潗哲官、甲必丹陳思聰舍、雷珍蘭高西川舍、雷珍蘭黃清淵舍、雷珍蘭陳文速官、雷珍蘭連文清官、雷珍蘭陳江流官、雷珍蘭陳光華官、雷珍蘭沈松茂官、雷珍蘭李子昌舍、朱葛礁陳玉長官俱在座。吳榮輝甲因病不到。

(續:查勘詳覆劉德江承應各處罪人衣服事)

承挨實嗹於和 1867 年 12 月 13 日第 2991 號、又巴字 16 號致書,祈明天早十點鐘,須再詳覆。因為閱和本月 7 日第 145 號所詳,唐人劉德江甲承應各處罪人衣服,援陳清炎為安嗻。前詳劉德江甲及陳清炎不足擔戴,祈再查如何不足擔戴?勘畢詳覆。

公堂會議:“從和本月 7 日第 145 號所詳,謂劉德江為承應各處罪人衣,該項 120 000 盾,援安呾人陳清炎不足擔戴。今本堂再查劉德江援陳清炎為安呾,但安呾人雖有生理,非為大商,欲安呾 120 000 盾之項,故不足擔戴。”

謹詳挨實嗹裁奪。

(瑪腰、甲必丹、雷珍蘭、朱葛礁為本期記錄簽名:馬來文草書)

Tan Tjoentiat(陳潗哲)　　　　Tan Soetjiong(陳思聰)

Ko Setjoan(高西川)　　　　　Oeij Tjengian(黃清淵)

190

Tan Boensok（陳文速）　　Ni Boentjiang（連文清）

Tan Konglioe（陳江流）　　Tan Konghoa（陳光華）

Sim Siongbouw（沈松茂）　　Lie Tjoetjang（李子昌）

Tan Gioktiang（陳玉長）

和 1867 年 12 月 18 日，拜三

（付人承租 1868 年、1869 年、1870 年丹絨、式厘坡及惹致地取息事）

公堂發叫黎釐，付人承稅和 1868 年、1869 年、1870 年，丹絨、式厘坡田園取息，及惹致地取息，又牛郎沙里塚地內草溓、椰欉取息。

瑪腰陳濬哲官、甲必丹陳思聰舍、雷珍蘭黃清淵舍、雷珍蘭陳文速官、雷珍蘭連文清官、雷珍蘭陳光華官、雷珍蘭沈松茂官、朱葛礁賴觀瀾官、陳玉長官俱在座，高西川甲、陳江流甲、吳榮輝甲、李子昌甲不到，梁礁緞吉寧在座鑒視。

即叫丹絨、式厘坡二地田取息。承應人邱塗，全年價銀貳千五百盾，安呾人李彥、陳泰山。

即叫丹絨、式厘坡二地園取息。承應人邱塗，全年價銀叁百玖拾盾，安呾人李彥、陳泰山。

即叫惹致地田園取息。承應人林宗喜，全年價銀叁百捌拾盾，安呾人王天水、緞勃里勿。

即叫牛郎沙里草溓、椰欉取息。承應人番媚溫，全年價

銀壹千叁百五拾盾，安呾人吳連達、番亞吉。

（瑪腰、甲必丹、雷珍蘭、朱葛礁為本期記錄簽名：馬來文草書）

Tan Tjoentiat（陳濬哲）　　Tan Soetjiong（陳思聰）

Oeij Tjengian（黃清淵）　　Tan Boensok（陳文速）

Ni Boentjiang（連文清）　　Tan Konghoa（陳光華）

Sim Siongbouw（沈松茂）　　Loa Konglan（賴觀瀾）

Tan Gioktiang（陳玉長）

和 1867 年 12 月 20 日，拜五

公堂設嘧喳嘮

瑪腰陳濬哲官、甲必丹陳思聰舍、雷珍蘭黃清淵舍、雷珍蘭陳文速官、雷珍蘭陳江流官、雷珍蘭陳光華官、雷珍蘭沈松茂官、雷珍蘭李子昌舍、朱葛礁陳玉長官俱在座。高西川甲、連文清甲、吳榮輝甲，不到。

（明誠書院 1868 年設教事）

瑪腰（陳濬哲）請曰："明誠書院唐戊辰年①欲再設教讀否？"列台曰："須當再舉，但要得妥當先生方可。"

即公舉陳文速甲擇一妥當先生，然後定奪。

----

① 唐戊辰年：清 同治七年戊辰，西元 1868 年。

192

存案。

（緞奴和倫其地稅當從公堂所定之例而行事）

列台閱前緞奴和倫入稟，已經案奪所懇，但其地稅當從公堂所定之例而行。倘他日公堂欲用是地，必先諭知。當毀拆移居別處，不得討毀拆之費，亦不得言虧本等情。若其地跡，當修整平坦為是。

存案。

（查勘林承爵懇換黃明言為安呾入熾昌借銀事）

承熾昌干刀寄下林承爵口詞云：原入熾昌干刀銀 2 500 盾，援林滄如及林百祿並厝字為安呾。今林百祿已故，懇換黃明言為安呾。祈查勘詳覆。

吊訊黃明言年四十歲，住大港墘，供云："晚願為安呾。"

列台會議："勘得林承爵懇援林滄如、黃明言為安呾，但林滄如與人傭工，黃明言自供有入熾昌干刀銀 7 000 盾，惟恐不足擔戴。"

謹詳熾昌干刀裁奪。

（續：鄭丁岸娘、吳南文夫妻分離一案）

覆訊鄭丁岸娘，供如前公勃低所詳。吳南文質曰："並無此事。"

吊訊默葉冉四，供云："此吳南文居晚界內約十餘年之久，自去年以來，常不在家。餘事晚不得詳矣。"

吊訊默楊忠良，供云："此吳南文居晚界內不過二月而已，晚屢欲尋他，常不在家。"所供如此。

列台會議："勘得鄭丁岸娘與其夫吳南文屢次生端，非因貧寒所致。吳南文包藏禍心，欲害其妻，此非夫婦之道也。本堂合當准其離遏，但三子仍歸伊父撫養，礙吳南文堅執不從。將情申詳挨實嗹作主，以固本堂之例。"

存案。

（林二娘、許得江夫妻欲求分離一案）

據公舘公勃低陳（思聰）、陳（光華）詳。

林二娘年三十一歲，住窰內，請伊夫許得江[①]："為交寅十三載，有生女子二人，現存一女，名曰瑞娘，年十一歲。因拙夫不尋利路，家內所有器具及衣常取為一空，有二年之久不顧氏之費用，氏無奈傍居兄林奇觀之家。況又無利路，於本年初學為道士。由此觀之，氏無所靠矣，乞判分離。"

吊訊許得江年三十三歲，住仝上，供云："拙妻所言晚取家中器具及衣裳出兑，因晚染病，不得已而為之。今拙妻欲求分離，晚不願從。"

台問該默楊忠良，據云："晚看許得江家內，只有枋片為睡處，鼎一口、竹架一個、茶碾六個、竹峇籬[②]一個，餘無別物。"所供是實。

台勸林二娘當歸家，暫待汝夫有利路，況又無大故，不

---

① 許得江：據《婚簿》載，1855 年 7 月 21 日，住大南門的許德江（19 歲）與林儀娘（19 歲）成婚。媒妁：郭一娘，男方主婚：許裕生（胞叔），女方主婚：林奇觀（胞兄）。

② 峇籬：馬來語 Balai，竹或木制的榻或躺椅。

194

可求離。

林二娘執意要求分離。將情申詳公堂大嘧內裁奪。

覆訊林二娘及許得江，供如公勃低所詳。

列台會議："勘得林二娘與其夫許得江生端，因貧寒所致。即判二娘姑待汝夫數月，倘若得利路，亦汝自受。今當隨汝夫回家為是。"二比稱願，唯退。

存案。

(瑪腰、甲必丹、雷珍蘭、朱葛礁為本期記錄簽名：馬來文草書)

Tan Tjoentiat（陳濬哲）	Tan Soetjiong（陳思聰）
Oeij Tjengian（黃清淵）	Tan Boensok（陳文速）
Tan Konglioe（陳江流）	Tan Konghoa（陳光華）
Sim Siongbouw（沈松茂）	Lie Tjoetjang（李子昌）
Tan Gioktiang（陳玉長）	

和 1868 年 1 月 7 日，拜二

公堂設嘧喳嘮

瑪腰陳濬哲官、甲必丹陳思聰舍、雷珍蘭黃清淵舍、雷珍蘭吳榮輝官、雷珍蘭陳光華官、雷珍蘭沈松茂官、雷珍蘭李子昌舍、朱葛礁賴觀瀾官俱在座。高西川甲、陳文速甲、連文清甲、陳江流甲四位不到。

（查勘楊秀娘、黃元基安咀黃笨珍禮罰事）

承副挨實嗹命委勘楊秀娘^{即黃笨珍之妻}、黃元基，為安咀黃笨珍禮罰銀壹萬盾。祈查可堪與否？詳覆。

細查楊秀娘^{即黃笨珍之妻}，係貧人之女，並無承業，無力可擔此項。細查楊元基[①]^{住五腳橋}，煮椰油、畜豬為業，亦小可生理。本堂酌量二人，俱不足擔戴。

謹詳副挨實嗹裁奪。

（瑪腰、甲必丹、雷珍蘭、朱葛礁為本期記錄簽名：馬來文草書）

Tan Tjoentiat（陳濬哲）	Tan Soetjiong（陳思聰）
Oeij Tjengian（黃清淵）	Gouw Enghoei（吳榮輝）
Tan Konghoa（陳光華）	Sim Siongbouw（沈松茂）
Lie Tjoetjang（李子昌）	Loa Konglan（賴觀瀾）

和 1868 年 1 月 14 日，唐丁卯十二月二十日，拜二

公堂設嘧暗嘮

瑪腰陳濬哲官、甲必丹陳思聰舍、雷珍蘭高西川舍、雷珍蘭黃清淵舍、雷珍蘭連文清官、雷珍蘭陳江流官、雷珍蘭沈松茂官、雷珍蘭李子昌舍、朱葛礁賴觀瀾官俱在座。陳文速甲、吳榮輝甲、陳光華甲三位不到。

---

① 楊元基：原檔如此，當為"黃元基"。

196

（陞雷珍蘭高瓊瑤為唐美惜甘室事）

承挨實嗹於和 1867 年 12 月 28 日第 5831 號、又 1 號致書，為遵王上於和 1867 年 12 月 12 日第 30 號案奪，陞雷珍蘭高瓊瑤為唐美惜甘室事，補雷珍蘭陳俊祥缺。

存案。

（陳爵用充明誠書院教讀立常規五欵事）

據陳爵用入稟，懇和 1868 年明誠書院教讀事。

列台閱稟，批云：稟中所稱懇充明誠書院教讀，列台已觀品行學業，以斯人而充是任，諒亦無歉。本堂即為案奪，准懇可也。批發：

一、全年束金銀捌百盾正。

二、義學春秋二祭之費，先生自支。

三、每旦暮內外二廳神前香火，及逐月朔日、望日神前香燭，先生自支。

四、凡生徒入學贄儀及逐節儀，隨所奉多寡，先生可收，不得別議多金。

五、義學內當整潔雅觀，不得坐視穢積。

立常規五欵，順發諭知。

存案。

公堂封印大吉

風調雨順、國泰民安。

其應定闈聲，悉依舊而行。

存案。

197

（瑪腰、甲必丹、雷珍蘭、朱葛礁為本期記錄簽名：**馬來文草書**）

Tan Tjoentiat（陳濬哲）	Tan Soetjiong（陳思聰）
Ko Setjoan（高西川）	Oeij Tjengian（黃清淵）
Ni Boentjiang（連文清）	Tan Konglioe（陳江流）
Sim Siongbouw（沈松茂）	Lie Tjoetjang（李子昌）
Loa Konglan（賴觀瀾）	

和 1868 年 2 月 5 日，拜三

公堂設嘧喳嘮

瑪腰陳濬哲官、甲必丹陳思聰舍、雷珍蘭高西川舍、雷珍蘭黃清淵舍、雷珍蘭陳文速官、雷珍蘭連文清官、雷珍蘭陳江流官、雷珍蘭吳榮輝官、雷珍蘭陳光華官、雷珍蘭沈松茂官、雷珍蘭李子昌舍、朱葛礁賴觀瀾官俱在座。

（查勘葉純全懇入熾昌借銀事）

承熾昌干刀寄下四口詞，和 1868 年 1 月 11 日第 28 號、29 號，17 日第 59 號，24 日第 78 號連奎，委勘入字人並安呾人可堪擔戴否？詳覆。

吊訊葉純全住公司後，供云："晚果要入熾昌銀叁千盾，援詹國娘、邱榮春為安噠。"

吊訊詹國娘及邱榮春，供云："晚等願為安呾。"

公堂會議："勘得葉純全所懇入熾昌銀叁千盾，其安呾

198

人詹國娘僅有一厝得份額而已，其邱榮春與葉純全合夥小可生理。本堂細思，不堪擔戴。"

存案。

（查勘陳永文懇入熾昌借銀事）

吊訊陳永文住吉石珍，供云："晚果要入熾昌銀五千盾，援莊玉山、陳吉泉、番合律嘮惹，及陳永水、胡實達厝為安咀。"

吊訊莊玉山、陳吉泉，俱住珍，莊玉山答曰："安噠已多，不可再為安咀。"陳吉泉答曰：伊每月僅得辛金，並無別業。

公堂會議："據陳永文懇入熾昌銀五千盾，已勘二安咀人之供，陳永文所懇不得承受。"

存案。

（查勘賴渭源懇入熾昌借銀事）

吊訊賴渭源住公司後，供云："晚果有入熾昌銀四千盾，援陳永添、黃蒲為安咀。"

吊訊陳永添住中港仔，黃蒲住五腳橋，俱供云："晚等願為安咀。"

公堂會議："論賴渭源懇入熾昌銀四千盾，援陳永添、黃蒲為安咀。本堂已經查勘，現時可堪。"

存案。

（查勘林天懇入熾昌借銀事）

吊訊林天住小南門，供云："晚果要入熾昌銀 15 000 盾，援疍人李牛、陳在珍為安咀。"又云："晚原疍人，於前月來吧

199

料理林貳亞郎事。"

吊訊李牛、陳在珍，俱不到。

公堂會議："林天懇入燉昌銀 15 000 盾，援李牛、陳在珍為安咀。但李牛、陳在珍俱在壟，不得深知其業。若林天初來吧，未知其詳。"

謹詳燉昌干刀裁奪。

（黃張生懇為伊堂兄默氏黃淑亨賜下蔭地一穴事）

據黃張生入稟，謂伊堂兄黃淑亨於和 1849 年任理檳榔社默氏，至和 1858 年告退，現已身故。懇賜下蔭地一穴，闊 12 腳距、長 24 腳距，為葬身之所，臨稟待命。

吊訊默葉偕，供云："黃淑亨為默檳榔社約將十年，當日黃淑亨為正，晚為副。公勃壟來書亦云，優意告老。"

公堂會議："論黃淑亨任默已將十載，且自乞休。雖曰年未邁而告老，亦因生涯出於不得已也。本堂遵列，准懇可焉。"

存案。

（瑪腰、甲必丹、雷珍蘭、朱葛礁為本期記錄簽名：馬來文草書）

Tan Tjoentiat（陳濬哲）	Tan Soetjiong（陳思聰）
Ko Setjoan（高西川）	Oeij Tjengian（黃清淵）
Tan Boensok（陳文速）	Ni Boentjiang（連文清）
Tan Konglioe（陳江流）	Gouw Enghoei（吳榮輝）
Tan Konghoa（陳光華）	Sim Siongbouw（沈松茂）
Lie Tjoetjang（李子昌）	Loa Konglan（賴觀瀾）

和 1868 年 2 月 13 日，拜四。**唐**戊辰正月二十日

公堂開印大吉

風調雨順、國泰民安。

定值月公舘

壹圖：甲必丹陳思聰舍、雷珍蘭陳光華官，正、五、九（月）。

貳圖：雷珍蘭高西川舍、雷珍蘭吳榮輝官，二、六、十（月）。

叁圖：雷珍蘭黃清淵舍、雷珍蘭陳江流官，三、七、十一（月）。

肆圖：雷珍蘭陳文速官、雷珍蘭連文清官，四、八、十二（月）。

定值月外務

壹圖：甲必丹陳思聰舍、雷珍蘭陳光華官，二、六、十（月）。

貳圖：雷珍蘭高西川舍、雷珍蘭吳榮輝官，三、七、十一（月）。

叁圖：雷珍蘭黃清淵舍、雷珍蘭陳江流官，四、八、十二（月）。

肆圖：雷珍蘭陳文速官、雷珍蘭連文清官，正、五、九（月）。

定值月干刀

壹圖：甲必丹陳思聰舍、雷珍蘭陳光華官，三、七、十一

（月）。

貳鬮：雷珍蘭高西川舍、雷珍蘭吳榮輝官，四、八、十二
（月）。

叁鬮：雷珍蘭黃清淵舍、雷珍蘭陳江流官，正、五、九
（月）。

肆鬮：雷珍蘭陳文速官、雷珍蘭連文清官，二、六、十
（月）。

定值月干刀點客

壹鬮：甲必丹陳思聰舍、雷珍蘭陳光華官，四、八、十二
（月）。

貳鬮：雷珍蘭高西川舍、雷珍蘭吳榮輝官，正、五、九
（月）。

叁鬮：雷珍蘭黃清淵舍、雷珍蘭陳江流官，二、六、十
（月）。

肆鬮：雷珍蘭陳文速官、雷珍蘭連文清官，三、七、十一
（月）。

定：一、三、五、七、八，掌塚地；二、四、六、八，掌廟宇。

定：壹、貳，掌水淬；三、肆，掌買辦。

定：五、六，掌工役。

定：七、八，掌唐鑒光街衢。

以上各從鬮聲，輪流頻換。倘應值之人，如有事故，則
協理雷珍蘭沈松茂官、李子昌舍代之。謹此。

存案。

（大朱賴觀瀾求 1867 年兌風水冊補入 1868 年之數）

大朱賴觀瀾官請："因和 1867 年兌風水冊失抄，求補入和 1868 年之數。"

台問二朱陳玉長："此數如何失抄?"二朱答曰："因結冊唐字訂在和數簿①內，故無觸目，以致失抄。係晚弟等之誤。"

台責大朱、二朱："凡事當謹慎，切勿如此效尤，當補登為是。"

存案。

補登和 1867 年 2 月 24 日結詳、和 1866 年全年公堂出入鈔項條目

承和 1865 年 12 月終結，尚存銀 52 525.55 盾。

（1866 年兌式厘坡地風水項）

和 1866 年 1 月 6 日，兌陳源興 式厘坡地風水一穴，闊 16 腳距、長 32 腳距，銀 220 盾。

1 月 24 日，兌盧紅娘 式厘坡地風水一穴，闊 12 腳距、長 24 距，銀 67.7 盾；又兌蔡奇章、蔡奇文 式厘坡地風水一穴，闊 16 距、長 32 腳距，銀 220 盾。

2 月 8 日，兌洪桂馥 式厘坡地風水一穴，闊 12 腳距、長 24 腳距，銀 67.7 盾。

2 月 9 日，兌陳金水 式厘坡地風水一穴，闊 12 腳距、長 24 腳距，銀 67.7 盾。

3 月 16 日，兌郭福慶 式厘坡地風水一穴，闊 12 腳距、

---

① 和數簿：荷蘭文賬簿。

長 24 腳距,銀 67.7 盾。

3 月 21 日,兌莊江娘 式厘坡地風水一穴,闊 12 腳距、長 24 腳距,銀 67.7 盾。

5 月 18 日,兌林啓齡 式厘坡地風水一穴,闊 12 腳距、長 24 腳距,銀 67.7 盾。

5 月 19 日,兌陳榮坤 式厘坡地風水一穴,闊 12 腳距、長 24 腳距,銀 67.7 盾。

5 月 25 日,兌林寬生 式厘坡地風水一穴,闊 12 腳距、長 24 腳距,銀 67.7 盾。

6 月 13 日,兌朱荳 式厘坡地風水一穴,闊 12 腳距、長 24 腳距,銀 67.7 盾。

8 月 17 日,兌吳忖 式厘坡地風水一穴,闊 12 腳距、長 24 腳距,銀 67.7 盾。

8 月 21 日,兌陳國水 式厘坡地風水一穴,闊 12 腳距、長 24 腳距,銀 67.7 盾。

8 月 22 日,兌黃清娘 式厘坡地風水一穴,闊 12 腳距、長 24 腳距,銀 67.7 盾。

8 月 24 日,兌陳元龍 式厘坡地風水一穴,闊 12 腳距、長 24 腳距,銀 67.7 盾。

10 月 11 日,兌簡敬忠 式厘坡地風水一穴,闊 16 腳距、長 32 腳距,銀 220 盾。

10 月 15 日,兌林禦 式厘坡地風水一穴,闊 12 腳距、長 24 腳距,銀 67.7 盾。

10 月 22 日,兌鄧煌春 式厘坡地風水一穴,闊 12 腳距、長 24 腳距,銀 67.7 盾。

10 月 26 日,兌蘇盛宗 式厘坡地風水一穴,闊 12 腳距、長 24 腳距,銀 67.7 盾。

11 月 12 日,兌劉金錢 式厘坡地風水一穴,闊 12 腳距、長 24 腳距,銀 67.7 盾。

11 月 15 日,兌朱炎昌 式厘坡地風水一穴,闊 12 腳距、長 24 腳距,銀 67.7 盾。

11 月 24 日,兌陳德興 式厘坡地風水一穴,闊 12 腳距、長 24 腳距,銀 67.7 盾。

12 月 15 日,兌羅海爹 式厘坡地風水一穴,闊 12 腳距、長 24 腳距,銀 67.7 盾。

12 月 17 日,兌林俊德 式厘坡地風水一穴,闊 12 腳距、長 24 腳距,銀 67.7 盾。

兌式厘坡地風水計 24 條,共銀 2 081.7 盾。

(1866 年兌丹絨地風水項)

5 月 9 日,兌江仁淑 丹絨地風水一穴,闊 12 腳距、長 24 腳距,銀 67.7 盾。

7 月 7 日,兌楊江 丹絨地風水一穴,闊 12 腳距、長 24 腳距,銀 67.7 盾。

9 月 24 日,兌陳有能 丹絨地風水一穴,闊 16 腳距、長 32 腳距,銀 220 盾。

11 月 3 日,兌陳玉友 丹絨地風水一穴,闊 12 腳距、長 24 腳距,銀 67.7 盾。

兌丹絨地風水計四條,共銀 423.1 盾。

(1866 年兌望吃山地風水項)

10 月 31 日,兌黃杞郎 望吃山地風水一穴,闊 12 腳距、長 24 腳距,銀 67.7 盾。

計乙條。

(1866 年惹致地、丹絨、式厘坡田園地租收入)

1 月 8 日,梁德水還和 1865 年 7 月 1 日起至 12 月終止惹致地稅,來銀 190 盾。

3 月 12 日,邱塗還和 1865 年 7 月 1 日起至 12 月終止丹絨、式厘坡田園地稅,來銀 1 485 盾。

7 月 15 日,梁德水還和 1866 年 1 月 1 日起至 6 月終止惹致地稅,來銀 190 盾。

10 月 22 日,邱塗還和 1866 年 1 月 1 日起至 6 月終止丹絨、式厘坡田園地稅,來銀 1 485 盾。

12 月 31 日,高瓊瑤甲還利息,和 1866 年 10 月 21 日起至 12 月終止,借母銀[1] 50 000 盾。計 2 個月九日息,來銀 580.645 盾。

利息計五條,共銀 3 930.645 盾。

(1866 年收入總計)

合共四大條,收來銀 6 503.145 盾。

連上和 1865 年 12 月終結,共銀 59 028.695 盾。

---

① 母銀:亦作母艮,閩南話,借貸本金。

（1866 年公堂全年開支）

和 1866 年 5 月 31 日，開還蕭亞四修理公館，去銀 1 500 盾；又開還王約司修理上帝廟，去銀 700 盾；又開還陳彩隆做公舘廚（橱）棹椅，去銀 300 盾。

和 1866 年 6 月 30 日，開丹絨上帝廟和 1866 年全年八仙，去銀 15.3 盾；

又開還公舘厝和 1866 年全年八仙，去銀 9.18 盾；

又開還公舘厝和 1866 年全年八仙，去銀 38.25 盾；

又開還式厘坡地和 1866 年全年八仙，去銀 191.25 盾；

又開還丹絨地和 1866 年全年八仙，去銀 7.35 盾；

又開還惹致地和 1866 年上半年八仙，去銀 61.2 盾；

又開還稅馬車往珍八仙印紙什費，去銀 4.8 盾。

和 1866 年 8 月 31 日，開還唐磨老①二名，從和 1866 年 7 月 13 日第 17 案奪，和 8 月份去銀 50 盾；

又開還番蠻律一名，從和 1866 年 7 月 13 日第 7 案奪，和 8 月份去銀 16 盾；

又開還番嗎礁六名，從和 1866 年 7 月 13 日第 17 案奪，和 8 月份去銀 90 盾；

又開還買紙筆墨數簿印色一單，去銀 9.2 盾；

又開還稅馬車君眉司上帝廟，去銀 7.5 盾。

和 1866 年 9 月 30 日，開還唐磨老二名，從和 1866 年 7 月 13 日第 17 案奪，和 9 月份去銀 50 盾；

又開還番蠻律一名，從和 1866 年 7 月 13 日第 17 案

---

① 磨老：亦作“帽老”、“茂老”，馬來語 Pokrol，律師、辯護人。

奪,和 9 月份去銀 16 盾;

又開還番嗎礁六名,從和 1866 年 7 月 13 日第 17 案奪,和 9 月份去銀 90 盾。

和 1866 年 10 月 22 日,高瓊瑤甲向小商立坐欠字,和 1866 年 8 月 10 日第 2806 號、又 43 質吃勞兀地,每年六八仙,去銀 50 000 盾。

10 月 31 日,開還唐磨老二名,從和 1866 年 7 月 13 日第 17 案奪,和 10 月份去銀 50 盾;

又開還番蠻律一名,從和 1866 年 7 月 13 日第 17 案奪,和 10 月份去銀 16 盾;

又開還番嗎礁六名,從和 1866 年 7 月 13 日第 17 案奪,和 10 月份去銀 90 盾。

11 月 30 日,開還唐磨老二名,從和 1866 年 7 月 13 日第 17 案奪,和 11 月份去銀 50 盾;

又開還番蠻律一名,從和 1866 年 7 月 13 日第 17 案奪,和 11 月份去銀 16 盾;

又開還番嗎礁六名,從和 1866 年 7 月 13 日第 17 案奪,和 11 月份去銀 90 盾。

12 月 31 日,開還唐磨老二名,從和 1866 年 7 月 13 日第 17 案奪,和 12 月份去銀 50 盾;

又開還番蠻律一名,從和 1866 年 7 月 13 日第 17 案奪,和 12 月份去銀 16 盾;

又開還番嗎礁六名,從和 1866 年 7 月 13 日第 17 案奪,和 12 月份去銀 90 盾;

又開還和 1866 年 7 月 1 日起至 12 月終止惹致地宅八

仙,去銀 61.2 盾。

計 29 條,共開去銀 53 685.23 盾。

對除開去什費並人立坐欠字外,尚結仍存銀伍千叁百四拾叁盾四角陸占半。

(1867 年全年公堂出入鈔項條目)

即登和 1867 年全年公堂出入鈔項條目。

承和 1866 年 12 月終結,尚存銀 5 343.465 盾。

(1867 年兌式厘坡風水項)

和 1867 年 1 月 4 日,兌陳蔡 式厘坡風水一穴,闊 12 腳距、長 24 腳距,銀 67.7 盾;又兌梁北麟 式厘坡浮爐風水一穴,闊 12 腳距、長 24 腳距,銀 67.7 盾;又兌楊金生 式厘坡風水一穴,闊 12 腳距、長 24 腳距,銀 67.7 盾。

1 月 16 日,兌林江文 式厘坡風水一穴,闊 12 腳距、長 24 腳距,銀 67.7 盾。

2 月 11 日,兌黃寶娘 式厘坡風水一穴,闊 12 腳距、長 24 腳距,銀 67.7 盾。

3 月 5 日,兌陳席珍 式厘坡風水一穴,闊 12 腳距、長 24 腳距,銀 67.7 盾。

3 月 29 日,兌許長泰 式厘坡風水一穴,闊 12 腳距、長 24 腳距,銀 67.7 盾。

4 月 1 日,兌吳福全 式厘坡風水一穴,闊 12 腳距、長 24 腳距,銀 67.7 盾。

7 月 9 日,兌許璇璣 式厘坡風水一穴,闊 12 腳距、長

24 腳距,銀 67.7 盾。

7 月 18 日,兌張和生 式厘坡風水一穴,闊 12 腳距、長 24 腳距,銀 67.7 盾。

7 月 20 日,兌王煥彩 式厘坡風水一穴,闊 12 腳距、長 24 腳距,銀 67.7 盾。

8 月 8 日,兌林萬娘 式厘坡風水一穴,闊 12 腳距、長 24 腳距,銀 67.7 盾。

8 月 12 日,兌許豆簽 式厘坡風水一穴,闊 12 腳距、長 24 腳距,銀 67.7 盾。

8 月 20 日,兌林逢年 式厘坡風水一穴,闊 12 腳距、長 24 腳距,銀 67.7 盾。

8 月 23 日,兌簡敬忠 式厘坡風水一穴,闊 12 腳距、長 24 腳距,銀 67.7 盾。

8 月 29 日,兌陳振衣 式厘坡風水一穴,闊 12 腳距、長 24 腳距,銀 67.7 盾。

9 月 7 日,兌陳逢覺甲式厘坡風水一穴,闊 12 腳距、長 24 腳距,銀 67.7 盾。

9 月 9 日,兌魏湧池 式厘坡風水一穴,闊 12 腳距、長 24 腳距,銀 67.7 盾。

9 月 12 日,兌吳福全 式厘坡風水一穴,闊 12 腳距、長 24 腳距,銀 67.7 盾。

9 月 17 日,兌張承萬 式厘坡風水一穴,闊 12 腳距、長 24 腳距,銀 67.7 盾;又兌戴永文 式厘坡風水一穴,闊 12 腳距、長 24 腳距,銀 67.7 盾。

10 月 22 日,兌陳桂興 式厘坡風水一穴,闊 12 腳距、長

210

24 腳距,銀 67.7 盾;又兌林碧梧 式厘坡風水一穴,闊 16 腳距、長 32 腳距,銀 220 盾。

11 月 1 日,兌胡泮水 式厘坡風水一穴,闊 12 腳距、長 24 腳距,銀 67.7 盾。

11 月 6 日,兌張亞廣 式厘坡風水一穴,闊 12 腳距、長 24 腳距,銀 67.7 盾。

11 月 15 日,兌林三桂 式厘坡風水一穴,闊 12 腳距、長 24 腳距,銀 67.7 盾。

11 月 16 日,兌陳清亮添買式厘坡,闊 4 腳距、長 7 腳距,合前 16 腳距、32 腳距,貼來銀 152.3 盾。

11 月 18 日,兌龔德水 式厘坡風水一穴,闊 12 腳距、長 24 腳距,銀 67.7 盾;又兌林啓容 式厘坡風水一穴,闊 12 腳距、長 24 腳距,銀 67.7 盾。

12 月 16 日,兌李查娘 式厘坡風水一穴,闊 12 腳距、長 24 腳距,銀 67.7 盾。

12 月 23 日,兌楊吉娘 式厘坡風水一穴,闊 12 腳距、長 24 腳距,銀 67.7 盾。

12 月 27 日,兌李貴生 式厘坡風水一穴,闊 16 距、長 32 腳距,銀 220 盾。

兌式厘坡地風水計 32 條,共銀 2 707.9 盾。

(1867 年兌丹絨地風水項)

5 月 23 日,兌朱宏娘 丹絨地風水一穴,闊 16 腳距、長 32 腳距,銀 220 盾。

8 月 26 日,兌何金娘 丹絨地風水一穴,闊 12 腳距、長

24 腳距,銀 67.7 盾。

兌丹絨地風水計二條,共銀 287.7 盾。

(1867 年惹致地、丹絨、式厘坡田園地租收入)

1 月 28 日,梁德水還來惹致 和 1866 年 7 月 1 日起至 12 月終止,下半年地稅銀 190 盾。

2 月 21 日,邱枝頭還和 1866 年 7 月 1 日起至 12 月終止,丹絨、式厘坡田園地稅銀 1 485 盾。

2 月 23 日,陳豹還和 1866 年 7 月 1 日起至 12 月終止,牛郎沙里草澃、園稅銀 300 盾。

6 月 29 日,邱青龍還和 1867 年 1 月 1 日起至 6 月終止,牛郎沙里草澃、園稅銀 700 盾。

7 月 4 日,高瓊瑤甲借銀 50 000 盾,還和 1867 年 1 月 1 日起至 6 月終止,利息銀 1 500 盾。

7 月 5 日,梁德水還來惹致 和 1867 年年 1 月 1 日起至 6 月終止,地稅銀 190 盾。

10 月 19 日,邱枝頭還和 1867 年年 1 月 1 日起至 6 月終止,丹絨、式厘坡田園地稅銀 1485 盾。

12 月 31 日,邱青龍還和 1867 年 7 月 1 日起至 12 月止,牛郎沙里草澃、園稅銀 700 盾。

12 月 31 日,梁德水還來惹致 和 1867 年 7 月 1 日起至 12 月止,地稅銀 190 盾;又高瓊瑤甲母銀 50 000 盾,還和 1867 年 7 月 1 日起至 12 月止,利息銀 1 500 盾;又邱枝頭還和 1867 年 7 月 1 日起至 12 月止,丹絨、式厘坡田園地稅銀 1 485 盾。

212

利息計 11 條,共銀 9 725 盾。

(1867 年收入總計)

合共三大條,來銀 12 720.6 盾。

連上和 1866 年 12 月終結,共銀 18 064.065 盾。

(1867 年公堂全年開支)

和 1867 年 2 月 27 日,開還唐磨老二名,從和 1866 年 7 月 13 日第 17 案奪,和 1 月份辛金去銀 50 盾;

開番蠻律一名,從和 1866 年 7 月 13 日第 17 號案奪,和 1 月份辛金去銀 16 盾;

開番嗎礁六名,從和 866 年 7 月 13 日第 17 號案奪,和 1 月份辛金去銀 90 盾。

3 月 5 日,開唐磨老二名,從和 1866 年 7 月 13 日第 17 號案奪,和 2 月份辛金去銀 50 盾;

開番蠻律一名,從和 1866 年 7 月 13 日第 17 號案奪,和 2 月份辛金去銀 16 盾;

開番嗎礁六名,從和 1866 年 7 月 13 日第 17 號案奪,和 2 月份辛金去銀 90 盾。

4 月 1 日,開唐磨老二名,從和 1866 年 7 月 13 日第 17 號案奪,和 3 月份辛金去銀 50 盾;

開番蠻律一名,從和 1866 年 7 月 13 日第 17 號案奪,和 3 月份辛金去銀 16 盾;

開番嗎礁六名,從和 1866 年 7 月 13 日第 17 號案奪,和 3 月份辛金去銀 90 盾。

4月30日,開唐磨老二名,從和1866年7月13日第17號案奪,和4月份辛金去銀50盾;

開番蠻律一名,從和1866年7月13日第17號案奪,和4月份辛金去銀16盾;

開番嗎礁六名,從和1866年7月13日第17號案奪,和4月份辛金去銀90盾。

5月31日,開唐磨老二名,從和1866年7月13日第17號案奪,和5月份辛金去銀50盾;

開番蠻律一名,從和1866年7月13日第17號案奪,和5月份辛金去銀16盾;

開番嗎礁六名,從和1866年7月13日第17號案奪,和5月份辛金去銀90盾。

6月29日,開丹絨上帝廟和1867年全年八仙,去銀15.3盾;開公館厝宅和1867年全年八仙,去銀9.18盾;

開公館和1867年全年厝八仙,去銀38.25盾;

開還式厘坡地和1867年全年八仙,去銀191.25盾;

開還丹絨地和1867年全年八仙,去銀7.35盾;

開還惹致地和1867年上半年八仙,去銀61.2盾;

開稅馬車還八仙往回什費,去銀3.5盾;

開唐磨老二名,從和1866年7月13日第17號案奪,和6月份辛金去銀50盾;

開番蠻律一名,從和1866年7月13日第17號案奪,和6月份辛金去銀16盾;

開番嗎礁六名,從和1866年7月13日第17號案奪,和6月份辛金去銀90盾。

7月5日,開修理丹絨路對吳榜全買海石20戈,去銀1 000盾。

8月29日,開唐磨老二名,從和1866年7月13日第17號案奪,和7月份辛金去銀50盾;

開番蠻律一名,從和1866年7月13日第17號案奪,和7月份辛金去銀16盾;

開番嗎礁六名,從和1866年7月13日第17號案奪,和7月份辛金去銀90盾;

開唐磨老二名,從和1866年7月13日第17號案奪,和8月份辛金去銀50盾;

開番蠻律一名,從和1866年7月13日第17案奪,和8月份辛金去銀16盾;

開番嗎礁六名,從和1866年7月13日第17號案奪,和8月份辛金去銀90盾;

開補從和1867年2月20日第585號書,准發公堂櫃內銀700盾,祭義塚清明、七夕二次,去銀539.5盾;

開補從和1867年2月20日第585號書,准發公堂櫃內銀3 000盾,為修路內已修牛郎唎里水鍼,去銀81.6盾;開補公舘掃灰,去銀12.5盾。

9月30日,開唐磨老二名,從和1866年7月12日第17號案奪,和九月份辛金去銀50盾;開番蠻律一名,從和1866年7月13日第17案奪,和9月份辛金去銀16盾;

開番嗎礁六名,從和1866年7月13日第17號案奪,和9月份辛金去銀90盾。

10月31日,開唐磨老二名,從和1866年7月13日第

17 號案奪,和 10 月份辛金去銀 50 盾;

開番蠻律一名,從和 1866 年 7 月 13 日第 17 號案奪,和 10 月份辛金去銀 16 盾;

開番嗎礁六名,從和 1866 年 7 月 13 日第 17 號案奪,和 10 月份辛金去銀 90 盾。

11 月 30 日,開唐磨老二名,從和 1866 年 7 月 13 日第 17 號案奪,和 11 月份辛金去銀 50 盾;

開番蠻律一名,從和 1866 年 7 月 13 日第 17 號案奪,和 11 月份辛金去銀 16 盾;

開番嗎礁六名,從和 1866 年 7 月 13 日第 17 號案奪,和 11 月份辛金去銀 90 盾。

12 月 31 日,開還惹致地和 1867 年下半年八仙,去銀 61.2 盾;

又開稅車還八仙往回,去銀 1 盾;開唐磨老二名,從和 1866 年 7 月 13 日第 17 號案奪,和 12 月份辛金去銀 50 盾;

開番蠻律一名,從和 1866 年 7 月 13 日第 17 號案奪,和 12 月份辛金去銀 16 盾;

開番嗎礁六名,從和 1866 年 7 月 13 日第 17 號案奪,和 12 月份辛金去銀 90 盾;

開從和 1867 年 2 月 20 日第 585 號書,准發公堂櫃內銀 3 000 盾填丹絨路,對湯二素甲買文丁石 661 桶,去銀 1 718.4盾;

開從和 1867 年 2 月 20 日第 585 號書,准發公堂櫃內銀 3 000 盾對邱塗買砂,去銀 200 盾。

（1867年收支總計）

計51條，共去銀5 812.23盾。

對除去外，尚結存銀壹萬貳千貳百伍拾乙盾835角正。

呈上大嚜內。

和1868年2月13日，拜四

公堂設嚜喳嘮

瑪腰陳濬哲官、雷珍蘭高西川舍、雷珍蘭黃清淵舍、雷珍蘭陳文速官、雷珍蘭吳榮輝官、雷珍蘭陳光華官、雷珍蘭沈松茂、雷珍蘭李子昌舍、朱葛礁陳玉長官俱在座。陳（思聰）甲大、連文清甲、陳江流甲三位不到。

（公勃低繳入和1867年全年公堂出入鈙項結冊）

承公勃低陳（文速）、連（文清）繳入和1867年全年公堂出入鈙項結冊。

列台閱畢議："果如公勃低所詳，當即將冊填登和字，申詳上台電察。"

（循例可開1868年清明、七夕祭塚之費）

瑪腰（陳濬哲）請曰："上年清明、七夕祭塚之費，有開公堂蓄項，本年當循例而行，但當行字申詳上臺。本日即要行字，用公堂之名。劣全朱花押。"

列台曰："可行。"

存案。

（瑪腰、甲必丹、雷珍蘭、朱葛礁為本期記錄簽名：馬來文草書）

Tan Tjoentiat（陳潚哲）　　Ko Setjoan（高西川）

Oeij Tjengian（黃清淵）　　Tan Boensok（陳文速）

Gouw Enghoei（吳榮輝）　　Tan Konghoa（陳光華）

Sim Siongbouw（沈松茂）　　Lie Tjoetjang（李子昌）

Tan Gioktiang（陳玉長）

和 1868 年 2 月 21 日，拜五

公堂設嗎喳嘮

瑪腰陳潚哲官、雷珍蘭高西川舍、雷珍蘭黃清淵舍、雷珍蘭陳文速官、雷珍蘭連文清官、雷珍蘭陳江流官、雷珍蘭吳榮輝官、雷珍蘭陳光華官、雷珍蘭李子昌舍、朱葛礁陳玉長官俱在座。陳（思聰）甲大、沈松茂甲二位不到。

（默氏李昆茂入稟懇賜蔭地為其故妻葬墳事）

據李昆茂①入稟，懇賜蔭地為其故妻葬墳。因其曾理大使廟默事，首尾九年矣。

————————

① 李昆茂：查李昆茂在任大使廟默之前，曾任觀音亭默氏。（參見《成婚申報單》1857 年 8 月 19 日）

218

公堂會議:"蔭地之例由來久矣,況李昆茂任歑已經九年,雖為其妻葬墳,將來必為其身之墳。合式可准所懇。"

存案。

(詹成娘、邱金生夫妻欲求分離一案)

據公館公勃低高(西川)、吳(榮輝)詳。

詹成娘年42歲,住蚊茹勿殺,請伊夫邱金生①:"為交寅 26年,未生育。因拙夫前回唐四年,並無留下分文,亦無寄息達知休咎如何? 至上年十二月間再來,至今並無給下所費,且向氏言,不日又要回唐,再來未必。況在唐已娶妻育子,可見無意於氏矣。似此不情,伏乞判離。"

吊訊邱金生年44歲,住檳榔社,供云:"拙妻所言如是。但晚於唐四月間果要回唐,再來與否,未可預定。拙妻已欲求離,晚實願從。"

台見二比之情已決。將情申詳公堂大嚕內裁奪。

覆訊詹成娘、邱金生,供如公勃低所詳。

公堂會議論:"既然邱金生擬要回唐,再來與否未必。況今與妻各居一處,灼見彼此久早有異志。即判准其與詹成娘離邊。"

存案。

(駱巳娘、郭乙生夫妻欲求分離一案)

據公舘公勃低陳(文速)、連(文清)詳。

---

① 邱金生:據《婚簿》載,1842 年 10 月 6 日,邱金生(18 歲)與詹成娘(16歲)成婚於五腳橋。媒妁:陳月娘,男方主婚:邱時(父),女方主婚:詹潤(父)。

駱杞娘_{年29歲,住慈呀蘭}，請伊夫郭乙生："為交寅十三年，生下四子，尚存二女，名丙妹，次名甲妹。因拙夫常無故生端，於此唐七月廿五日將氏毆打，繼之趕逐。氏不能堪，乞判分離。"

吊訊郭乙生_{年53歲,住仝上}，供云："因拙妻常愛夜出閒遊，至更深方回，晚屢訓不聽。因此唐七月廿五日仍如是，晚正言訓之，以致拙妻發怒，詬詈萬端。晚因一時之憤，果有掌他之面而已。今拙妻要求分離，晚從其便。"

台曰："男以女為室，女以男為家，夫倡而婦隨，方成夫婦之道。今駱巳娘與其夫郭乙生因小事以至生端，遽起求離之心，原實無大過。判合當回家，依舊和好。"

礙二比不從。將情申詳公堂大嚤內裁奪。

覆訊駱巳娘、郭乙生，供如公勃低所詳。

公堂會議："已二比之供，灼見郭乙生疑心大重，且駱巳娘素性遊蕩，雖暫勸和，終難白首，究是含恨不休。可准其離遏。"

存案。

（陳文速欲交還去年下半年義學先生束金事）

陳文速甲請："前晚弟有請去年下半年義學先生束金不欲交還，因先生果係懶惰，無守學規。現今已無請。其去年下半年束金，晚弟願出交他。"

列台曰："可。"

存案。

（瑪腰、甲必丹、雷珍蘭、朱葛礁為本期記錄簽名：<u>馬來</u>
<u>文草書</u>）

Tan Tjoentiat（<u>陳潘哲</u>）　Ko Setjoan（<u>高西川</u>）

Oeij Tjengian（<u>黃清淵</u>）　Tan Boensok（<u>陳文速</u>）

Ni Boentjiang（<u>連文清</u>）　Tan Konglioe（<u>陳江流</u>）

Gouw Enghoei（<u>吳榮輝</u>）　Tan Konghoa（<u>陳光華</u>）

Lie Tjoetjang（<u>李子昌</u>）　Tan Gioktiang（<u>陳玉長</u>）

<u>和</u> 1868 年 2 月 24 日，拜一

公堂設嘮喳嘮

瑪腰<u>陳潘哲</u>官、雷珍蘭<u>高西川</u>舍、雷珍蘭<u>黃清淵</u>舍、雷
珍蘭<u>吳榮輝</u>官、雷珍蘭<u>陳光華</u>官、雷珍蘭<u>李子昌</u>舍、朱葛礁
<u>陳玉長</u>官俱在座。陳（思聰）甲大、<u>陳文速</u>甲、<u>連文清</u>甲、<u>陳</u>
<u>江流</u>甲、<u>沈松茂</u>甲五位不到。

（副挨實嗤委勘<u>陳炳耀</u>懇杉板二隻任其販往別處事）

承副挨實嗤於<u>和</u> 1868 年 2 月 21 日第 5 號、又 28 號致
書，委勘<u>陳炳耀</u>口詞。因有掛咖<u>陳提岸</u>遺業，有杉板①二
隻，未有戈勿力字。懇賜一憑，任其販往別處，令其得業人
一齊花押字內。詳覆。

吊訊<u>陳炳耀</u>年□（歲），住礵內，供如口詞所言。

---

① 杉板：舢舨，小船的一種。

台議："待後期再訊。"

存案。

和 1868 年 2 月 26 日,拜三

公堂設嘧喳嘮

瑪腰陳潗哲官、雷珍蘭高西川舍、雷珍蘭黃清淵舍、雷珍蘭陳文速官、雷珍蘭連文清官、雷珍蘭吳榮輝官、雷珍蘭陳光華官、雷珍蘭李子昌舍、朱葛礁陳玉長官俱在座。陳(思聰)甲大、陳江流甲、沈松茂甲三位不到。

(查勘李派有懇入熾昌借銀事)

承熾昌干刀寄下李派有口詞,懇入熾昌負欠銀壹千盾,援李登保、張長恩為安呾。祈公堂查勘可堪與否? 詳覆。

吊訊李派有 年 30 歲,住 小南門,供云："晚果入熾昌銀 1 000 盾,援李登保、張長恩為安呾。

吊訊李登保 年 40 歲,張長恩 年 34 歲,全住 班芝蘭,供云："晚等俱願為安呾。"但張長恩供云："自己已入熾昌銀 1 000 盾。"

公堂會議："可堪。"

存案。

(查勘吳水林懇入熾昌借銀事)

承熾昌干刀寄下吳水林口詞,懇入熾昌負欠銀叁千盾,援鍾伸二及吳茂為安呾。祈公堂查勘可堪與否? 詳覆。

222

吊訊吳水林，供云："晚懇入燬昌干刀銀 3 000 盾，援鍾伸二、吳茂為安呾。"

吊訊鍾伸二、吳茂，二人俱供云："晚等願為安呾。"

公堂會議："可堪承受。"

存案。

（陳金娘告謝京來擋阻其姪女給婚字一案）

據公舘公勃低高（西川）、吳（榮輝）詳。

陳金娘年41歲，住新把殺，請謝京來："為氏姪女陳二娘自家兄陳亞二故後，於去年正月廿一日，氏即養育在家兄家。今姪女陳二娘年 22，已訂婚黃新英，議定貼婚費銀 200 盾，曾告知姪女堂叔陳金生，已經依允；又使姪女陳英娘告知其繼兄謝京來，陳英娘回息云，謝京來云，任從其便。至前拜三日，氏向默氏討單，要給婚字。謝京來遂擋阻，且率陳二娘住其家。似此梗頑，伏乞明判。"

吊訊謝京來年30歲，住臭橋，供云："此陳二娘係晚同母異父妹，自繼父故後，家內費用之項，俱晚支理。今伊姑已許婚於人，並無告知。至此拜三日，見向默討單要給婚字，晚果有阻當（擋）。因伊姑訂婚姪女無告知，且取費銀 200 盾，似不合式。況訂婚人伊母初故，尚守喪制，兼之黃新英與晚素有嫌隙，是以有當（擋）默氏不可出單，不願與黃新英結親。"

吊訊陳金生年40歲，住牛墟茶為商，供云："此本新正①後，

---

① 新正：閩南話，新年，有"唐人正"與"番仔正"之分。"唐人正"指陰曆新年，"番仔正"指陽曆新年。

果有家姊獻出合婚課帖，晚應曰，女大當婚，有人求配，實是美事，但須從禮而行，姊自主裁可也。今聞黃新英亦有打鐵店，有利路之人，亦曾熟識其人。"

吊訊默黃泗賢住臭橋，供云："陳亞二果居晚界內，於去年正月廿一日已故，係謝京來料理其事。其子女，有時謝京來看視，有時陳金娘看視。衣食之費，不知誰支，其黃新英居晚界內亦熟識，為人良善，有利路。但其母去年唐八月間初故，尚有守制。所供是實。"

台判曰："勘得陳金娘所請謝京來阻婚一案，蓋陳二娘者乃謝京來同母異父妹也。名雖兄妹，究實乃別人耳。陳金娘雖是伊姑，然已嫁出，亦屬別人。惟陳金生係陳亞二之弟，即是親叔，合式當主婚料理婚事。按理而論，陳金娘並謝京來二人不得爭執，但許婚黃新英，現守母制未終，當待闋方可成婚。"

礙謝京來堅執不從。將情申詳公堂大嚰內裁奪。

覆訊陳金娘、謝京來、陳金生、默黃泗賢，供如公勃低所詳。

公堂會議："已經酌量諸人所供，灼見陳金娘、謝京來俱非陳二娘之親，惟陳金生乃是堂叔，合式當擔承姪女交寅之事。"

存案。

(續：副挨實嚏委勘陳炳耀懇杉板二隻任其販往別處事)

續上期再訊陳炳耀、陳德山、陳德水、陳德海、陳德粦，供云：如字內所言。但云：戈勿力字已經失落，若待戈勿力創就,停久此船實有虧本。獻默氏曾龍全明知此船係陳提岸之船。

吊訊默氏曾龍全,供云:"晚知此船二隻係陳提岸之船。"

公堂會議:"據諸得業人所供,船之戈勿力字已經失落,無可指明此船誰為之主,惟獻削視默曾龍全供云,明知此船係陳提岸之船。經令諸得業人花押字內。所懇比葛字①,憑上人裁奪可也。"

謹詳挨實嗹裁奪。

(李來娘、陳杞夫妻欲求分離一案)

據公館公勃低高(西川)、吳(榮輝)詳。

李來娘年27歲,住礦內,請伊夫陳杞:"為交寅十載,生下一男一女,尚存男名合義,年八歲,女子已故。因拙夫畜一老番婦為妾,不顧氏之衣食資費,且已五六年夫妻各居一處。前年蒙公館甲必丹判斷,每月貼氏養兒銀 12.5 盾,氏亦承受。今過月余,月費不給,可見絕情於氏。伏乞判分離。"

吊訊陳杞年四十七歲,住吉石珍,供云:"晚果畜番婦,係在別厝。有時日間過處,暫為停息而已,未嘗宿夜。拙妻居珍,晚極照顧。即落城居住,亦拙妻自欲。晚累次有助貨物以開亞郎,且每月貼費銀 12.5 盾。近因疾病,兼之生理微末,是以至今未交,然亦無力逐月備費。拙妻已求分離,晚固願從。"

---

① 比葛字:北葛嘮詩字簡稱。北葛嘮詩,荷蘭語 Procuratie,馬來語 Prokurasi,代理(權)、託管(權)。

將情申詳公堂大嚜內裁奪。

覆訊李來娘、陳杞，供如公勃低所詳。

公堂會議："已經酌量二比之供，灼見夫妻絕情。即判准其離遏，其子歸夫。"

存案。

(瑪腰、甲必丹、雷珍蘭、朱葛礁為本期記錄簽名：馬來文草書)

Tan Tjoentiat（陳濬哲）	Ko Setjoan（高西川）
Oeij Tjengian（黃清淵）	Tan Boensok（陳文速）
Ni Boentjiang（連文清）	Gouw Enghoei（吳榮輝）
Tan Konghoa（陳光華）	Lie Tjoetjang（李子昌）
Tan Gioktiang（陳玉長）	

和 1868 年 2 月 29 日，拜六

公堂設嚜喳嘮

瑪腰陳濬哲官、雷珍蘭高西川舍、雷珍蘭黃清淵舍、雷珍蘭陳文速官、雷珍蘭連文清官、雷珍蘭吳榮輝官、雷珍蘭陳光華官、雷珍蘭沈松茂官、朱葛礁陳玉長官俱在座。陳(思聰)甲大、陳江流甲、李子昌甲三位不到。

(安頓分發協理雷珍蘭鬮聲、俸銀事)

瑪腰(陳濬哲)請曰："現協理雷珍蘭二員為特授雷珍蘭

職,劣已申請挨實嚏,懇指明鬮聲、俸銀如何安頓分發。今仍遵舊而行,待上命下頒,然後案定如何安頓。未知列台尊意若何?"

列台曰:"如此甚妙。"

存案。

(李月娘、黃德茂夫妻欲求分離一案)

據公舘公勃低高(西川)、吳(榮輝)詳。

李月娘年24歲,住鑒光紅兀,請伊夫黃德茂:"為交寅二年,生下一男名涼水,年二歲。當時已向唐美惜甘懇給婚字,然未向公舘給婚字。因於此拜一,即和2月24日,氏往母家省視,午間一點至四點便歸,有同伴三四人。果然無告知拙夫,因其不在家。至拜三夜,拙夫問氏昨汝何往?氏應曰往母家,有同伴三四人。拙夫遂發怒,將氏毆打遍身傷痕,且執利器,尚未行兇而已。似此橫頑,伏乞判離。"

吊訊黃德茂年27歲,住聖望港,供云:"當時果無向公舘給婚字,因岳父病危。此拜三夜,晚向拙妻問汝昨何往?妻曰有往省視母親,且云汝莫閑管。晚果有用手掌妻實有,然執利器則無。今拙妻既請干刀,又請公舘,無顏再為夫妻。所懇分離,晚固願從。"

將情申詳公堂大噁內裁奪。

覆訊李月娘、黃德茂,供如公勃低所詳。

公堂會議:"勘得二比所供,灼見無向公堂給下婚字,其欲離欲合,任從其意,本堂不得干與。彼李月娘與黃德茂生端,任憑褒黎司裁奪可也。"

謹詳副挨實咥裁奪。

（瑪腰、甲必丹、雷珍蘭、朱葛礁為本期記錄簽名：馬來文草書）

Tan Tjoentiat（陳濬哲）	Ko Setjoan（高西川）
Oeij Tjengian（黃清淵）	Tan Boensok（陳文速）
Ni Boentjiang（連文清）	Gouw Enghoei（吳榮輝）
Tan Konghoa（陳光華）	Sim Siongbouw（沈松茂）
Tan Gioktiang（陳玉長）	

和 1868 年 3 月 6 日，拜五

公堂設嘧喳嘮

瑪腰陳濬哲官、雷珍蘭黃清淵舍、雷珍蘭陳文速官、雷珍蘭連文清官、雷珍蘭陳江流官、雷珍蘭吳榮輝官、雷珍蘭陳光華官、雷珍蘭沈松茂官、雷珍蘭李子昌舍、朱葛礁賴觀瀾官俱在座。陳（思聰）甲大、高西川甲二位不到。

（陳紹南入稟懇將胞兄陳攀郎葬墳換葬伊妻謝英娘為墳事）

據陳紹南入稟，懇將伊先父陳彬郎[1]有付胞兄陳攀郎

---

① 陳彬郎：Tan Pinlong，亦作陳彬郎官。1779 年生，1830 年任雷珍蘭，任職 9 年而卒，享年 59 歲。

葬墳，後陳攀郎已故在井里汶。其墳尚空，要將此墳埋葬伊妻謝英娘為墳。

公堂會議："論陳紹南所懇，本堂已經酌量陳攀郎已故在汶，則此穴屬空虛，況買者是其父陳彬郎，物歸買主，固宜依懇。"

存案。

（挨實嘩案奪准開公堂蓄項以為和 1868 年祭祀之費）

瑪腰（陳潘哲）繳入挨實嘩於和 1868 年 2 月 24 日第 964 號、又逸字 11 書，為閱和 2 月 14 日第 14 號所詳，已經案奪。准開公堂蓄項銀 700 盾，以為和 1868 年祭祀之費。

列台議："當。"

存案。

（溫辛娘與其夫林廷興離婚一案）

據公舘公勃低高（西川）、吳（榮輝）詳。

溫辛娘年 25 歲，住鑒光毛吥甲，請伊夫琳廷興："為交寅八年，生下一男一女。長女名哈娘，男文端，年四歲。因拙夫於一個月前，家內姑氏失落交剪一支，誣氏收取。氏曰無，適拙夫自外回，遂即趕逐之事，累累已然。似此薄情，乞判分離。"

吊訊林廷興年 27 歲，住公司後，供云："晚自交寅至今，未嘗有嫌拙妻焉。有趕逐之事，總是已不合意，任其自言。今拙妻既要求離，任從其便。"

台曰："夫妻之間只僅如此，何以分離？合當相率回家，

229

依舊和好。"

二比稱願，唯退。

存案。

溫辛娘到堂再請："蒙甲必丹判斷，拙夫當率氏回家。豈料拙夫仍是舊性不悛，並無會面。既然如此薄情，乞判分離。"

吊訊林廷興，供云："晚遵甲必丹判當率拙妻回家，晚隨到處善言婉導，拙妻總不回心。見此情意，果然決絕於晚，願從離邊。"

將情申詳公堂大嚤內裁奪。

覆訊溫辛娘、林廷興，供如公勃低所詳。林廷興又云："前者拙妻曾通姦于陳榮華，晚曾親見。"

公堂會議："論溫辛娘與其夫林廷興不睦之案，林廷興已供其妻有通姦，曾既親見，其情則實，合當准付離邊，其子女情願歸夫。"

存案。

（議舉首到之人船主劉膪為金德院 聖母壽誕爐主事）

瑪腰（陳澹哲）請曰："前者金德院聖母壽誕，係船主[1]董理其事。及後船隻希少，則煩陳文速甲料理。本年運船更多，即日既召集各船主㐀議，已舉首到之人船主劉膪為爐

---

[1]　船主：出資貰船置貨貿易者。謝清高《海錄》有云："船主是洋船出資本置買貨物者，凡洋船造船出貰者謂之板主，看羅盤指示方向者謂之夥長，看柁者謂之太工，管理銀錢出入者謂之財庫，艙口登記收發貨物者謂之清丁，而出資貰船置貨貿易則為船主。船中水手悉聽指揮，故有事亦唯船主是問。"

主,後至之人為會副協理其事。"

列台:"如此甚妙,即行令。"

存案。

(瑪腰、甲必丹、雷珍蘭、朱葛礁為本期記錄簽名:馬來文草書)

Tan Tjoentiat(陳濬哲)	Oeij Tjengian(黃清淵)
Tan Boensok(陳文速)	Ni Boentjiang(連文清)
Tan Konglioe(陳江流)	Gouw Enghoei(吳榮輝)
Tan Konghoa(陳光華)	Sim Siongbouw(沈松茂)
Loa Konglan(賴觀瀾)	

和 1868 年 3 月 10 日,拜二

公堂設嘜咭嗙

瑪腰陳濬哲官、甲必丹高西川舍、雷珍蘭黃清淵舍、雷珍蘭陳文速官、雷珍蘭連文清官、雷珍蘭陳江流官、雷珍蘭吳榮輝官、雷珍蘭陳光華官、雷珍蘭沈松茂官、雷珍蘭李子昌舍、朱葛礁陳玉長官俱在座。陳(思聰)甲大不到。

(高西川陞任甲必丹,沈松茂、李子昌舍陞任雷珍蘭之職)

承大挨實嗹於和 1868 年 2 月 22 日第 943 號逸字 11 號致書公堂,為遵王上於和 1868 年 2 月 10 日第 10 號案奪,陞雷珍蘭高西川為甲必丹職,公堂窒事。陞協理雷珍蘭

231

沈松茂、李子昌為特授雷珍蘭職，公堂理事。

即日，甲必丹高西川舍陞任，雷珍蘭沈松茂官陞任，雷珍蘭李子昌舍陞任。

（查勘黃大學、洪碧泉、涂大戀懇入熾昌借銀事）

承熾昌干刀寄下黃大學、洪碧泉、涂大戀口詞，祈公堂查勘諸人可堪擔戴否？詳覆。

公堂會議："論黃大學懇入熾昌銀貳千盾，援黃福春、黃有餘為安呾。本堂酌量，現時可堪。"

存案。

公堂會議："論洪碧泉懇入熾昌銀四千盾，援甘溪潭、甘坤助為安呾。本堂酌量，現時可堪。"

存案。

公堂會議："論涂大戀已入熾昌銀貳千盾，有李登保為安呾。今要抽出，援楊寶娘為安呾，其楊一斗並杉板仍舊，但楊寶娘有出稅馬車間，且有厝一間。本堂酌量，現時可堪。"

存案。

（瑪腰、甲必丹、雷珍蘭、朱葛礁為本期記錄簽名：馬來文草書）

Tan Tjoentiat（陳濬哲）	Ko Setjoan（高西川）
Oeij Tjengian（黃清淵）	Tan Boensok（陳文速）
Ni Boentjiang（連文清）	Tan Konglioe（陳江流）
Gouw Enghoei（吳榮輝）	Tan Konghoa（陳光華）
Sim Siongbouw（沈松茂）	Lie Tjoetjang（李子昌）

232

Tan Gioktiang（陳玉長）

和 1868 年 3 月 12 日，拜四

公堂設嘧喳嘮

瑪腰陳濬哲官、甲必丹高西川舍、雷珍蘭陳文速官、雷珍蘭連文清官、雷珍蘭陳江流官、雷珍蘭吳榮輝官、雷珍蘭陳光華官、雷珍蘭沈松茂官、雷珍蘭李子昌舍、朱葛礁賴觀瀾官俱在座。陳（思聰）甲大、黃清淵甲二位不到。

（酌量詳覆金德院盟誓胡勃實當勘察有遵例與否）

承大挨實嘽於和 1868 年 3 月 10 日第 1217 號，又奕字 14（號）來書，並附大商①和 1868 年 3 月 3 日第 207 號、又 484 號亞字②書，祈權衡酌量速詳覆。

列台閱書。公堂會議："常例金德院盟誓，必兩家訟主或其掛呷訟師齊到，又當一員胡勃實到處，勘察兩造因由，將案奪字傳譯，朱葛礁寫入誓章③妥當。先呈胡勃實查閱

---

① 大商：亦作"大雙"，為"大雙柄"（大相柄）的簡稱，荷印政府評議院（Raad Van Indie，Council of Indieds）。

② 亞字：荷蘭語字母 A 的閩南話音譯。

③ 誓章：亦作誓狀。參見 1775 年 5 月《郭乃進誓狀》，此為《公案簿》中惟一保存完整的誓狀全文。內容包括具誓人姓名、年齡、何時、何地、何因，若有瞞心裝騙，對神明發誓，身屍不得周全，七孔流血，覆宗絕嗣。所誓是實，具誓人某某等。參見包樂史、吳鳳斌著：《18 世紀末吧達維亞唐人社會》，廈門大學出版社 2002 年版，第 26 頁。

無差,方交和尚,令立誓之人跪於神前擊磬秉燭。朱宣讀誓章畢,將誓章焚化,鳴金擊鼓。但胡勃實當勘察有遵例與否。"

謹詳挨實嗹察奪。

(瑪腰、甲必丹、雷珍蘭、朱葛礁為本期記錄簽名:馬來文草書)

Tan Tjoentiat(陳濬哲)　　Ko Setjoan(高西川)

Tan Boensok(陳文速)　　Ni Boentjiang(連文清)

Tan Konglioe(陳江流)　　Gouw Enghoei(吳榮輝)

Tan Konghoa(陳光華)　　Sim Siongbouw(沈松茂)

Lie Tjoetjang(李子昌)　　Loa Konglan(賴觀瀾)

和 1868 年 3 月 20 日,拜五

公堂設嚜喳嘮

瑪腰陳濬哲官、雷珍蘭黃清淵舍、雷珍蘭陳文速官、雷珍蘭連文清官、雷珍蘭陳江流官、雷珍蘭吳榮輝官、雷珍蘭陳光華官、雷珍蘭沈松茂官、雷珍蘭李子昌舍、朱葛礁賴觀瀾官俱在座。陳(思聰)甲大、高(西川)甲大二位不到。

(查勘甘坤海懇入熾昌借銀事)

承熾昌干刀寄下甘坤海口詞,懇入熾昌負欠銀壹萬貳千盾,援安呾人李子昌甲、黃福章舍。祈公堂查勘可堪與

234

否? 詳覆。

吊訊甘坤海住八戈然[1]為商，供云："晚果有入熾昌干刀銀12 000盾，援李子昌甲、黃福章舍為安呾。"據李子昌甲及黃福章舍俱供云："職等願為安呾。"

公堂會議："甘坤海懇入熾昌銀12 000盾，援李子昌甲、黃福昌舍為安呾。本堂酌量，現時可堪。"

存案。

（查勘黃福山懇入熾昌借銀事）

承熾昌干刀寄下黃福山口詞，懇入熾昌負欠銀四千盾，援安呾人莊玉水、蔣玉山。祈公堂查勘可堪與否? 詳覆。

吊訊黃福山年21歲，住新把殺，供云："晚果有入熾昌干刀銀四千盾，援安呾人莊玉水、蔣玉山。"

吊訊莊玉水並蔣玉山仝住丹藍娘仔為地頭主，俱供云："晚等願為安呾黃福山入熾昌銀四千盾。"

公堂會議："勘得黃福山懇入熾昌干刀銀四千盾，援莊玉水、蔣玉山為安呾。惟見莊玉水前有安呾入熾昌，但未見有誤。本堂酌量，現時亦可堪。"

存案。

（瑪腰、甲必丹、雷珍蘭、朱葛礁為本期記錄簽名：馬來文草書）

Tan Tjoentiat（陳潘哲）　　　Oeij Tjengian（黃清淵）

---

① 八戈然：亦稱戈奢園，Pakojan，吧城地名，位於吧城西區。

Tan Boensok（陳文速）　　Ni Boentjiang（連文清）

Tan Konglioe（陳江流）　　Gouw Enghoei（吳榮輝）

Tan Konghoa（陳光華）　　Sim Siongbouw（沈松茂）

Lie Tjoetjang（李子昌）　　Loa Konglan（賴觀瀾）

和 1868 年 3 月 27 日，拜五

公堂設嘧喳嘮

瑪腰陳濬哲官、甲必丹陳思聰舍、甲必丹高西川舍、雷珍蘭黃清淵舍、雷珍蘭陳文速官、雷珍蘭陳江流官、雷珍蘭吳榮輝官、雷珍蘭陳光華官、雷珍蘭沈松茂官、雷珍蘭李子昌舍、朱葛礁賴觀瀾官俱在座。連文清甲不到。

（查勘曾天生懇入熾昌借銀事）

承熾昌干刀寄下曾天生口詞，懇入熾昌負欠銀貳仟盾，援安呾人陳墨並張獅。祈公堂查勘入字人並安呾人可堪與否？詳覆。

吊訊曾天生 年 29 歲，住大使廟為火柴生理，供云："晚果有入熾昌干刀銀貳千盾，援安呾人陳墨並張獅。"

吊訊陳墨 年 72 歲，住仝上為商，張獅 年 62 歲，住仝上，俱供云："晚等願安呾曾天生入熾昌銀貳千盾。"

公堂會議："勘得曾天生懇入熾昌干刀銀 2 000 盾，援陳墨、張獅為安呾。本堂酌量，現時可堪。"

存案。

236

（蘇炎娘與其夫黃淑利求離一案）

據公舘公勃低高（西川）、吳（榮輝）詳。

蘇炎娘_{年23歲,住惹呀蘭}，請伊夫黃淑利[1]：“為交寅六年，生下一子名玉水，年方三歲。因拙夫已三年無給資費，且潛取家需，一去無回。氏不得已歸甯，與生父同居，今已二年。似此無靠，實是難堪，乞判分離。”

吊訊黃淑利_{年26歲,住檳榔社為漆工}，供云：“晚果無利路，不能照顧妻子已，拙妻決志求離，晚固願從。”

將情申詳公堂大嚜內裁奪。

覆訊蘇炎娘、黃淑利，供如公勃低所詳。

公堂會議：“論蘇炎娘與其夫求離一案，據伊夫黃淑利自供，並無利路，不能養育妻子。既如此貧窮，不得勸合。但其子玉水須從伊母撫養，待至七歲仍歸伊父。即准其離邊。”

存案。

（葉曲娘與其夫劉吉生求離一案）

據公舘公勃低陳（文速）、連（文清）詳。

葉曲娘_{年十九歲,住鑒光毛甲}，請伊夫劉吉生：“為交寅一年，未有產育。因於一禮拜前夜間，氏與拙夫同睡一床，拙夫取氏衣針帶粒砒八粒、帶紅石仔四粒。氏隨問拙夫衣針

---

① 黃淑利：據《婚簿》載，1862 年 12 月 31 日，黃淑利（21 歲）與蘇炎娘（17 歲）成婚於檳榔社。媒妁：蕭吉娘，男方主婚：黃淑亨（胞兄），女方主婚：蘇碧山（父）。

汝取否？拙夫云果是，要兌為血本。後氏見拙夫並無生活，衣針亦無。隔有二夜，氏問白茶碾何往？或者汝取去否？拙夫遂慍怒，即行趕逐，閉戶不納，氏不得已投宿鄰家廚工賣菜厝內。今拙夫已然無情，伏乞判離。"

吊訊劉吉生_{年 20 歲}，住仝上，供云："衣針一支果係晚取兌為家費，乃拙妻甘願付晚發兌，即晚於三日前即和 12 月 26 日往海遊獵。及歸，拙妻將晚布衣六領、布褲四條俱取去一空。"葉曲娘質曰："衣褲俱氏所取，係伊姊令氏取之，現存父家。若拙夫還氏衣針，氏即還衣褲。"（劉吉生曰：）"今拙妻欲求分離，晚不願從。"

將情申詳公堂大嘧內裁奪。

覆訊葉曲娘、劉吉生，供如公勃低所詳。

公堂會議："勘得葉曲娘與其夫劉吉生求離一案，依情而言，既失夫妻之情，諒難再合，准其離邊。"

存案。

（瑪腰告知可安置每月值圖公舘二員胡勃實、發付俸銀三百盾事）

瑪腰（陳濬哲）請曰："晚弟既接挨實唪來書，謂晚弟可安置每月值圖公舘二員胡勃實，發付俸銀三百盾。前者一員甲必丹職、七員雷珍蘭職，原作四圖而行。今則陞雷珍蘭高西川舍為甲必丹職，二員協理沈松茂官、李子昌舍亦陞特授雷珍蘭職。劣意當作五圖而行，週而復初。但已行之圖未週，至本年和 5 月 1 日始行新定圖聲。請問列台意見如何？"

列台曰："瑪腰所言合理，且秉公而行，無貽後言，遵之

238

可也。"

存案。

(陞高瓊瑤為唐美色甘雷珍蘭之職)

承大挨實嗹於 和 1867 年 12 月 28 日第 5731 號、又逸字 16 致書公堂達知,為遵王上於 和 1867 年 12 月 12 日第 30 號案奪,陞高瓊瑤為唐美色甘雷珍蘭之職,任美色甘室事,以補故雷珍蘭陳濬祥之缺。

存案。

(舉陳瓊瑞協理唐美色甘事務)

承大挨實嗹於 和 1868 年 2 月 22 日第 937 又逸字 11 致書公堂達知,為遵王上於 和 1868 年 2 月 6 日第 17 號案奪,舉一人為唐美色甘理事以補,從 和 1867 年 12 月 12 日第 30 號,經閱緞杯實嗹①唐美色甘 和 1866 年 12 月 30 日,又閱挨實嗹於 和 1868 年 1 月 16 日第 220 號又奕字 11(號)已經案奪,從 和 1862 年 12 月 2 日第 32 號,即舉陳瓊瑞協理唐美色甘事務。

存案。

(石亞榮入稟懇買壽域一所事)

據石亞榮入稟,懇伊年邁,要買壽域一所,以為身後之事。

---

① 緞杯實嗹:緞,馬來語 Tuan,先生;杯實嗹:荷蘭語 President,總統、董事長、理事長。緞杯實嗹即董事長、理事長先生。

列台閱稟，議曰：“論石亞榮懇買壽域在式厘坡地，因其年老子幼，恐身後乏人料理築墳之事，言似近理。從和 1858 年 12 月 24 日本堂定案，已禁止凡人不得預買壽墳之例，合當遵行。所懇不得承受。”

存案。

（瑪腰、甲必丹、雷珍蘭、朱葛礁為本期記錄簽名：馬來文草書）

Tan Tjoentiat（陳濬哲）	Tan Soetjiong（陳思聰）
Ko Setjoan（高西川）	Oeij Tjengian（黃清淵）
Tan Boensok（陳文速）	Tan Konglioe（陳江流）
Gouw Enghoei（吳榮輝）	Tan Konghoa（陳光華）
Sim Siongbouw（沈松茂）	Lie Tjoetjang（李子昌）
Loa Konglan（賴觀瀾）	

和 1868 年 4 月 9 日，拜四

公堂設嘧喳嘮

瑪腰陳濬哲官、雷珍蘭黃清淵舍、雷珍蘭陳文速官、雷珍蘭連文清官、雷珍蘭陳江流官、雷珍蘭陳光華官、雷珍蘭李子昌舍、朱葛礁陳玉長官俱在座。陳（思聰）甲大、高（西川）甲大、吳榮輝甲、沈松茂甲四位不到。

（查勘陳維馨懇領錢項事）

承副挨實嗹於和 1868 年 4 月 8 日第□致書公堂，附一

240

口詞。為陳維馨有入馬里直胡勃實物件，價銀 326.02 盾，已領錢單已經失落，其錢單已登 和 1868 年 2 月 24 日第 12 號簿內。今懇欲領此項，援陳有能、鄒乾良為安呾。祈查勘詳覆。

吊訊陳維馨年 21 歲，住鑒光毛六甲，供如口詞所言。

吊訊鄒乾良、陳有能，供云："晚等果願為安呾，後來若有別端，甘願擔戴。"

公堂會議："既有安呾人願為擔戴，可准所懇。"

存案。

（瑪腰、甲必丹、雷珍蘭、朱葛礁為本期記錄簽名：馬來文草書）

Tan Tjoentiat（陳潨哲）	Oeij Tjengian（黃清淵）
Tan Boensok（陳文速）	Ni Boentjiang（連文清）
Tan Konglioe（陳江流）	Tan Konghoa（陳光華）
Lie Tjoetjang（李子昌）	Tan Gioktiang（陳玉長）

和 1868 年 4 月 17 日，拜五

公堂設嘧喳嘮

瑪腰陳潨哲官、甲必丹高西川舍、雷珍蘭陳文速官、雷珍蘭連文清官、雷珍蘭吳榮輝官、雷珍蘭沈松茂官、雷珍蘭李子昌舍、朱葛礁陳玉長官俱在座。陳(思聰)甲大、黃清淵甲、陳江流甲、陳光華甲四位不到。

（謝庚娘懇重抄婚字事）

據謝庚娘[①]入稟云，懇重抄婚字事。

列台閱稟，議曰："婚字之事原為終身身後關係，今則已經失落，可付重抄無妨。且本堂前已有行之，准懇可也。"

存案。

（詳覆歐亞珠懇在其地內預為壽域事）

承副挨實嚦於和 1868 年 4 月 6 日第 6 號、又 5 號致書，附歐亞珠口詞，懇要預為壽域在其地內。祈酌量詳覆。

吊訊歐亞珠_{年 70 歲，住丹藍望}，供如口詞所言。

公堂會議："據歐亞珠懇要預為壽域，在其地內戈踏茫務。本堂切按，既是其地，與塚地無干，且公堂屢次亦准人所懇，但本堂定例，當依例納還為是。"

存案。

（梁德水入稟懇要在其義塚築柱蓋瓦事）

據梁德水入稟，懇要在其義塚築柱蓋瓦，以為逐年可避風雨日事。

列台閱稟。吊訊梁德水_{住大南門}，供如稟帖所言。

公堂會議："唐人羈居之地各有義塚，惟吧義塚丹絨、吃

---

① 謝庚娘：據《婚簿》載，1865 年 5 月 20 日，謝庚娘（16 歲）與田河清（21 歲）成婚於丹那實連。媒人：羅丁娘，女方主婚：田秀麟（父），女方主婚：謝長慶（父）。《婚簿》原注曰："1876 年 3 月 23 日公堂判離。"據此可知，此處所謂因婚字失落，懇重抄婚字之事是在其婚後三年。

242

唥，崇祀地藏①為是也，廣、福②之人俱在其內焉。有福人設一處，廣又設一處，未免多事。且遍塚內而觀，未有築亭之墳，所懇不得承受。"

存案。

（蔡蜜娘、林文淑夫妻不和欲求分離一案）

據公舘公勃低黃（清淵）、陳（江流）詳。

蔡蜜娘年十九歲，住新厝仔，請伊夫林文淑③："為交寅二年餘，未有產育。因拙夫已一年餘無給資費，且畜戲婢沉溺，絕不回家，兼之家姑屢屢趕逐。似此無靠，伏乞判離。"

吊訊林文淑年26歲，住碡內，供云："晚無給資費，亦拙妻請公舘之後，前者極然照顧。母氏稍嫌，遂即大聲爭較。即晚畜戲婢，亦置別室。今已生端，願從分離。"

吊訊娘仔再生即林文淑之母，供云："媳婦蔡蜜娘果然素性不孝，當伊坐時，氏適過處，伊並不起立，且腳慢踞椅上。當炊爨時，即往盆洛④，可謂不顧家事矣。所供是實。"

將情申詳公堂大嚜內裁奪。

覆訊蔡蜜娘、林文淑，供如公勃低所詳。

公堂會議："彼夫妻既不能相和，且伊姑娘仔再生亦云蔡蜜娘不孝。揣其情，總難相安于白首。合式當判分離。"

---

① 地藏：地藏菩薩簡稱。
② 廣、福：廣東、福建之簡稱。
③ 林文淑：據《婚簿》載，1865 年 6 月 24 日，林文淑（24 歲）與蔡金德之女蔡蜜娘（16 歲）成婚於大使廟。女方主婚人為蔡蜜娘之父蔡金德。
④ 盆洛：馬來語 Pondok，（在田地、樹林等處臨時搭蓋的）窩棚、小屋。

存案。

（夏思娘、鄭元吉夫妻求離一案）

據公舘公勃低陳（文速）、連（文清）詳。

夏思娘_{年 24 歲}，住打鐵街巷，請伊夫鄭元吉："為交寅九年，生下子女三人，僅存一女，名木娘，年七歲。因前月大水時，拙夫二夜不歸。及回，氏云後次切莫再往隔夜，氏獨自在厝，且遇大水，心常恐懼。拙夫云，男人所為，婦人莫得閒管。自此再往，絕不歸家。至昨再回，即向氏討砼叐舌耳碹一對。氏云，耳碹已令再飾。拙夫遂扯氏頭髮，毆打不堪。況又畜妾於外，已經五個月。似此不情，乞判分離。"

吊訊鄭元吉_{年 29 歲}，住仝上，供云："拙妻所請晚扯髮毆打實無，其若向拙妻討砼耳碹果有。因拙妻初云已賣，後云已當，又云已令人作飾。晚見其言不定，遂即趕逐實有，至畜妾之事實無。晚自顧不暇，焉得畜妾？至求離，晚實願從。"

將情申詳公堂大嚤內裁奪。

覆訊夏思娘、鄭元吉，供如公勃低所詳。

公堂會議："細按二比之供，灼見夫妻各有挾恨。夫也寵妾不捨，妻也不守婦規。既已數日懸情，尚爾決志求離，可見心堅意切，洵難再合也。准其離邊，其女歸夫。"

存案。

（瑪腰、甲必丹、雷珍蘭、朱葛礁為本期記錄簽名：馬來文草書）

Tan Tjoentiat（陳潛哲）　　　　Ko Setjoan（高西川）

244

Tan Boensok（陳文速）　　Ni Boentjiang（連文清）

Gouw Enghoei（吳榮輝）　　Sim Siongbouw（沈松茂）

Lie Tjoetjang（李子昌）　　Tan Gioktiang（陳玉長）

和 1868 年 4 月 24 日，拜五

公堂設嘧喳嘮

瑪腰陳濬哲官、雷珍蘭黃清淵舍、雷珍蘭陳文速官、雷珍蘭連文清官、雷珍蘭吳榮輝官、雷珍蘭陳光華官、雷珍蘭沈松茂官、雷珍蘭李子昌舍、朱葛礁陳玉長官俱在座。陳（思聰）甲大、高（西川）甲大、陳江流甲三位不到。

（查勘李克承懇入熾昌借銀事）

承熾昌干刀寄下李克承口詞，懇入熾昌負欠銀 10 000 盾，援沈松茂甲、黃清淵甲為安呾。祈查勘詳覆。

吊訊李克承年二十七歲，住八茶貫，供云：“晚果有入熾昌銀 10 000 盾，援安呾人沈松茂甲、黃清淵甲。”

訊沈松茂甲、黃清淵甲，供云：“願為安呾。”

公堂會議：“李克承懇入熾昌干刀銀壹萬盾，援沈松茂甲、黃清淵甲為安呾。現時可堪承受。”

存案。

（准歐亞珠懇為壽域在其地內）

承副挨實嗹於和 1868 年 4 月 22 日第 1819 號又蔽字

致書,為閱和 4 月 17 日第 289 號所詳,已經案奪。准歐亞珠懇為壽域在丹藍望自己地內,當遵公堂定例而行。

存案。

本日定列台應值鬮聲

定應值公勃低鬮聲,依鬮而行,週而復初。

壹鬮:甲必丹陳思聰舍、雷珍蘭李子昌舍。

公舘:五、十月;外務:六、十一月。

干刀:七、十二月。點客:八月。閏月:九月。

貳鬮:甲必丹高西川舍、雷珍蘭沈松茂官。

公舘:六、十一月。外務:七、十二月。

干刀:八月。點客:九月。閏月:五、十月。

叁鬮:雷珍蘭黃清淵舍、雷珍蘭陳光華官。

公舘:七、十二月。外務:八月。

干刀:九月。點客:五、十月。閏月:六、十一月。

肆鬮:雷珍蘭陳文速官、雷珍蘭吳榮輝官。

公舘:八月。外務:九月。

干刀:五、十月。點客:六、十一月。閏月:七、十二月。

伍鬮:雷珍蘭連文清官、雷珍蘭陳江流官。

公舘:九月。外務:五、十月。

干刀:六、十一月。點客:七、十二月。閏月:八、正月。

上錄公勃低十員,分為五鬮,每鬮二員,照鬮循序而行。如首月值公舘,次月則值外務,第三月則值干刀蘭得叻及日案,第四月則值干刀錄新客簿,第五月則值閏月。由此互

246

推,輪遍再行。前者分為四圖,有協理二員,值圖之人,各有上、半下半月之分。今協理二員俱陞特任,皆有應值。倘各員值圖,須同圖同理其事。或應值二員,俱有事故,然後閒月及外務或點客之員可代。

定掌塚公勃低:一、三、五、七、九^①。

定掌廟宇公勃低:二、四、六、八、十。

定各掌公勃氏低:一、二,水淬。三、四,買辦。五、六,工役。七、八,街衢。九、十,代理各掌之事。

存案。

(瑪腰、甲必丹、雷珍蘭、朱葛礁為本期記錄簽名:<u>馬來文草書</u>)

Tan Tjoentiat(陳濬哲)　　Oeij Tjengian(黃清淵)

Tan Boensok(陳文速)　　Ni Boentjiang(連文清)

Gouw Enghoei(吳榮輝)　　Tan Konghoa(陳光華)

Lie Tjoetjang(李子昌)　　Tan Gioktiang(陳玉長)

<u>和</u>1868年5月1日,拜五

公堂設嘧喳嘮

瑪腰<u>陳濬哲</u>官、甲必丹<u>陳思聰</u>舍、甲必丹<u>高西川</u>舍、雷

---

① 一、三、五、七、九:此序號(包括下文的二、四、六、八、十)指公堂官員的排位。

珍蘭黃清淵舍、雷珍蘭陳文速官、雷珍蘭連文清官、雷珍蘭陳江流官、雷珍蘭吳榮輝官、雷珍蘭陳光華官、雷珍蘭沈松茂官、雷珍蘭李子昌舍、朱葛礁賴觀瀾官俱在座。

(大朱繳入清明牛郎沙里祭義塚開費一單)

據大朱繳入清明牛郎沙里祭義塚一單,費銀叁百四拾柒盾正。

列台閱單會議:"可開和四月份數內。"

存案。

(公舘掃灰循例開公堂蓄項事)

瑪腰(陳濬哲)請曰:"現今上命各戶當掃灰,但公舘循例開公堂項。請問列台如何裁奪?"列台曰:"依舊可開公堂之項。"

存案。

(是嗎予礁等諸番人懇賜案奪各人所掌界內草流,付其執掌事)

瑪腰(陳濬哲)繳入副挨實嗹於和 1868 年 4 月 30 日第 1985 號第蔽字書,為閱番是嗎予礁、立根冬、系嗎如溫、些里仔、吧黿實口詞入字,懇賜案奪各人所掌界內草流,付其執掌。已閱公堂和 4 月 18 日第 299 號所詳,已經案奪此事。如有不願,可向權處詩礁。

列台曰:"當在案為是。"

存案。

（查勘甘傑山懇入熾昌借銀事）

承熾昌干刀寄下甘傑山口詞，懇入熾昌負欠銀貳千盾，援陳源泰、張德水為安呾。祈查勘可堪否？詳覆。

吊訊甘傑山_{年23歲，住珍為酒路生理}，供云："晚果入熾昌銀2 000盾，援陳源泰、張德水為安呾。"

吊訊陳源泰、張德水，二人供云："願為安呾。"

公堂會議："論甘傑山懇入熾昌銀貳千盾，其安呾人張德水尚依其父生活，不足擔戴；其陳源泰，現時可也。"

存案。

（查勘陳維馨懇入熾昌借銀事）

承熾昌干刀寄來陳維馨口詞，懇入熾昌干刀銀陸千盾，援陳光華甲、林溪勝甲為安呾。祈查勘可堪與否？詳覆。

吊訊陳維馨_{年21歲}，供如口詞所言。

訊陳光華甲、林溪勝甲，俱供云："果願安呾陳維馨入熾昌銀陸千盾。"

公堂會議："二安呾人現時可堪，但林溪勝前經安呾林金鐘熾昌銀捌千盾，憑熾昌干刀裁奪可也。"

存案。

（查勘楊長水懇入熾昌借銀事）

承熾昌干刀寄下楊長水_{年20歲，住新把殺}口詞，懇入熾昌銀貳千盾，援安呾人趙清水、賴保生。祈查勘可堪與否？詳覆。

吊訊楊長水，供如口詞所言。

吊訊趙清水_年33，賴保生_年44，俱住新把殺，供云："晚果願為安咀楊長水入熾昌銀貳千盾。"

公堂會議："據賴保生供，已安咀賴長輝一人入熾昌銀僅有伍千盾；其趙清水已安咀熾昌銀四人壹萬五千盾。但此二人雖前已安咀，然安咀此貳千盾，現時可堪。"

存案。

（瑪腰、甲必丹、雷珍蘭、朱葛礁為本期記錄簽名：馬來文草書）

Tan Tjoentiat（陳濬哲）　　Tan Soetjiong（陳思聰）

Ko Setjoan（高西川）　　Oeij Tjengian（黃清淵）

Tan Boensok（陳文速）　　Ni Boentjiang（連文清）

Tan Konglioe（陳江流）　　Gouw Enghoei（吳榮輝）

Tan Konghoa（陳光華）　　Sim Siongbouw（沈松茂）

Lie Tjoetjang（李子昌）　　Loa Konglan（賴觀瀾）

和1868年5月13日，拜三

公堂設嗎喳嘮

瑪腰陳濬哲官、甲必丹陳思聰舍、甲必丹高西川舍、雷珍蘭黃清淵舍、雷珍蘭連文清官、雷珍蘭陳江流官、雷珍蘭陳光華官、雷珍蘭沈松茂官、雷珍蘭李子昌舍、朱葛礁賴觀瀾官俱在座。陳文速甲不到。

250

（查勘饒奕才承應包修兵營厝事）

承副挨實嗹於和 1868 年 5 月 12 日第 136 號、又 9 號致書，並附新咩兵營干刀於和 1868 年 5 月 9 日第 256 號，委勘饒奕才承應包修兵營厝第二叫價銀 2 650.8 盾，援安呾人緞茄嘮末、梁德水可堪與否？詳覆。

列台閱書。吊訊饒奕才，供云："晚果有應包修兵營厝第二叫銀 2 650.8 盾，援緞茄嘮末及梁德水為安呾。"

吊訊梁德水，供云："晚果為安呾。"

公堂會議："可堪。"

存案。

（查勘陳岩懇入熾昌借銀事）

承熾昌干刀寄下陳岩口詞，懇入熾昌負欠銀叁千盾，援朱源全、梁龐熙為安呾。祈查勘可堪與否？詳覆。

吊訊陳岩_{年 30 歲}，住小南門，供如口詞所言。

吊訊朱源全_{年 30 歲，住仝上}，吊訊梁龐熙_{年 41 歲}，住中港仔，供云："晚等果願為安呾。"後梁龐熙云："晚乃出水①之人，無定常住在此，懇為抽出。"

公堂會議："陳岩所懇入熾昌銀叁千盾，安呾人朱源全現時可堪，惟梁龐熙據其自供，係出水之人，無定常居此，懇抽出，准之可也。是陳岩所懇，不得承受。"

存案。

---

① 出水：閩南話，出海，海上航行。

（查勘沈溫生懇入熾昌借銀事）

承熾昌干刀寄下沈溫生口詞，懇入熾昌銀陸百盾，援廖庚郎、王光山為安呾。祈查勘可堪與否？詳覆。

吊訊沈溫生_{年 41 歲，住巴八丹}，供如口詞所言。

吊訊廖庚郎_{年 29 歲，住仝上，開油米戈丕①店}，吊訊王光山_{年 40 歲，住仝上，出擔②兌芬③}，俱供云："晚等願為安呾。"

公堂會議："沈溫生懇入熾昌銀 600 盾，其兩安呾人小可生理，亦無產業，不得承受。"

存案。

（查勘劉德茂懇入熾昌借銀事）

承熾昌干刀寄下劉德茂口詞，懇入熾昌銀四千盾，援安呾人王文成、劉德元。祈查勘可堪與否？詳覆。

吊訊劉德茂_{年 44 歲，住梭蘭巷}，供如口詞所言。

吊訊王文成，不到，伊掛咄人黃宗標_{年 40 歲，住丹藍望}，供云："願為安呾。"吊訊劉德元_{年 41 歲，住八多嫂}，供云："晚願為安呾。"

公堂會議："劉德茂懇入熾昌銀四千盾，其安呾人王文成，現時可堪。但劉德元少可生理，且無產業，不足擔戴。"

存案。

---

① 戈丕：亦作高丕，馬來語 Kopi 音譯，咖啡。
② 出擔：閩南話，意爲肩挑小販、流動攤販。
③ 兌芬：閩南話，買賣煙草。

（陳彩四與劉辛娘爭子一案）

據公舘公勃低陳（思聰）、李（子昌）詳。

承副挨實嚏於和 1868 年 5 月 8 日附來日案，於和 1868 年 5 月 7 日第 2915 號云，陳彩四與劉辛娘爭子一案。

吊訊陳彩四_{年 39 歲，住大南門}，供云："此劉辛娘晚畜有十六年之久，雖無經婚字，然相愛如夫妻一體，經生下一女一子，長女名毛額娘，年十歲；次子名丙癸，年三歲。因劉辛娘無故出去率子女二人，於此拜四日和 5 月 7 日，晚請干刀，挨實嚏發令，當待公堂定奪，餘無別言。但畜劉辛娘，當時晚無婦彼無夫，遣媒鄭永保通言，求其父許允，然後成事。今劉辛娘若肯從歸固妙，如不肯從，懇追回子女。萬乞明判。"

吊訊劉辛娘_{年 39 歲，住落面街}，供云："氏與陳彩四同住一室，已有十六年之久。自入其門，至今相視如夫妻，亦極照顧。此一子一女，果與陳彩四所生。因陳彩四怒逐，氏是以率兒女往投他處。"陳彩四答曰："趕逐之事實無，不知其為何故，竟率兒女往移別處。今劉辛娘與晚俱係暮年，若得相依白首，亦是美事。"劉辛娘曰："歸依陳彩四之家卻是無礙，但後來切勿因小事而遂生端，氏之願也。"

將情申詳公堂大嚜內裁奪。

覆訊陳彩四、劉辛娘，供如公勃低所詳。陳彩四又云："願納拙妻回家給婚字。"劉辛娘曰："願從。"

公堂會議："論陳彩四與劉辛娘爭子一案，已勘其二比所供，共住有十六年之久，且相待如夫妻一體，而子女亦其二人所生，合式當依舊和好為妙。況陳彩四自願給婚字，劉辛娘亦願承受，懇抽出此案，可以依准。"

謹詳副挨實嗹裁奪。

（黃萬錄控鄭和退婚一案）

據公舘公勃低陳（思聰）、李（子昌）詳。

黃萬錄年37歲，住八廚沃間，請鄭和："為三年前鄭和有求舍妹與其子配婚，已經許允，並無言定成婚之期，且其子現時飲亞片賭蕩，鄭和已經逐出。懇追回手指辦①，以便退婚。伏乞明判。"

吊訊鄭和年42歲，住小南門，供云："當日議婚非晚強求，乃黃萬錄自願欲以其妹配晚小兒為婚。今既有嫌，晚願從命。但前所取手指辦，晚願交還，惟一女衫而已，手指辦已經失落。"黃萬錄曰："手指辦失落亦聽其便，願收回女子衫而已。懇當堂交還，後來不得生端。"

職未敢擅奪，將情申詳公堂大嘧內裁奪。

覆訊黃萬錄、鄭和，供如公勃低所詳。

公堂會議論："既然二比甘願退婚，將女衣交還可也。"

於是當堂交還訖。

存案。

（詳覆林溪勝懇從吧中甲必丹之妻故者免還之例而行事）

承大挨實嗹於和 1868 年 5 月 8 日第 2122 號、又逸字

---

① 手指辦：亦作手指班，閩南話，戒指。

254

五號致書公堂，為承萬丹①挨實嚏於和 1868 年 4 月 28 日第 3412 號、又 32、又一號致書，附林溪勝②甲口詞。祈酌量詳覆。

萬丹挨實嚏書云："林溪勝甲之妻鄧溫娘於和本年 3 月 19 日已故，葬在丹絨式厘坡地，有還入公堂項 220 盾。祈吧挨實嚏查勘公堂有權能分外處之雷珍蘭與吧之雷珍蘭不同。今求吧緞挨實嚏定奪吧中及外處之雷珍蘭均屬一體，而果定奪。祈將林溪勝甲之項賜還。"

林溪勝為西壟③之雷珍蘭入字云："職妻鄧溫娘於和本年 3 月 19 日已故在吧，葬在丹絨、式厘坡。有向公堂買風水一穴，去銀 220 盾。何在吧胡勃實之妻故葬在丹絨、式厘坡免還此項？職亦是胡勃實，雖任在西壟，但厝在吧，職妻亦係吧人。職雖外任原敖文明之人，切思此項亦可免還。懇緞挨實嚏查勘並定奪，吧公堂有權可能定奪外位胡勃實有喪事者當還項。況職之妻亦是甲必丹之妻，原係吧人，本常居吧，故在吧合當葬在吧。今懇緞挨實嚏恩典，後有外處甲必丹之妻故在吧者，從吧中甲必丹之妻故者免還之例而行。若緞挨實嚏准懇，可賜還此項。"

列台閱書。公堂會議："遵命委勘林溪勝甲口詞。查本

---

① 萬丹：Bantam，地名。（明）張燮《東西洋考》作下港、順塔，位於爪哇島的西北端，今猶稱萬丹。

② 林溪勝：1829 年生。據《婚簿》載，1847 年 5 月 1 日，林溪勝（19 歲）與鄭溫娘（17 歲）成婚於小南門。媒妁：郭乙娘，女方主婚：林遠水（族叔祖），女方主婚：鄭進生（宗叔）。

③ 西壟：亦稱西冷，Serang，地名，位於西爪哇萬丹西北部。

堂案簿於和1791年7月22日王上定案，凡吧甲必丹及胡勃實、武直迷①，若有故者，可得蔭地為葬穴，闊24腳距、長48腳距，免還其項。又查和1813年7月8日王上定案，凡欽賜甲必丹及雷珍蘭有故者，從常人之例而行。若欲加闊加長，當從公堂所定之例。此二例行之既久，但敘明胡勃實而已，並無敘明胡勃實之妻可得蔭地。若其妻先故，亦葬在其夫之蔭墳額，及後夫故，則為雙壙。倘其夫不欲與其妻同穴，欲葬在別墳，亦須當還項。今林溪勝甲現居在萬丹，況任事亦在萬丹，屬外轄，且故者其妻。本堂細思，所懇不得承受。"

謹詳大挨實嗹裁奪。

(瑪腰、甲必丹、雷珍蘭、朱葛礁為本期記錄簽名：馬來文草書)

Tan Tjoentiat（陳濬哲）　　Tan Soetjiong（陳思聰）

Ko Setjoan（高西川）　　Oeij Tjengian（黃清淵）

Ni Boentjiang（連文清）　　Tan Konglioe（陳江流）

Tan Konghoa（陳光華）　　Sim Siongbouw（沈松茂）

Lie Tjoetjang（李子昌）　　Loa Konglan（賴觀瀾）

---

① 武直迷：亦作撫直迷、大點，荷蘭語 Boedelmeester 音譯，管理遺産、孤貧福利之職。

和 1868 年 5 月 19 日，拜三下午五點半鐘

公堂設嘧喳嘮

瑪腰陳濬哲官、甲必丹陳思聰舍、甲必丹高西川舍、雷珍蘭黃清淵舍、雷珍蘭連文清官、雷珍蘭沈松茂官、雷珍蘭李子昌舍、朱葛礁陳玉長官俱在座。陳文速甲、陳江流甲、吳榮輝甲、陳光華甲四位不到。

（查勘陳延輝及劉添源擔保李拔萃被捉暗亞片事）

承副挨實嗹於和 1868 年 5 月 19 日第□致速書並附梁礁安呾字一張。祈公堂查勘安呾人可能擔戴否？詳覆，

李拔萃因被捉暗亞片[①]事，現禁在獄內，向梁礁做安呾字，援陳延輝及劉添源為安呾。但從褒黎司定第 83 號之例，凡犯捉私亞片者，被捉獲當罰銀，至重者壹萬盾。然待蘭得咁審判定案，而果受罰本人不能還，其安呾人當還。

列台閱書。吊訊陳延輝住大使廟為書記，劉添源住烏布土庫為戲仔主。二人俱云："晚等果有向梁礁做安呾字，為安呾李拔萃。"

公堂會議："論陳延輝與劉添源為安呾李拔萃，本堂酌量，不足擔戴。"

謹詳副挨實嗹裁奪。

---

① 暗亞片：亦作"私亞片"，閩南話，走私鴉片。

（瑪腰、甲必丹、雷珍蘭、朱葛礁為本期記錄簽名：馬來
文草書）

Tan Tjoentiat（陳濟哲）　　　Tan Soetjiong（陳思聰）

Ko Setjoan（高西川）　　　　Oeij Tjengian（黃清淵）

Ni Boentjiang（連文清）　　　Sim Siongbouw（沈松茂）

Lie Tjoetjang（李子昌）　　　Tan Gioktiang（陳玉長）

和 1868 年 5 月 22 日，拜五

公堂設嘧喳嘮

瑪腰陳濟哲官、甲必丹陳思聰舍、甲必丹高西川舍、雷
珍蘭黃清淵舍、雷珍蘭連文清官、雷珍蘭陳江流官、雷珍蘭
吳榮輝官、雷珍蘭陳光華官、雷珍蘭沈松茂官、雷珍蘭李子
昌舍、朱葛礁陳玉長官俱在座。陳文速甲不到。

（查勘王文生懇入熾昌借銀事）

承熾昌干刀寄下王文生口詞，懇入熾昌負欠銀四千盾，
援王光炎、王必興為安呾。祈公堂查勘入字人並安呾人可
堪否？詳覆。

吊訊王文生年33歲，住丹藍望為商，供云：“晚果有入熾昌銀
四千盾，援王光炎及王必興為安呾。”

吊訊王光炎住仝上，為商，供云：“晚願為安呾。”吊訊王必
興住仝上，為地主，供云：“晚願為安呾。”

公堂會議：“王光炎及王必興安呾王文和入熾昌銀四千

258

盾,但王必興前雖有安呾陳元龍 10 000 盾,今再安呾王文生。本堂酌量,二人現時可堪。"

存案。

(查勘胡甘陽懇入熾昌借銀事)

承熾昌干刀寄下胡甘陽口詞,懇入熾昌負欠銀四千盾,援陳文貴、陳河振為安呾。祈公堂查勘入字人並安呾人可堪否? 詳覆。

吊訊胡甘陽及陳河振,二人因住江東墟,不到。吊訊陳文貴_{年 23 歲,住三間土庫},供云:"晚願安呾胡甘陽入熾昌銀四千盾。"

公堂會議:"論陳文貴及陳河振為安呾胡甘陽,蓋陳文貴前雖有安呾人 8 000 盾,今再為安呾,亦能可堪。但胡甘陽、陳河振二人因居外轄,本堂酌量,不得詳悉。"

謹詳熾昌干刀裁奪。

(瑪腰、甲必丹、雷珍蘭、朱葛礁為本期記錄簽名:馬來文草書)

Tan Tjoentiat(陳濬哲)　　　Tan Soetjiong(陳思聰)

Ko Setjoan(高西川)　　　　Oeij Tjengian(黃清淵)

Ni Boentjiang(連文清)　　　Tan Konglioe(陳江流)

Gouw Enghoei(吳榮輝)　　　Tan Konghoa(陳光華)

Sim Siongbouw(沈松茂)　　　Lie Tjoetjang(李子昌)

Tan Gioktiang(陳玉長)

和 1868 年 5 月 26 日，拜二

公堂設嘧喳嘮

瑪腰陳濬哲官、甲必丹陳思聰舍、甲必丹高西川舍、雷珍蘭黃清淵舍、雷珍蘭連文清官、雷珍蘭陳江流官、雷珍蘭吳榮輝官、雷珍蘭陳光華官、雷珍蘭沈松茂官、雷珍蘭李子昌舍、朱葛礁陳玉長官俱在座。陳文速甲不到。

（查勘黃欽郎承應惹致柴架事）

承副挨實嗹於和 1868 年 5 月 23 日第 153 號又九號致書，祈查勘黃欽郎為承應柴架 88 腳①，價銀 2 332 盾，援賴觀瀾朱及吳榜全為安呾。勘畢詳覆。

列台閱書。吊訊黃欽郎住觀音亭新厝仔，為木工貓氏，供云："晚果有承應惹致柴②架 88 腳，價銀 2 332 盾，援賴觀瀾朱及吳榜全為安呾。"

訊賴觀瀾朱住觀音亭，為掌磚窯，吳榜全住大使廟，為本年豬膫官，供云："願為安呾黃欽郎。"

公堂會議："論賴觀瀾朱及吳榜全安呾黃欽郎。本堂酌量，現時可堪。"

謹詳挨實嗹裁奪。

---

① "腳"，此處作數詞。

② 惹致柴：柚木。馬來語 Jati，一種優質木材。

Tan Tjoentiat（陳濟哲）

Ko Setjoan（高西川）

Ni Boentjiang（連文清）

Gouw Enghoei（吳榮輝）

Sim Siongbouw（沈松茂）

Tan Gioktiang（陳玉長）

Tan Soetjiong（陳思聰）

Oeij Tjengian（黃清淵）

Tan Konglioe（陳江流）

Tan Konghoa（陳光華）

Lie Tjoetjang（李子昌）

和 1868 年 6 月 5 日，拜五

公堂設嘧喳嘮

瑪腰陳濟哲官、甲必丹陳思聰舍、甲必丹高西川舍、雷珍蘭黃清淵舍、雷珍蘭連文清官、雷珍蘭陳江流官、雷珍蘭吳榮輝官、雷珍蘭陳光華官、雷珍蘭沈松茂官、雷珍蘭李子昌舍、朱葛礁陳玉長官俱在座。陳文速甲不到。

（查勘彭元仁承應武營各色桶路事）

承副挨實嗹於和 1868 年 6 月 4 日第 168 號又九號致書，附馬里直干刀於和 1868 年 6 月 2 日第 51 號書云：唐人彭元仁承應各色桶路，和 1869 年起，全年價銀 11 656.5 盾，至和 1870 年、1871 年，三年合共銀 34 969.5 盾，援安呾人劉亞四及陳亞誥。祈公堂查勘安呾人可堪與否？ 詳覆。

列台閱書。吊訊劉亞四住鑒光毛甲為商，及訊陳亞誥住小南

門為商,俱供云:"晚等願為安咀彭元仁為承應武營各色桶路。"

公堂會議:"劉亞四及陳亞誥為安咀彭元仁承應武營各色桶路,本堂酌量,現時可堪。"

謹詳副挨實嗹裁奪。

(查勘黃添才懇入燬昌借銀事)

承燬昌干刀於和 1868 年 5 月 29 日第 664 號書,附黃添才口詞,懇入燬昌負欠銀貳仟盾,援薛兩魁、黃玉生為安咀。祈查勘入字人並安咀人可堪與否?詳覆。

列台閱書。吊訊黃添才年 25 歲,住珍為商,供云:晚果有入燬昌干刀銀 2 000 盾,援薛兩魁、黃玉生為安咀。

吊訊薛兩魁年 35 歲,住吉石珍為布生理,及訊黃玉生年 58 歲,住仝上,為商,俱供云:"晚等願為安咀黃添才入燬昌銀 2 000 盾。"

公堂會議論:"查薛兩魁及黃玉生二人,雖有開店,乃小可生理。本堂酌量,不足擔戴。黃添才所懇,不能承受。"

存案。

(瑪腰、甲必丹、雷珍蘭、朱葛礁為本期記錄簽名:馬來文草書)

Tan Tjoentiat(陳濬哲)　　Tan Soetjiong(陳思聰)

Ko Setjoan(高西川)　　Oeij Tjengian(黃清淵)

Ni Boentjiang(連文清)　　Tan Konglioe(陳江流)

Gouw Enghoei(吳榮輝)　　Tan Konghoa(陳光華)

Sim Siongbouw(沈松茂)　　Lie Tjoetjang(李子昌)

Tan Gioktiang（陳玉長）

和 1868 年 6 月 11 日，拜四

公堂設嘧喳嘮

瑪腰陳潸哲官、甲必丹陳思聰舍、甲必丹高西川舍、雷珍蘭黃清淵舍、雷珍蘭連文清官、雷珍蘭吳榮輝官、雷珍蘭陳光華官、雷珍蘭沈松茂官、雷珍蘭李子昌舍、朱葛礁陳玉長官，俱在座。陳文速甲、陳江流甲二位不到。

（查勘林松桃及陳溫讓娘安呾林溪容壹萬盾之額事）

承副挨實嗹於和 1868 年 6 月 11 日第 173 號又九號致書，附餉舘干刀於和 1868 年 6 月 10 日第 82 號書云：唐人林溪容為餉舘茄實①，原援林豐年及林溪全為安呾壹萬盾之額。今二安呾人已入無額間②，再援林松桃及陳溫讓娘為安呾。祈公堂查勘安呾人可堪否？詳覆。

列台閱書，會議："已查林松桃不過做燭生活，陳溫讓娘雖有厝六間，現當出五間。即為酌量，其安呾壹萬盾，不足擔戴。"

謹詳副挨實嗹裁奪。

---

① 茄實：荷蘭語 Kassier，出納員。
② 無額間：辦理破產事務之機構。

（張振銘懇移葬伊父張金生於亞森地事）

據張振銘請：前伊父張金生葬在丹絨地，有買風水闊 12 腳距、長 24 腳距，獻單為憑。今欲移葬亞森地，獻地主李子鳳甲[①]單，懇免還。

公堂會議："據張振銘請，要移葬伊父張金生於外地，李子鳳甲已經出單許諾。前葬丹絨已買地闊 12 腳距、長 24 腳距。本堂細思，此事與本堂已無干礙，准之可也。"

存案。

（大挨實嗹案奪林溪勝所懇不得承受）

承大挨實嗹於和 1868 年 6 月 6 日第 2585 號又逸字 11 號致書，為閱萬丹挨實嗹和 1868 年 4 月 28 日第 3412 號又 32 號書，附雷珍蘭林溪勝口詞，懇查公堂有權取丹絨兌風水之項否？因林溪勝之妻鄧溫娘於本年 3 月 19 日故，葬在丹絨，向公堂買風水一穴，還去銀 220 盾。若公堂無權取此項，求為付還。已閱公堂和 5 月 15 日第 45 號所詳，從和 1868 年 5 月 8 日第 2122 號又蔽字五號書，見前所定之例，

---

① 李子鳳甲：Lie Tjoe Hong，欽賜雷珍蘭李長哥之孫，欽賜雷珍蘭李伯泰之子。1847 年生於亞森腳。據《婚簿》載，1864 年 4 月 3 日，18 歲時與黃金娘（19 歲）成婚於大南門。媒妁：郭乙娘，男方主婚：李伯達（胞叔），女方主婚：黃清壽（父）。1883 年 5 月 21 日，37 歲時與簡攀娘（22 歲）再婚於亞森腳。媒妁：許杏娘、吳吉娘，男方主婚：陳硂娘（令堂太夫人），女方主婚：楊恒娘（令堂）。李子鳳於 1866 年 5 月 15 日任丹仔臘雷珍蘭知廚禮，1872 年 10 月 31 日陞特授雷珍蘭，1876 年 9 月 8 日陞任甲必丹職，1879 年 2 月 18 日陞任瑪腰。1896 年 8 月身故，享年 50 歲。

免還風水項者，此例已行久矣。惟吧胡勃實、亞勃直①、公堂室及美惜甘室，可以免還，或其妻先故，亦免還。已經酌量林溪勝係萬丹之甲，非吧之甲，不得從吧之甲，亦不得從吧之例而行。即為案奪林溪勝所懇，不得承受。

存案。

（瑪腰、甲必丹、雷珍蘭、朱葛礁為本期記錄簽名：馬來文草書）

Tan Tjoentiat（陳濬哲）	Tan Soetjiong（陳思聰）
Ko Setjoan（高西川）	Oeij Tjengian（黃清淵）
Ni Boentjiang（連文清）	Gouw Enghoei（吳榮輝）
Tan Konghoa（陳光華）	Sim Siongbouw（沈松茂）
Lie Tjoetjang（李子昌）	Tan Gioktiang（陳玉長）

和 1868 年 6 月 26 日，拜五

公堂設嘧喳嘮

瑪腰陳濬哲官、甲必丹陳思聰舍、甲必丹高西川舍、雷珍蘭黃清淵舍、雷珍蘭陳文速官、雷珍蘭連文清官、雷珍蘭陳江流官、雷珍蘭吳榮輝官、雷珍蘭陳光華官、雷珍蘭沈松茂官、朱葛礁賴觀瀾官俱在座。李子昌甲理外務，不到。

---

① 亞勃直：荷蘭語 Administrateur，行政官員，管理人；遺產管理人。

265

（查勘林炎照承應兵營病厝食物及包洗兵營衣服事）

承副挨實嗹於和 1868 年 6 月 23 日第 182 號又九號致書，附馬里直和 1868 年 6 月 20 日第 54 號書，為林炎照應包入珍、惹呀毛吃、干冬圩兵營病厝食物，三年二條合價銀 18 366.65 盾；又應珍及惹呀毛吃兵營洗滌衣服，三年價銀 49 110 盾，援施岩及柯永文為安呾。又彭元仁應干冬圩兵營包洗衣服，三年價銀 3 370.5 盾，援劉亞四、陳亞誥為安呾。祈查勘各安呾人可堪擔戴否？詳覆。

吊訊林炎照年 27 歲，住珍與人合夥稅地，供云："晚果應包入珍、惹呀毛吃、干冬圩三處兵營、病厝食物，三年二合價銀 18 366.65 盾；又應包洗珍及惹呀毛吃兵營衣服，三年價銀 49 110 盾，援施岩、柯永文為安呾。"

吊訊柯永文年 29 歲，住珍為商，吊訊施岩住珍為商，俱供云："晚等果願安呾林炎照應珍及惹呀毛吃及干冬圩兵營食物，三年價銀 18 366.65 盾，又應珍及惹呀毛吃包洗兵營衣服，三年價銀 49 110 盾。"

公堂會議："論林炎照應包入珍及惹呀毛吃及干冬圩兵營食物，三年價銀 18 366.65 盾；又應珍及惹呀毛吃兵營洗滌衣服，三年價銀 49 110 盾。本堂酌量，其安呾人施岩現時生理浩大，可堪。若柯永文，僅小可生理，不足擔戴。"

謹詳。

（查勘彭元仁承應兵營病厝食物及包洗兵營衣服事）

吊訊彭元仁年 58 歲，住珍為商，供云："晚果應包洗干冬圩兵營衣服，三年價銀 3 370.5 盾，援劉亞四、陳亞誥為安呾。"

吊訊劉亞四住鑒光毛甲為商，吊訊陳亞誥年31歲，住小南門為商，供云："晚等果願安呾彭元仁應干冬圩兵營包洗衣服，三年價銀 3 370.5 盾。"

公堂會議："彭元仁應包洗干冬圩兵營衣服，三年價銀 3 370.5 盾，援劉亞四、陳亞誥為安呾。本堂已經酌量，二安呾人生理俱大，現時可堪。"

謹詳。

（查勘甘坤海應包入馬里那椰油事）

承副挨實嗹於和 1868 年 6 月 23 日第 183 號又 9 號致書，附馬厘那[①]於和 1868 年 6 月 19 日第 6968 號書，為甘坤海應包入椰油 6 000 矸[②]，價銀 3 240 盾，援趙清水、黃福章為安呾。祈查勘可堪擔戴否？詳覆。

吊訊甘坤海年25歲，住八戈然為商，供云："晚果應包入馬里那椰油 6 000 矸，但每矸價銀 54 方，計共銀 3 240 盾，援趙清水、黃福章為安呾。"

吊訊趙清水年33歲，住新把殺為商，黃福章年19歲，住八戈然，供云："晚願安呾甘坤海應包入馬厘那椰油 6 000 矸，價銀 3 240 盾。"

公堂會議："甘坤海應包入馬厘那椰油 6 000 矸，價銀 3 240 盾。據其自供，每矸價銀 54 方，援趙清水、黃福章為安呾。本堂細思，二安呾人妥當，現時可堪。"

---

① 馬厘那：亦作馬里那、嗎厘那，荷蘭語 Marine，海軍。

② 矸：閩南話，瓶、罐。

謹詳副挨實哂裁奪。

（查勘陳金水懇換安呾人入熾昌借銀事）

承熾昌干刀書附陳金水口詞,謂前已入熾昌銀 5 000 盾,係陳德全、黃錦章甲為安呾。因黃錦章甲有事[①],懇換吳榮輝甲以代。祈查勘可堪否? 詳覆。

吊訊陳金水住中港仔為商,供如口詞所言。

吊訊吳榮輝甲住大南門,供云:"職願安呾陳金水熾昌銀 5 000 盾,代黃錦章甲之額。"

公堂會議:"陳金水前入熾昌銀 5 000 盾,因黃錦章甲有事,欲換吳榮輝甲以代,現時可堪。"

存案。謹詳(熾昌干刀裁奪)。

（查勘謝天竹懇入熾昌借銀事）

承熾昌干刀書,附謝天竹口詞,懇入熾昌銀 1 500 盾,援沈景坤、吳守文為安呾。祈(查勘)安呾可堪與否? 詳覆。

吊訊謝天竹年 28 歲,住珍為商,供云:"晚果入熾昌銀 1 500 盾,援沈景坤、吳守文為安呾。"

吊訊沈景坤年 30 歲,住珍為商,吳守文年 30 歲,住珍為商,俱供云:"晚等果願安呾謝天竹入熾昌銀 1 500 盾。"

公堂會議:"謝天竹懇入熾昌銀 1 500 盾,其安呾人沈景坤、吳守文俱是生理之人,現時可堪。"

---

① 黃錦章甲有事:指黃錦章因負債被革職一事。參見 1868 年 8 月 11 日《案簿》。

268

存案。謹詳（熾昌干刀裁奪）。

（查勘黃長發懇入熾昌借銀事）

承熾昌干刀書，附黃長發口詞，懇入熾昌銀 5 000 盾，援馬淼泉、王武亭為安呾。祈查勘可堪否？詳覆。

吊訊黃長發年 43 歲，住三間土庫為商，供如口詞所言。

吊訊馬淼泉在墾，不到。吊訊王武亭年 40 歲，住西門掌理酒灶，供云：“晚果願安呾黃長發入熾昌銀 5 000 盾。”

公堂會議：“黃長發乃生理之人，懇入熾昌銀 5 000 盾，其安呾人馬淼泉雖係墾人，現有業在吧；若王武亭，掌理酒灶，論其現時亦可堪。”

謹詳（熾昌干刀裁奪）。

（查勘葉再興懇入熾昌借銀事）

承熾昌干刀書附葉再興口詞，懇入熾昌銀 4 000 盾，援葉好、劉祝為安呾。祈查勘可堪否？詳覆。

吊訊葉再興年 33 歲，住小南門，供如口詞所言。

吊訊葉好年 51 歲，住小南門為商，劉祝年 49 歲，住公司後，開裁縫店，俱云：“晚等願安呾葉再興入熾昌銀 4 000 盾。”

公堂會議：“葉再興懇入熾昌銀 4 000 盾，其安呾人葉好、劉祝，本堂已經酌量，現時不足擔戴。”

謹詳熾昌干刀裁奪。

（林溫娘、柳三夫妻求離一案）

據公勃低陳（思聰）、李（子昌）詳。

林溫娘年25歲,住打鐵街,請伊夫柳三:"為交寅九年,生下一子名炳章,年六歲。因拙夫已三年餘自居別處,寵畜一妾,絕不顧家姑及氏衣食資費,且絕無看視。似此薄情,乞判分離。"

吊訊柳三年28歲,住西門,供云:"晚果三年之久並無歸家,因居茂物五年,兼身有病。至去年七月間,乃落城①居鑒光貓汝,果然無顧妻子。今拙妻欲求分離,晚固願從。"

台諭柳三曰:"汝三年不歸,縱不念妻子之情,獨不念汝母生育之恩?揆理而論,則是不孝,兼之不義。但既往不咎,當歸家照顧為是。"

礙二比俱不從判。謹詳公堂大嚟內裁奪。

覆訊林溫娘、柳三,供如公勃低所詳。

公堂會議:"論林溫娘所請伊夫柳三不守夫道,絕無夫妻之情,以故求離。今據柳三自供,灼見其夫不是。但二比已決志要離,縱可勸合暫時,究難白首。本堂已經酌量,准其離遏,花押在簿,任各別適無悔。其兒子炳章年六歲,須付林溫娘暫養。每月柳三當貼費銀6盾,至八歲方歸其父柳三教督成人。"

存案。

(鍾辛娘、張添郎夫妻分離一案)

據公勃低陳(江流)、連(文清)詳。

---

① 落城:閩南話,進城。

270

鍾辛娘年38歲,住臭橋,請伊夫張添郎①:"為交寅22年,未有生產。因拙夫回唐四年,並無留下今文分。今再來已經二個月,僅一次到氏家,隨即再往,至今不回,亦無照顧。似此無情,伏乞判離。"

吊訊張添郎年44歲,住戈勞屈,供云:"晚果回唐四年,並無留下分文,因晚貧寒。二個月前再來,隨到拙妻之家,拙妻不納。嗣後晚自往覓食,故無再回已。拙妻決志求離,晚固願從。"

台諭鍾辛娘曰:"汝夫妻已22年,可謂同心。今無事故,遂欲求離,殊不合理。當承受汝夫,依舊和好為是。"

礙二比堅執不從。將情申詳公堂大嘧內裁奪。

覆訊鍾辛娘、張添郎,供如公勃低所詳。

公堂會議:"論鍾辛娘與張添郎夫妻懸隔有年,且已回唐再來,在他人必深幸聚晤之不暇,彼乃不相存問,不啻路人之相視。揣其離志之決,莫甚於此者。況無兒女牽連,合當准其離遏,遂其所願,各花押在簿,以誌無悔可也。"

存案。

(瑪腰、甲必丹、雷珍蘭、朱葛礁為本期記錄簽名:馬來文草書)

Tan Tjoentiat(陳濟哲)　　　Tan Soetjiong(陳思聰)

Ko Setjoan(高西川)　　　Oeij Tjengian(黃清淵)

---

①　張添郎:據《婚簿》載,1848年1月21日,張添郎(21歲)與鍾辛娘(16歲)成婚於甲汶惹惑。媒妁:蔡勤娘,男方主婚:張丁五(胞叔),女方主婚:鍾麟長(從叔祖)。

Tan Boensok(陳文速)　　　Ni Boentjiang(連文清)

Tan Konglioe(陳江流)　　　Gouw Enghoei(吳榮輝)

Tan Konghoa(陳光華)　　　Sim Siongbouw(沈松茂)

Loa Konglan(賴觀瀾)

和 1868 年 7 月 1 日,拜三

公堂設嘧喳嘮

瑪腰陳濟哲官、甲必丹高西川舍、雷珍蘭黃清淵舍、雷珍蘭連文清官、雷珍蘭吳榮輝官、雷珍蘭陳光華官、雷珍蘭沈松茂官、朱葛礁賴觀瀾官俱在座。陳(思聰)甲大、陳文速甲、陳江流甲、李子昌甲,不到,

(查勘吳桂陽等八人承應各兵營食物事)

承副挨實嗹於和 1868 年 6 月 30 日第 187 號又 9 號致書,祈遵命查勘詳覆。為承馬里直恩珍蘭①和 1868 年 6 月 27 日第 55 號書,因吳桂陽應包入和 1869 年茂物兵營食物,全年價銀 6 517.1 盾,祈查勘可堪與否? 其安呾人郭萬鎰、周祿山仝住茂物免查。又一式達錄應各兵營食物,珍、干冬圩、茂物、海嶼,其承應人、安呾人物價敘明式達內,祈逐條查勘可堪否? 一同詳覆。式達云:

---

① 馬里直恩珍兰:荷印軍事部門(Militair van Nederlands-Indië)。

272

一、緞葛蘭氏應第一、第二、第六條，包入珍、吃①、干冬圩、茂物食物，全年價銀 125 485.2 盾，安呾人緞勃禮偎、林宗喜。

二、緞勃禮偎應第三條，包入珍、吃兵營馬草粟粒，全年價銀 46 620 盾，安呾人陳江流、林宗喜。

三、王天水應第二條、第三條、第七條，珍、吃、干冬圩兵營食物，全年價銀 175 299.5 盾，安呾人黃淮水、賴保生。

四、朱源泉應第四條，珍、吃勞智兵營，全年價銀 7 035 盾，安呾人吳經綸②、林華。

五、甘永全應第五條，珍、吃兵營牛乳漿，全年價銀 15 750 盾，安呾人吳福全、林嵩嶽。

六、張肇燮應第八條、第九條，藥店、牛壟③、病厝，珍、吃兵營什物，全年價銀 114 868.2 盾，安呾人梁德水、陳乙郎。

七、張肇燮應全上條海嶼兵營食物，全年價銀 25 547 盾，安呾人梁德水、溫亞雲。

八、湯二素甲應第四條，茂物兵營什物，全年價銀 6 517.1盾，安呾人饒一才、黃宗標。

---

① 吃：地名，惹呀毛吃兵營簡稱。

② 吳經綸：Gouw Keng Loen，欽賜雷珍蘭吳南陽之子，1853 年生於大南門。1856 年 9 月 1 日，22 歲時與朱宏娘（18 歲）成婚。媒妁：郭一娘，男方主婚：吳南陽（父），女方主婚：朱深（父）。吳經綸於 1879 年 12 月 26 日陞任雷珍蘭，1883 年 9 月 23 日陞任甲必丹職。1890 年 1 月 19 日去世，享年 55 歲。

③ 牛壟：馬來语 Gudang，倉庫。

（查勘吳桂陽承應各兵營食物事）

吊訊吳桂陽住珍開酒路店，供云："晚果應茂物兵營食物，和 1869 年全年價銀 6 517.1 盾，援郭萬鎰、周祿山為安呾。"

公堂會議："吳桂陽應包入茂物兵營食物，和 1869 年全年價銀 6 517.1 盾，安呾人郭萬鎰、周祿山。但吳桂陽現時為酒路生理妥當，可理包入物件之事。其二安呾人俱住茂，不知其詳。"

（查勘緞葛蘭氏承應各兵營食物事）

吊訊林宗喜住丹藍望為貓澤生理，現又入南參，供云："晚果願與緞禮偎安呾緞葛蘭氏應包入珍、吃、干冬圩、茂兵營食物，和 1869 年全年價銀 125 485.2 盾。"

公堂會議："緞葛蘭氏包入兵營物件，全年價銀 125 485.2 盾，援唐人林宗喜為安呾，現時可堪。"

（查勘緞勃禮偎承應各兵營食物事）

吊訊陳江流甲住聖望港為地主，吊訊林宗喜住丹藍望為貓澤生理，俱供云："晚等果願安呾緞勃禮偎應包入和 1869 年兵營珍、吃馬草粟粒，全年價銀 46 620 盾。"

公堂會議："緞勃禮偎應包入兵營珍、吃馬草粟粒，和 1869 年全年價銀 46 620 盾，援陳江流甲、林宗喜為安呾，現時可堪。"

274

（查勘王天水承應各兵營食物事）

吊訊王天水住丹藍望，供云：“晚有厝，現年入覽森，果應包入第二條、第三條、第七條，三丕①肉及兀勃及什物，珍、吃、干冬圩三處，和 1869 年全年價銀 175 299.5 盾，援黃淮水、賴保生為安呾。”

吊訊黃淮水住新把殺為商，吊訊賴保生住全上，（供云）：“晚等果願安呾王天水應包入珍、吃、干冬圩兵營三丕肉及什物，和 1869 年全年價銀 175 299.5 盾。”

公堂會議：“王天水應包入和 1869 年珍、吃、干冬圩三處兵營三丕肉及什物，全年價銀 175 299.5 盾，其安呾人黃淮水、賴保生俱生理之人，現時可堪。”

（查勘朱源泉承應各兵營食物事）

吊訊朱源泉住小南門開勞智間，供云：“晚果應第四條，包入珍、吃兵營勞智，和 1869 年全年價銀 7 030 盾，援林華、吳經綸為安呾。”

吊訊林華住亞森腳為商，吊訊吳經綸住大港墘，供云：“晚等果願安朱源泉包入珍、吃兵營勞智，和 1869 年全年價銀 7 030 盾。”

公堂會議：“朱源泉應包入和 1869 年珍、吃兵營勞智，和 1869 年全年價銀 7 030 盾，援林華、吳經綸為安呾，現時可堪。”

---

① 三丕：馬來語 Sampi，牛（黃牛）。

（查勘甘永全承應各兵營食物事）

吊訊甘永全住珍，現無生活，供云："晚果應第五條，包入珍、吃二處兵營牛乳漿，和 1869 年全年價銀 15 750 盾，援吳福全、林嵩嶽為安呾。

吊訊吳福全住洪溪為地主，吊訊林嵩嶽住八戈然現稅地，供云："晚等果願安呾甘永全應珍、吃兵營牛乳漿，和 1869 年全年價銀 15 750 盾。"

公堂會議："甘永全應包入珍、吃兵營牛乳漿，和 1869 年全年價銀 15 750 盾。甘永全現無利路，而二安呾人吳福全、林嵩嶽，一為地主，一稅地，現時可堪。"

（查勘張肇變承應各兵營食物事）

吊訊張肇變住大港堀為商，供云："晚果應第八、第九條，包入珍、吃二處兵營牛蔶、病厝、藥店食物，和 1869 年全年價銀 114 868.2 盾，援梁德水、陳乙郎為安呾。"

吊訊梁德水住大南門為商，吊訊陳乙郎住城內掌蔶事①，供云："晚等果願安呾張肇變應包入珍、吃兵營食物，全年和 1869 年價銀 114 868.2 盾。"

公堂會議："張肇變應包入珍、吃二處兵營食物，和 1869 年全年價銀 114 868:2 盾，安呾人梁德水、陳乙郎，現時可堪。"

又訊張肇變，供云："晚果應包入海嶼兵營食物並什

---

① 蔶事：蔶，亦作"廍"，蔗蔶、糖蔶的簡稱，荷蘭語 Suikermolen，意爲甘蔗種植園、榨糖廠。蔶事，亦作蔶務，指管理甘蔗種植園、榨糖廠的事務。

物，和 1869 年全年價銀 25 547 盾，援梁德水、溫亞雲為安
呾。"

吊訊梁德水、溫亞雲，俱為商，供云："晚等果願安呾張
肇變包入海嶼兵營食物，和 1869 年全年價銀 25 547 盾。"

公堂會議："張肇變應包入海嶼兵營食物，和 1869 年全
年價銀 25 547 盾，安呾人梁德水、溫亞雲，現時可堪。"

（查勘湯二素承應各兵營食物事）

吊訊湯二素甲住鑒光毛呿甲，供云："晚弟果應第四條，包
入茂物兵營食物，和 1869 年全年價銀 6 517.1 盾，援饒奕
才、黃宗標為安呾。"

吊訊饒奕才住毛呿甲為朥海嶼，吊訊黃宗標住丹藍望掌理蕃
事，供云："晚等果願安呾湯二素甲應包入茂物兵營食物，和
1869 年全年價銀 6 517.1 盾。"

公堂會議："湯二素甲應包入茂物兵營食物，和 1869 年
全年價銀 6 517.1 盾，安呾人饒奕才、黃宗標，現時可堪。"

謹詳副挨實嗹裁奪。

（瑪腰、甲必丹、雷珍蘭、朱葛礁為本期記錄簽名：馬來文草書）

Tan Tjoentiat（陳潏哲）	Ko Setjoan（高西川）
Oeij Tjengian（黃清淵）	Ni Boentjiang（連文清）
Gouw Enghoei（吳榮輝）	Tan Konghoa（陳光華）
Sim Siongbouw（沈松茂）	Loa Konglan（賴觀瀾）

和 1868 年 7 月 6 日, 拜一

公堂設嚜喳嘮

瑪腰<u>陳瀋哲官</u>、甲必丹<u>陳思聰舍</u>、雷珍蘭<u>黃清淵舍</u>、雷珍蘭<u>陳文速官</u>、雷珍蘭<u>陳江流官</u>、雷珍蘭<u>吳榮輝官</u>、雷珍蘭<u>陳光華官</u>、雷珍蘭<u>李子昌舍</u>、朱葛礁<u>賴觀瀾官</u>俱在座。高西川甲大、連文清甲、沈松茂甲三位不到。

（查勘<u>余亞鉅</u>懇應包入蚊甲椰油、生油事）

承副挨實嗹於和 1868 年 7 月 3 日第 193 號又 9 號致書,附一口詞,為<u>余亞鉅</u>懇要入<u>蚊甲</u>①椰油、生油,和 1869 年全年,援<u>王文信</u>、<u>李亞二</u>為安咀。祈查勘可堪擔戴否? 詳覆。

吊訊<u>余亞鉅</u>_{住小南門為商},供云:"晚要應包入<u>蚊甲</u>椰油、生油,和 1869 年全年,約椰油 132 擔、生油 822 擔,價約每擔銀 27 盾,援<u>王文信</u>、<u>李亞二</u>為安咀。"

吊訊<u>王文信</u>_{住西門為商},<u>李亞二</u>_{住小南門,與王文信合夥},供云:"果願安咀<u>余亞鉅</u>包入<u>蚊甲</u>椰油、生油,和 1869 年全年。"

公堂會議:"論<u>余亞鉅</u>懇要包入<u>蚊甲</u>椰油、生油,和 1869 年全年。其安咀人<u>王文信</u>,現時可堪。但<u>李亞二</u>現與

---

① 蚊甲:亦作"蚊膠"、"網甲"、"望甲",Banka,<u>蘇門答臘島</u>東南面的<u>邦加島</u>。

278

<u>王文信</u>共一生理,不過得份額而已。本堂酌量,當添一人為安呾乃妙。"

(查勘<u>連文清</u>懇要包入<u>蚊甲</u>米事)

承副挨實嗹於<u>和</u> 1868 年 7 月 3 日第□致書,附一字,為<u>連文清甲</u>懇要包入<u>蚊甲</u>米,<u>和</u> 1869 年全年,援<u>沈松茂甲</u>並<u>范亞傳</u>為安呾。祈查勘可堪否?詳覆。

據<u>連文清甲</u>供云:"職果要應<u>和</u> 1869 年全年<u>蚊甲</u>米,援<u>沈松茂甲</u>、<u>范亞傳</u>為安呾。"

據<u>沈松茂甲</u>供云:"職果願安呾<u>連文清</u>包入<u>蚊甲</u>米<u>和</u> 1869 年全年。"吊訊<u>范亞傳</u>_{住小南門為商},供云:"晚果願安呾<u>連文清甲</u>應包入<u>蚊甲</u>米,<u>和</u> 1869 年全年。"

公堂會議:"<u>連文清甲</u>懇要包入<u>蚊甲</u>米,<u>和</u> 1869 年全年,援<u>沈松茂甲</u>、<u>范亞傳</u>為安呾。現時可堪。"

謹詳副挨實嗹裁奪。"

(<u>瑪腰</u>、<u>甲必丹</u>、<u>雷珍蘭</u>、<u>朱葛礁</u>為本期記錄簽名:<u>馬來文草書</u>)

<u>Tan Tjoentiat</u>(<u>陳濬哲</u>)   <u>Tan Soetjiong</u>(<u>陳思聰</u>)

<u>Oeij Tjengian</u>(<u>黃清淵</u>)   <u>Tan Boensok</u>(<u>陳文速</u>)

<u>Tan Konglioe</u>(<u>陳江流</u>)   <u>Gouw Enghoei</u>(<u>吳榮輝</u>)

<u>Tan Konghoa</u>(<u>陳光華</u>)   <u>Lie Tjoetjang</u>(<u>李子昌</u>)

<u>Loa Konglan</u>(<u>賴觀瀾</u>)

和 1868 年 7 月 9 日，拜四

公堂設嚜喳嘮

瑪腰陳濬哲官、甲必丹陳思聰舍、甲必丹高西川舍、雷珍蘭黃清淵舍、雷珍蘭陳文速官、雷珍蘭連文清官、雷珍蘭陳江流官、雷珍蘭吳榮輝官、雷珍蘭陳光華官、雷珍蘭沈松茂官、雷珍蘭李子昌舍、朱葛礁陳玉長官俱在座。

（查勘緞葛蘭氏懇承應包入南旁兵營食物、火柴、火油事）

承副挨實嗹於和 1868 年 7 月 8 日第 198 號又九號致書，附嗎里直干刀和 1868 年 7 月 7 日第 56 號書，為緞葛蘭氏承應包入南旁兵營食物、火柴、火油，和 1869 年全年價銀 40 028.4 盾，援緞勃里維及林宗桂為安呾。祈查林宗桂可堪擔戴否？詳覆。

吊訊林宗桂，染病不到。據林宗喜云："宗桂與晚為儔，每月辛金 150 盾而已。但安呾緞葛蘭氏包入南旁兵營食物，係是晚非宗桂，且晚已到兵營押號為安呾。"

公堂會議："已查林宗桂與林宗喜為儔，不足擔戴為安呾。據林宗喜自供，伊已到兵營押號為安呾。若果林宗喜是為商之人，本堂酌量，現時可堪。"

謹詳。

（查勘連益昌懇包入網甲椰油及火油事）

承副挨實嗹於和 1868 年 7 月 8 第 199 號又九號致書，

280

附一口詞。為連益昌①住洪溪為商欲包入網甲椰油及火油，於和 1869 年全年，援饒亞三、范亞傳為安呾。若准懇，求賜一憑，俾可至期承應。祈查勘可堪否？詳覆。

公堂會議："論連益昌欲為包入網甲椰油及火油，援饒亞三、范亞傳為安呾。已查三人俱皆為商。本堂酌量，現時可堪。"

謹詳副挨實嗹。

（查勘胡甘陽懇入熾昌借銀事）

承熾昌干刀於和 1868 年 6 月 30 日第 798 號致書，附一口詞，為胡甘陽，住干冬圩為商，懇入熾昌負欠銀四千盾，援陳文簿、陳文貴為安呾。祈查勘可堪否？詳覆。

吊訊胡甘陽，因住干冬圩，不到。吊訊陳文簿，不到。據陳文貴供云："陳文簿已經回唐，係付晚為掛咻。晚二人果願安呾胡甘陽入熾昌銀 4 000 盾。"

公堂會議："論陳文貴與陳文簿為安呾胡甘陽入熾昌，據文貴自供，伊為掛咻陳文簿，而陳文貴前雖有安呾人 8 000 盾，今再為安呾胡甘陽 4 000 盾。本堂酌量，現時可堪。"

謹詳熾昌干刀裁奪。

---

① 連益昌：Ni Yi Tjiang，雷珍蘭連文清之子，1843 年生於洪溪。據《婚簿》載，1863 年 9 月 27 日，連益昌（21 歲）與陳雪娘（19 歲）成婚於洪溪。媒妁：蔡勤娘，男方主婚：連文清（父），女方主婚：陳清珠（父）。

（瑪腰、甲必丹、雷珍蘭、朱葛礁為本期記錄簽名：**馬來文草書**）

Tan Tjoentiat（陳濬哲）	Tan Soetjiong（陳思聰）
Ko Setjoan（高西川）	Oeij Tjengian（黃清淵）
Tan Boensok（陳文速）	Ni Boentjiang（連文清）
Tan Konglioe（陳江流）	Gouw Enghoei（吳榮輝）
Tan Konghoa（陳光華）	Sim Siongbouw（沈松茂）
Lie Tjoetjang（李子昌）	Tan Gioktiang（陳玉長）

和 1868 年 7 月 10 日，拜五

公堂設嘧喳嘮

瑪腰陳濬哲官、甲必丹陳思聰舍、甲必丹高西川舍、雷珍蘭黃清淵舍、雷珍蘭陳文速官、雷珍蘭連文清官、雷珍蘭吳榮輝官、雷珍蘭陳光華官、雷珍蘭李子昌舍、朱葛礁陳玉長官俱在座。陳江流甲、沈松茂甲二位不到。

（查勘張肇變承應入網甲油事）

承副挨實嗹於和 1868 年 7 月 9 日第 201 號又九號致書，附一口詞，為張肇變住大港垵為商欲包入網甲油，援梁德水及陳湘敬為安呾。若准懇，求賜一憑，俾可至期承應。祈查勘承應人及安呾可堪與否？詳覆。

列台閱書論："張肇變欲為包入網甲油，援梁德水及陳湘敬為安呾。已查三人俱皆為商。本堂酌量，現時可堪。"

282

謹詳挨實嗹裁奪。

（查勘藍森樹懇換安呾人以入熾昌借銀事）

承熾昌干刀於和 1868 年 7 月 7 日第 813 號致書，附一口詞，為藍森樹前已入熾昌負欠銀 4 000 盾，援藍奇傑、藍牛及林砵為安呾。今林砵因生理不就，懇換伊妻葉志娘為安呾，以代林砵之額，其藍奇傑、藍牛仍為安呾。祈查可堪與否？詳覆。

公堂會議：“論藍森樹原入熾昌負欠銀 4 000 盾，欲援伊妻葉志娘為安呾，以代林砵之額，而藍奇傑、藍牛仍同為安呾。本堂已查葉志娘並無產業，不足擔戴為安呾。”

謹詳熾昌干刀裁奪。

（查勘鄭仁諒懇換安呾人以入熾昌借銀事）

承熾昌干刀於和 1868 年 7 月 2 日第 807 號致書，附一口詞，為鄭仁諒前入熾昌負欠銀 3 000 盾，援鄭朝服及楊忠連為安呾。今朝服已故，懇換鄭佐為安呾，以代朝服之額，其楊忠連仍為安呾。祈查勘鄭佐可堪與否？詳覆。

吊訊鄭佐住大港墘為商，供云：“晚願安呾鄭仁諒入熾昌負欠銀 3 000 盾，以代鄭朝服之額。”

公堂會議：“論鄭佐為安呾鄭仁諒入熾昌銀 3 000 盾，以代鄭朝服之額。已查鄭佐是生理之人。本堂酌量，現時可堪。”

謹詳熾昌干刀裁奪。

（瑪腰、甲必丹、雷珍蘭、朱葛礁為本期記錄簽名：馬來文草書）

Tan Tjoentiat（陳潘哲）	Tan Soetjiong（陳思聰）
Ko Setjoan（高西川）	Oeij Tjengian（黃清淵）
Tan Boensok（陳文速）	Ni Boentjiang（連文清）
Gouw Enghoei（吳榮輝）	Tan Konghoa（陳光華）
Lie Tjoetjang（李子昌）	Tan Gioktiang（陳玉長）

和 1868 年 7 月 11 日，拜六

公堂設嘧喳嘮

媽腰陳潘哲官、甲必丹陳思聰舍、甲必丹高西川舍、雷珍蘭黃清淵舍、雷珍蘭連文清官、雷珍蘭吳榮輝官、雷珍蘭李子昌舍、朱葛礁賴觀瀾官俱在座。陳文速甲、陳江流甲、陳光華甲、沈松茂甲四位不到。

（查勘李亞二懇要包入和 1869 年全年網甲米事）

承副挨實嗹於和 1868 年 7 月 11 日第 205 號又 12 號致書，附一口詞。為李亞二[①]懇要包入和 1869 年全年網甲米 120 000 擔，援王元標、李盛能為安呾，懇賜一憑，以便承

---

① 李亞二：Lie A Njie，1829 年生於唐，1845 年前後來吧。據《婚簿》載，1866 年 9 月 27 日，李亞二（38 歲）與黃新娘（16 歲）成婚於小南門。媒妁：劉金娘，男方主婚：李炳生（胞兄），女方主婚：黃亞五（父）。李亞二於 1879 年 8 月 7 日陞任雷珍蘭，1883 年 5 月 26 日授甲必丹知廚禮，直至 1901 年。

應。祈查勘可堪與否？詳覆。

吊訊李亞二_{住小南門為商}，供云："晚果要承應包入網甲米，和 1869 年全約 120 000 擔，援王元標、李盛能為安咀。"

吊訊王元標_{住惹呀蘭為商}，吊訊李盛能_{回唐不到}，伊掛咖人邱丁壬到堂，供云："晚等果願為安咀李亞二應包入網甲米，和 1869 年全年約 120 000 擔。"

公堂會議："李亞二要包入網甲米，和 1869 年全年約 120 000 擔。已經勘查李亞二現時與王文信合夥生理，未見有業。其安咀人王元標有業可觀，約僅 30 000 盾之左右。若李盛能，現已回唐，其掛咖人邱丁壬自供云，果願為安咀。查其生理，約僅 30 000 盾之左右。本堂酌量，此網甲米乃重大之事，僅此二人為安咀，不足擔戴。"

謹詳挨實嗹裁奪。

（查勘吳滂全懇要包入網甲椰油、火油事）

承副挨實嗹於和 1868 年 7 月 11 日第 206 號又 12 號致書，附一口詞。為吳滂全懇要包入網甲椰油、火油，和 1869 年全年，援戴永父、鍾辛二為安咀。祈查勘可堪與否？詳覆。

吊訊吳滂全_{住大使廟}，供云："晚果入字懇要包入網甲椰油、火油，於和 1869 年全年，援戴永父及鍾辛二為安咀。"

吊訊戴永父_{住八廚沃閜為商}，吊訊鍾辛二_{住新把殺}，供云："晚等果願安咀吳滂全應包入網甲椰油、火油，於和 1869 年全年。"

公堂會議："吳滂全懇要應包入網甲椰油、火油，於和

1869 年全年。援戴永父、鍾辛二為安咀。本堂酌量,現時可堪。"

謹詳副挨實嘽裁奪。

(陳爵用入稟懇為義學停學事)

據義學師陳爵用入稟云:訂於唐六月初四日停學。

列台閱稟,議曰:"循例而行,准懇可也。"

存案。

(瑪腰、甲必丹、雷珍蘭、朱葛礁為本期記錄簽名:馬來文草書)

Tan Tjoentiat(陳潜哲)　　Tan Soetjiong(陳思聰)

Ko Setjoan(高西川)　　　Oeij Tjengian(黃清淵)

Ni Boentjiang(連文清)　　Gouw Enghoei(吳榮輝)

Lie Tjoetjang(李子昌)　　Loa Konglan(賴觀瀾)

和 1868 年 7 月 14 日,拜二

公堂設嚤喳嘮

瑪腰陳潜哲官、甲必丹陳思聰舍、雷珍蘭黃清淵舍、雷珍蘭陳文速官、雷珍蘭連文清官、雷珍蘭陳江流官、雷珍蘭吳榮輝官、雷珍蘭陳光華官、雷珍蘭沈松茂官、雷珍蘭李子昌舍、朱葛礁賴觀瀾官俱在座。高西川甲大不到。

286

（查勘陳福潤承應包入南旁兵營食物事）

承副挨實嗹於和 1868 年 7 月 13 日第 207 又九號致書，祈速查勘詳覆。為承南旁兵營干刀於和 1868 年 7 月 2 日第 240 號又七號書，為陳福潤應包入南旁兵營食物，和 1869 年全年價銀 38 017.89 盾，援藍西及陳亞祥為安呾。其陳福潤，原係吧人。祈查勘可堪與否？詳覆。其二安呾人居住南旁，免查。

吊訊陳福潤住洪溪，已往南旁，不到。

公堂會議："陳福潤應包入南旁兵營食物，於和 1869 年全年價銀 38 017.89 盾，援藍西及陳亞祥為安呾。本堂已經細查承應人陳福潤，原係住吧，在吧並無物業，惟有連名應份得一小厝在洪溪而已，在吧亦無生理。其二安呾人，俱住南旁，不知其詳。"

謹詳。

（查勘劉亞四懇要應包入網甲椰油、火油事）

承副挨實嗹於和 1868 年 7 月 14 日第 206 又九號致書，附一口詞。為劉亞四懇要應包入網甲椰油、火油，於和 1869 年全年，援陳亞誥及陳有華為安呾。祈查勘可堪與否？詳覆。

公堂會議："劉亞四懇要包入網甲椰油、火油，於和 1869 年全年。援陳亞誥、陳有華為安呾。本堂酌量，現時可堪。"

謹詳副挨實嗹裁奪。

（瑪腰、甲必丹、雷珍蘭、朱葛礁為本期記錄簽名：馬來文草書）

Tan Tjoentiat（陳濬哲）   Tan Soetjiong（陳思聰）

Oeij Tjengian（黃清淵）   Tan Boensok（陳文速）

Ni Boentjiang（連文清）   Tan Konglioe（陳江流）

Gouw Enghoei（吳榮輝）   Tan Konghoa（陳光華）

Sim Siongbouw（沈松茂）   Lie Tjoetjang（李子昌）

Loa Konglan（賴觀瀾）

和 1868 年 7 月 24 日，拜五

公堂設嗎喳嘮

媽腰陳濬哲官、甲必丹陳思聰舍、雷珍蘭黃清淵舍、雷珍蘭陳文速官、雷珍蘭連文清官、雷珍蘭吳榮輝官、雷珍蘭陳光華官、雷珍蘭沈松茂官、雷珍蘭李子昌舍、朱葛礁陳玉長官俱在座。高（西川）甲大、陳江流甲二位不到。

（默氏陳振河懇蔭地為雙壙之墳）

據陳振河入稟，為伊任惹呀蘭默氏已有七年，今伊妻徐金娘已故，懇蔭風水一穴，闊 12 腳距、長 24 腳距，將來合伊己身為雙壙之墳。

列台閱稟，即論："凡為默者，依舊例可得蔭地闊 12 腳距、長 24 腳距為墳。今陳振河為默氏已經有年，未聞外言其非，若得蔭地，欲將來合其己身為雙壙之墳。本堂酌量，

288

准其所懇,免還。”

存案。

(查勘郭炮懇換安呾人入熾昌借銀事)

承熾昌干刀於和 1868 年 7 月 14 日第 867 號致書,附一口詞。為郭炮前入熾昌負欠銀 3 000 盾,援李有及潘晚為安呾。今潘晚生理不就,懇換郭大有為安呾,以代潘晚之額。祈查勘可堪與否? 詳覆。

吊訊郭大有住大港墘為商,供云:“晚願為安呾郭炮入熾昌銀 3 000 盾,以代潘晚之額。”

公堂會議:“郭大有為安呾郭炮入熾昌銀 3 000 盾,以代潘晚之額。已查郭大有是生理之人,本堂酌量,現時可堪。”

謹詳。

(查勘陳海源欲入熾昌借銀事)

承熾昌干刀於和 1868 年 7 月 21 日第 904 致書,附一口詞。為陳海源欲入熾昌負欠銀 2 000 盾,援陳涼水及陳昭娘為安呾。祈查勘可堪與否? 詳覆。

吊訊陳海源住亭仔腳,供如口詞所言。

吊訊陳涼水,不到。據陳海源云:“陳涼水不願為安呾。”吊訊陳昭娘,住中港仔開慢仔店,供云:“氏果願為安呾陳海源入熾昌負欠銀 2 000 盾,因陳海源與氏為傭。”

公堂會議:“陳海源欲入熾昌銀 2 000 盾,援陳涼水及陳昭娘為安呾。據陳海源自供,陳涼水不願為安呾。已查陳涼水掌理園地，陳昭娘開幔仔店而已，陳海源僅與陳昭娘為傭。本堂酌量，陳海源所懇不得承受。”

謹詳熾昌干刀裁奪。

（瑪腰、甲必丹、雷珍蘭、朱葛礁為本期記錄簽名：馬來文草書）

Tan Tjoentiat（陳濬哲）	Tan Soetjiong（陳思聰）
Oeij Tjengian（黃清淵）	Tan Boensok（陳文速）
Ni Boentjiang（連文清）	Gouw Enghoei（吳榮輝）
Tan Konghoa（陳光華）	Sim Siongbouw（沈松茂）
Lie Tjoetjang（李子昌）	Loa Konglan（賴觀瀾）

和 1868 年 8 月 7 日，拜五

公堂設嘧喳嘮

媽腰陳濬哲官、甲必丹陳思聰舍、甲必丹高西川舍、雷珍蘭黃清淵舍、雷珍蘭陳文速官、雷珍蘭連文清官、雷珍蘭吳榮輝官、雷珍蘭陳光華官、雷珍蘭李子昌舍、朱葛礁賴觀瀾官俱在座。陳江流甲、沈松茂甲二位不到。

（查勘林強光承應包入南旁兵營食物事）

承副挨實嗹於和 1868 年 8 月 5 日第 207 號又九號致書，附南旁直洛勃冬兵營干刀於和 1868 年 7 月 27 日第 285 號又七號書。為林強光應包入南營食物，於和 1869 年

290

全年價銀 38 812.16 盾。祈查勘可堪與否？詳覆。

吊訊林強光_{往南旁}，不到。

公堂會議："林強光現住南旁，為掛咖亞片賭。已查在吧並無物業，況是浪①人，不過往來於吧而已。"

謹詳副挨實嗹裁奪。

(王庸修入稟懇要更易年例，削除設普而換祭獻以代事)

據王庸修入稟，懇要更易年例，削除設普②而換祭獻③以代。因無揉踏祭物，且亦成禮。伏乞裁奪。

公堂會議："論王庸修稟稱，要除小南門普度而易以祭獻，因普之一事必繼以，又近乎褻，且亦非禮，斯言近理。但此例由來久矣。況出資以為事者，境內眾人也。合當參之地主、稅主及人眾。如若同意可行，即行。本堂並無苛究。"

存案。

---

① 浪：北加浪(Pekalongan)的簡稱，今中爪哇北岸之北加浪岸。王大海《海島逸志》有云："北膠浪為吧國東南之區，亞於三寶壟，面山背海"，"華人息居其中"。

② 設普：設置普渡簡稱。普渡，佛教用語，廣施法力以救濟眾生曰"普渡"。道教亦有"中元普度"，每年農曆七月十五日"鬼節"，舉行"中元普渡"，作法事以三牲五果普度十方孤魂野鬼，順帶祈禱風調雨順、國泰民安。民間亦會準備豐富的牲禮，祭拜地官大帝及祖先。

③ 祭獻：祭祀之禮。天神稱祀，地祇稱祭。祭獻之禮為：誦祭文，行三獻禮。主人初獻(酒)，同僚亞獻，賓客三獻。有多至九獻禮者。

（陳爵用入稟懇辭義學掌教事）

據義學先生陳爵用入稟，懇辭義學掌教事。因其疾病纏身，欲暫調養。

本堂酌量，陳爵用果然病軀，日就羸瘠。准懇可也。

存案。

（顏涇石、林兼善、方奪侯、李方春入稟懇為明誠書院掌教事）

據顏涇石、林兼善、方奪侯、李方春入稟，俱懇為明誠書院掌教事。

公堂閱顏涇石、林兼善、方奪侯、李方春四人入稟，俱懇為明誠書院掌教。

列台會議："已經酌量，四人中惟兼善不失為師之范，即舉為明誠書院掌教。"存案。

（瑪腰、甲必丹、雷珍蘭、朱葛礁為本期記錄簽名：馬來文草書）

Tan Tjoentiat（陳濬哲）	Tan Soetjiong（陳思聰）
Ko Setjoan（高西川）	Oeij Tjengian（黃清淵）
Tan Boensok（陳文速）	Ni Boentjiang（連文清）
Gouw Enghoei（吳榮輝）	Tan Konghoa（陳光華）
Lie Tjoetjang（李子昌）	Loa Konglan（賴觀瀾）

和 1868 年 8 月 11 日，拜二

公堂設嘧喳嘮

媽腰陳濬哲官、甲必丹陳思聰舍、甲必丹高西川舍、雷珍蘭黃清淵舍、雷珍蘭陳文速官、雷珍蘭連文清官、雷珍蘭吳榮輝官、雷珍蘭陳光華官、雷珍蘭李子昌舍、朱葛礁賴觀瀾官俱在座。陳江流甲、沈松茂甲二位不到。

（王上案奪追革甲必丹知廚禮黃錦章、雷珍蘭知廚禮黃德章之職銜）

承媽腰繳入挨實嚏於和 1868 年 8 月 6 日第 3674 號又搨字①11 號書，遵王上於和 1868 年 7 月 27 日第三號案奪，為經酌量甲必丹知廚禮黃錦章、雷珍蘭知廚禮黃德章，現時不宜授職。因已得伊父甲必丹知廚禮黃燎光厚業，未幾蕩盡。經於和 1868 年 4 月 15 日叻柔低司②案奪，黃錦章已入戈黎直准，自認童稚無知。其黃德章負欠過多，現幽囹圄。而黃錦章從和 1865 年 8 月 29 日第二號案奪，即行追革。黃德章從和 1854 年 3 月 15 日第 22 號案奪，亦行追革。

列台閱畢議："即存案。"

---

① 搨字：荷蘭語字母 R 的閩南話譯音。

② 叻柔實低司：亦作力柔實低司，荷蘭語 Raad van Justitie，荷印高等法院。

（查勘李經元等諸人入字要應包理各驛亭該用菹健、器
具事）

副挨實嗹於和 1868 年 8 月 7 日第 219 號又九號致書，
附掌驛厘力突於和 1868 年 8 月 5 日第 960 號又 9 號書。
為和本年 8 月 3 日諸人入字，要應包理各驛亭該用菹健①、
器具，或一年、或三年為限。茲將入字人及安呾人列明，祈
查勘各人可堪擔戴否？並查其有店廚工做器齊備否？因此
工役要急用。勘畢詳覆。

李經元應一年，每月價銀 1 100 盾；應三年，每月價銀
1 100 盾。安呾人：李庚漢、李庚旺。

張伸郎應一年，每月價銀 895 盾；應三年，每月價銀
880 盾。安呾人：許亞三、李亞信。

葉江水應一年，每月價銀 700 盾；應三年，每月價銀
650 盾。安呾人：饒一才、邱亞群。

賴保生應一年，每月價銀 980 盾；應三年，每月價銀
880 盾。安呾人：趙清水、唐禎松。

黃新英應三年，每月價銀 574.94 盾。安呾人：陳德山、
曾亞添。

公堂會議："諸人入字，要應包做各驛亭該用菹健、器
具。其應人李經元，現開馬車店在晉郎；安呾人李庚漢、李
庚旺俱開馬車間，現可堪。張伸郎，住珍開打鐵店並做馬
車，器具廚工齊備；安呾人許亞三，住珍為商；李亞信，住珍
開打鐵店。現可堪。葉江水，住鑒光茄覽抹開打鐵店並做

---

① 菹健：亦作"泊健"，馬來語 Pakaian，衣服、服裝。

294

馬車;安咀人饒一才,為海嶼工役賺官;邱亞群,住巴八丹為貓氏土水①並開店,現可堪。賴保生,住新把殺為商;安咀人趙清水、唐禎松,住全上,為商,現可堪。黃新英,住晉郎安打鐵店並做馬車,廚工器具齊備;安咀陳德山,住小南門為商;曾亞添,住西郎橋為貓氏木匠。現可堪。"

謹詳副挨實嗹裁奪。

(查勘藍森樹懇入熾昌借銀事)

承熾昌干刀於和 1868 年 7 月 31 日第 956 號書,附藍森樹口詞,懇入熾昌銀 4 000 盾,援藍牛、藍奇傑、施智為安咀。祈查勘可堪否? 詳覆。

吊訊藍森樹年 46 歲,住小南門開雜鐵店,供云:"晚果要入熾昌銀 4 000 盾,援藍牛、藍奇傑、施智為安咀。"

吊訊藍牛年 53 歲,住新把殺開酒路店,施智住珍開布路店,俱供云:"晚等各有厝,果願安咀藍森樹入熾昌銀 4 000 盾。"吊訊藍奇傑住八芝嗹,不到。

公堂會議:"藍森樹懇入熾昌銀 4 000 盾,藍牛、藍奇傑、施智為安咀。本堂已經酌量,藍森樹、藍牛、施智,現時可堪。其安咀人藍奇傑,現與陳甘郎甲為備,住八芝嗹,雖在吧有厝,已質當過價。"

謹詳熾昌干刀裁奪。

(查勘林籲懇入熾昌借銀事)

承熾昌干刀於和 1868 年 8 月 6 日第 958 號致書,附林

---

① 貓氏土水:泥瓦匠工頭。

295

籲口詞，懇入熾昌銀 2 500 盾，援陳圈、陳玉成為安吧。祈查勘可堪否？詳覆。

吊訊林籲年 32 歲，住亭仔腳，供云："晚原入熾昌銀 2 500 盾，因生理罷停，已經削止。今懇熾昌銀 2 500 盾，援陳圈、陳玉成為安吧。"

吊訊陳圈年 59 歲，住窯內，吊訊陳玉成住新厝仔為土庫茄實，供云："晚等果願安吧林籲入熾昌銀 2 500 盾。"

公堂會議："林籲懇入熾昌銀 2 500 盾，援陳圈、陳玉成為安吧。本堂酌量，現時可堪。"

謹詳熾昌干刀裁奪。

（義學訓導林兼善入稟為啓告入學日期事）

據義學訓導林兼善入稟，為啓告入學日期事。

列台閱稟議："從稟所懇可也。"

存案。

（瑪腰、甲必丹、雷珍蘭、朱葛礁為本期記錄簽名：馬來文草書）

Tan Tjoentiat（陳濬哲）　　　Tan Soetjiong（陳思聰）

Ko Setjoan（高西川）　　　Oeij Tjengian（黃清淵）

Tan Boensok（陳文速）　　　Ni Boentjiang（連文清）

Gouw Enghoei（吳榮輝）　　　Tan Konghoa（陳光華）

Lie Tjoetjang（李子昌）　　　Loa Konglan（賴觀瀾）

和 1868 年 8 月 12 日，拜三

公堂設嘧喳嘮

瑪腰陳濬哲官、甲必丹陳思聰舍、甲必丹高西川舍、雷珍蘭陳文速官、雷珍蘭連文清官、雷珍蘭吳榮輝官、雷珍蘭陳光華官、雷珍蘭李子昌舍、朱葛礁賴觀瀾官俱在座。黃清淵甲、陳江流甲、沈松茂甲，不到。

（查勘王文信承應包入吧及海嶼戰船食物、火柴、火油事）

承副挨實嗹於和 1868 年 8 月 11 日第 221 號又 9 號書，附嗎厘那干刀於和 1868 年 8 月 8 日第 8197 號書，為王文信①應包入吧及海嶼戰船食物、火柴、火油，和 1869 年、1870 年、1871 年三年，每年價銀 151 112.75 盾，援李三盛、黃清淵甲為安呾。祈查勘可堪否？詳覆。

吊訊王文信住慈呀蘭開米店，在小南門，供云："晚應包入吧及海嶼戰船食物、火柴、火油，和 1869 年、1870 年、1871 年三年，每年價銀 151 112.75 盾，援李三盛、黃清淵甲為安呾。"

吊訊李三盛住八廚沃間開油米店，已回唐，不到。伊掛咖人邱登壬到堂，供云："晚掛咖李三盛掌理其生理，果願安呾王文信包入吧及海嶼戰船食物、火柴、火油等物三年，每年

---

① 王文信：Ong Boen Sien，1840 年生於西門。據《婚簿》載，1857 年 9 月 17 日，王文信（18 歲）與鄭榮娘（15 歲）成婚於西門。媒妁：郭一娘，男方主婚：王元標（父），女方主婚：鄭清水（父）。王文信於 1888 年 1 月 4 日舉為雷珍蘭，1889 年 8 月 16 日因病從優辭任。

151 112.75盾。"

吊訊<u>黃清淵</u>甲_{住八廚沃間}為地主，供云："<u>果願安呾</u><u>王文信</u>包入吧及海嶼戰船食物、火柴、火油等如上所陳。"

公堂會議："<u>王文信</u>應包入吧及海嶼戰船食物、火柴、火油三年，每年價銀 151 112.75 盾，援<u>李三盛</u>、<u>黃清淵</u>甲為安呾。本堂已經酌量，<u>王文信</u>現生理之人，其安呾人<u>李三盛</u>開油米店，然已回<u>唐</u>，其掛咐人<u>邱登壬</u>掌理其生理。而<u>黃清淵</u>甲現為地主，現時可堪。"

謹詳副挨實啤裁奪。

（瑪腰、甲必丹、雷珍蘭、朱葛礁為本期記錄簽名：<u>馬來</u>文草書）

<u>Tan Tjòentiat</u>（<u>陳潛哲</u>）	<u>Tan Soetjiong</u>（<u>陳思聰</u>）
<u>Ko Setjoan</u>（<u>高西川</u>）	<u>Tan Boensok</u>（<u>陳文速</u>）
<u>Ni Boentjiang</u>（<u>連文清</u>）	<u>Gouw Enghoei</u>（<u>吳榮輝</u>）
<u>Tan Konghoa</u>（<u>陳光華</u>）	<u>Lie Tjoetjang</u>（<u>李子昌</u>）
<u>Loa Konglan</u>（<u>賴觀瀾</u>）	

<u>和</u> 1868 年 8 月 18 日，拜二

公堂設嘧喳嘮

瑪腰<u>陳潛哲</u>官、甲必丹<u>陳思聰</u>舍、甲必丹<u>高西川</u>舍、雷珍蘭<u>黃清淵</u>舍、雷珍蘭<u>陳文速</u>官、雷珍蘭<u>連文清</u>官、雷珍蘭<u>吳榮輝</u>官、雷珍蘭<u>陳光華</u>官、雷珍蘭<u>沈松茂</u>官、雷珍蘭<u>李子</u>

昌舍、朱葛礁陳玉長官俱在座。陳江流甲不到。

（查勘陳深郎包入鋪路小石事）

承副挨實嗹於和 1868 年 8 月 15 日第 225 號又九號書，為承厘力突阿本貓黎吥近干刀於和 1868 年 8 月 10 日第 4 500 號書，為陳深郎包入鋪路小石，於和 1868 年、1869 年二年，分作二叫。第一叫蚊茄勿殺以下路，在城界，每桶一千勞因得蘭四方，價銀 3 盾；第二叫蚊茄勿殺以上路，係山勢界，每桶從上，銀 2.6 盾。約一叫每年用小石 6 000 桶，援郭文德、連炎照為安吪。祈查勘詳覆。

吊訊陳深郎住八廚沃間為掌窰及載小石，供云："晚果有入字包入鋪路小石，約每年該用 6 000 桶，援郭文德、連炎照為安吪。"

吊訊連炎照住洪溪為商，郭文德住聖望港為賭餉茄實，俱供云："晚等願為安吪陳深郎包入鋪路小石，約每年該用 6 000 桶。"

公堂會議："陳深郎包入鋪路小石，約每年該用 6 000 桶，援連炎照及郭文德為安吪。已查陳深郎為掌磚仔窰並載小石，其安吪連炎照果係生理之人，現時可堪。而郭文德惟做賭餉茄實而已，並無別業。本堂酌量，不足擔戴。"

謹詳副挨實嗹裁奪。

（蘇紹宗上書王上懇欽賜雷珍蘭知廚禮之職事）

承挨實嗹於和 1868 年 8 月 13 日第 3772 號逸字 11 號書，並附一口詞。為蘇紹宗上書王上，懇欽賜雷珍蘭知廚禮之職。因欽賜雷珍蘭知廚禮黃德章已經追革其職，欲補斯缺。祈酌量詳覆。

蘇紹宗_{住中港仔}惶恐上書王上云：“晚年三十一，係原任公堂雷珍蘭蘇天庇長子，現任理地頭事。因聞欽賜雷珍蘭知廚禮黃德章已經追革其職，此缺未有充補。晚思才能卻亦不逮，然家業亦頗饒足。如王上不鄙下愚，伏懇賜晚補職榮身，則晚之感戴奚啻天高地厚耶！不勝待命之至。”

列台閱書及口詞，議曰：“據蘇紹宗口詞所陳，俱係實情。細觀其為人，果係良善聰敏，兼之家資饒足，交遊無非有道之朋，況世代閥閱。本堂酌量，可堪是職。謹詳。”

列台再議並詳：“茲甲必丹知廚禮黃錦章亦經追革職銜，其缺尚虛。本堂細思，如王上欲舉一人以補，合式當於前曾任公堂事之人庶諸有職者，有所觀勉益加効力。現有曾任公堂事四人，皆優意告退理事。但蘇天庇原任雷珍蘭理事十三年，因病准優意告退理事。陳逢義理窒事九年，因老准優意告退理事，並獎為雷珍蘭知廚禮職。鄭肇基理窒事十二年，因病准優意告退理事，亦獎為雷珍蘭知廚禮職。陳江水理窒事六年，因家業零落，准優意告退理事。茲就四人中而論，惟原任雷珍蘭蘇天庇任事最久，且家業素豐，平生樂善好施，況又閥閱之裔，堪補甲必丹知廚禮之職。”

謹詳上臺裁奪。

（瑪腰、甲必丹、雷珍蘭、朱葛礁為本期記錄簽名：馬來文草書）

Tan Tjoentiat（陳溶哲）　　　　Tan Soetjiong（陳思聰）

Ko Setjoan（高西川）　　　　Oeij Tjengian（黃清淵）

Tan Boensok（陳文速）　　　　Ni Boentjiang（連文清）

Gouw Enghoei（吳榮輝）　　　Tan Konghoa（陳光華）

Sim Siongbouw（沈松茂）　　　Lie Tjoetjang（李子昌）

Tan Gioktiang（陳玉長）

和 1868 年 8 月 22 日，拜六

公堂參議

（默氏周木林入稟懇賜蔭地事）

據周木林入稟稱，伊任大南門默事已經十五年，自和 1850 年至和 1865 年，因病告退理默氏。今適伊妻李文娘身故，懇賜蔭地闊 12 腳距、長 24 腳距為葬墳，將來伊己身可為同穴。

列台閱稟，即為案奪曰："為默得蔭墳，自古有之。況周木林任默已十五年，因病告退理事，且將來伊己身欲為同穴。本堂酌量，准其所懇，免還可也。"

存案。

（瑪腰、甲必丹、雷珍蘭、朱葛礁為本期記錄簽名：馬來文草書）

Tan Tjoentiat（陳濬哲）　　　Tan Soetjiong（陳思聰）

Ko Setjoan（高西川）　　　　Oeij Tjengian（黃清淵）

Tan Boensok（陳文速）　　　　Ni Boentjiang（連文清）

Gouw Enghoei（吳榮輝）　　Tan Konghoa（陳光華）

Sim Siongbouw（沈松茂）　　Lie Tjoetjang（李子昌）

Tan Gioktiang（陳玉長）

和 1868 年 9 月 4 日，拜五

公堂設嚜喳嘮

瑪腰陳潸哲官、甲必丹高西川舍、雷珍蘭黃清淵舍、雷珍蘭陳文速官、雷珍蘭連文清官、雷珍蘭吳榮輝官、雷珍蘭陳光華官、雷珍蘭沈松茂官、雷珍蘭李子昌舍、朱葛礁陳玉長官俱在座。陳（思聰）甲大、陳江流甲二位不到。

（查勘邱乙龍懇入熾昌借銀事）

承熾昌干刀附來邱乙龍口詞，懇入熾昌負欠銀 2 000 盾，援邱庚龍並黃榮華為安呾。祈公堂查勘可堪否？詳覆。

吊訊邱乙龍，不到；黃榮華，亦不到。

吊訊邱庚龍住洪溪，供云：“晚果願為安呾邱乙龍入熾昌負欠銀 2 000 盾。”

列台問曰：“爾現時作何經紀？”庚龍答曰：“晚現理磚窯，但其磚窯非晚之業。而邱乙龍現居大南門，為開打銅店，黃榮華為茄實而已。”

公堂會議：“邱乙龍懇入熾昌負欠銀 2 000 盾，援黃榮華、邱庚龍為安呾。據邱庚龍云，邱乙龍為打銅，黃榮華為茄實而已。邱庚龍自供為料理磚窯而已，並無別業。本堂

302

酌量，邱乙龍所懇，不得承受。"

存案。謹詳（熾昌干刀裁奪）。

（查勘蔡其所懇入熾昌借銀事）

承熾昌干刀附下蔡其所口詞，懇入熾昌負欠銀 2 000 盾，援陳金豹並陳青松為安呾。祈公堂查勘可堪否？詳覆。

吊訊蔡其所住大港垅，供如口詞所云。

吊訊陳金豹居新山，不到。吊訊陳清松住大港垅，供云："晚願為安呾蔡其所入熾昌負欠銀 2 000 盾。"

公堂會議："蔡其所懇入熾昌銀 2 000 盾，援陳金豹及陳清松為安呾。而蔡其所果係生理之人。陳金豹因居新山，不知其詳。陳清松雖有自入熾昌銀 8 000 盾，今再為安呾 2 000 盾，現時可堪。"

存案。謹詳（熾昌干刀裁奪）。

（查勘葉再興懇入熾昌借銀事）

承熾昌干刀附下葉再興口詞，懇入熾昌負欠銀 5 000 盾，援林天並劉祝為安呾。祈公堂查勘可堪否？詳覆。

吊訊葉再興住小南門為商，供如口詞所云。

吊訊林天住全上為商，劉祝住公司後為商，俱供云："晚等願為安呾葉再興入熾昌銀 5 000 盾。"

公堂會議："葉再興懇入熾昌銀 5 000 盾，援林天並劉祝為安呾。已查葉再興現雖有為商，因近此二月前生理已罷停，賬務處折。林天現雖有與林二合夥為商，近時生理亦罷停，賬務亦處折，況原係墾人，居吧未久。此二人，本堂不得深知虛實,而<u>劉祝</u>乃小可生理而已。"

存案。謹詳熾昌干刀裁奪。

(查勘<u>洪潑</u>等 147 位<u>唐</u>人懇入熾昌借銀事)

承熾昌干刀於<u>和</u> 1868 年 8 月 7 日第 973 號致書並附式達一串,錄諸<u>唐</u>人入熾昌者負欠銀數並各安呾人。祈查勘入字人及安呾人尚在否?可堪擔戴否?詳覆。

列台閱書及式達,即委公勃低<u>陳文速</u>甲、<u>吳榮輝</u>甲查勘申詳。

據公勃低<u>陳文速</u>甲、<u>吳榮輝</u>甲詳,熾昌干刀人名並安呾人如何逐一詳列:

<u>洪潑</u>,銀額 6 000 盾,可堪。安呾人:<u>許清泉</u>,可堪;<u>曾金海</u>,不足。

<u>洪碧旋</u>,銀額 4 000 盾,可堪。安呾人:<u>甘溪淡</u>,不足;<u>甘坤助</u>,可堪。

<u>吳貽文</u>,銀額 6 000 盾,可堪。安呾人:<u>厝字</u>。

<u>吳抱</u>,銀額 2 000 盾,可堪。安呾人:<u>和蘭</u>人,<u>林白</u>,可堪。

<u>吳唇</u>,銀額 4 000 盾,可堪。安呾人:<u>吳貽文</u>,可堪;<u>許亞山</u>,不足。<u>厝字</u>。

<u>吳桂陽</u>,銀額 2 000 盾,可堪。安呾人:<u>吳桂有</u>、<u>柯永文</u>,全不足。

<u>吳守文</u>,銀額 5 000 盾,可堪。安呾人:<u>和蘭</u>人。

<u>吳經綸</u>,銀額 6 000 盾,可堪。安呾人:<u>和蘭</u>人。

<u>吳榮生</u>,銀額 6 000 盾,可堪。安呾人:<u>陳水生</u>、<u>吳登山</u>,全可堪。

吳連達，銀額 3 000 盾，可堪。安呾人：和蘭人。

吳水林，銀額 3 000 盾，可堪。安呾人：吳茂、鍾辛二，全可堪。

韓懷仁，銀額 5 000 盾，可堪。安呾人：厝字。

韓懷然，銀額 5 000 盾，可堪。安呾人：厝字。

葉天文，銀額 2 800 盾，可堪。安呾人：張悌元，不足；張熾娘 葉水前妻，可堪。厝字。

葉純，銀額 15 000 盾，可堪。安呾人：和蘭人。

楊光榮，銀額 5 000 盾，可堪。安呾人：黃榮壽、楊光炎，全可堪。

余亞鉅，銀額 2 000 盾，可堪。安呾人：梁德水、徐亞六，全(可)堪。

楊一斗，銀額 1 200 盾，可堪。安呾人：蔡松茂，又厝字。又船劉元秀一隻，涂大戀之名，全不足。

許清波，銀額 6 000 盾，可堪。安呾人：許清泉、許清溪，全(可)堪。

許清泉，銀額 20 000 盾，可堪。安呾人：許清溪，可堪；及曾金海不足，厝字。

許清溪，銀額 6 000 盾，可堪。安呾人：厝字。

郭文德，銀額 6 000 盾，過 3 000 盾陳富老，不足。安呾人：陳甘郎，可堪；陳江流，不足。

高西川，銀額 4 000 盾，可堪。安呾人：高瓊瑤、陳雪娘，全可堪。

甘溪淡，銀額 6 000 盾，不足。安呾人：黃清淵，可堪；甘溪源，不足。

許旋璣,銀額 4 000 盾,可堪。安呾人:許清溪、吳安然,全可堪。

甘明,銀額 6 000 盾,可堪。安呾人:甘有、張敏娘,全可堪。

高地,銀額 5 500 盾,可堪。安呾人:高西川、高瓊瑤、劉木生,全可堪。

甘和順,銀額 4 000 盾,可堪。安呾人:和蘭人。

龔汶水,銀額 8 000 盾,可堪。安呾人:陳長華,可堪;林水賢,不足。郭大有,銀額 3 000 盾。安呾人:陳逢義、林宗興,全可堪。

許田,銀額 10 000 盾,可堪。安呾人:林華、楊志明,全可堪。

李彥,銀額 1 500 盾,可堪。安呾人:厝字。

李子昌,銀額 6 000 盾,過 4 000 盾沈乾坤,可堪。安呾人:和蘭人、李伯達,全可堪。

林拱,銀額 3 000 盾,可堪。安呾人:楊成根、林水蓮,全可堪。

林宗喜,銀額 5 000 盾,過 3 000 盾林宗桂,可堪。安呾人:王文成,可堪;林彥,已故。

林清溪,銀額 4 000 盾,可堪。安呾人:簡敬忠、李長茂,全可堪。

劉清水,銀額 2 000 盾,可堪。安呾人:鄭順郎、王春溪、陳唐娘,全可堪。

劉德謀,銀額 4 000 盾,可堪。安呾人:劉德元,不足;王文成,可堪;李亞桂,不足;和人。

306

林崇興，銀額 20 000 盾，可堪。安呾人：許清泉、王文成，全可堪。

李桂生，銀額 6 000 盾，可堪。安呾人：韓懷然、林溪勝，全可堪。

林成建，銀額 7 000 盾，過 6 000 盾林榮義，可堪。安呾人：厝字。

李長禎，銀額 1 000 盾，不足。安呾人：陳慶娘、袁文水，全不足。

林奇楠，銀額 2 000 盾，不足。安呾人：劉金錢、廖增壽，全不足。

李佛成，銀額 1 000 盾，可堪。安呾人：小公銀單，該銀 1 000 盾，係王成娘之名。

賴長輝，銀額 5 000 盾，可堪。安呾人：賴保生、趙清水，全可堪。

林玉水，銀額 2 000 盾，不足。安呾人：林承爵，可堪；林榮順，不足。

李光旺，銀額 3 000 盾，不足。安呾人：李京元、李金娘，全可堪。

羅敦泰，銀額 1 500 盾，可堪。安呾人：厝字。

林金鐘，銀額 8 000 盾，可堪。安呾人：林奢、林溪勝，全可堪。

林權生，銀額 4 000 盾，可堪。安呾人：梁德水、陳湘敬，全可堪。

賴渭源，銀額 3 000 盾，可堪。安呾人：黃蒲、陳永添，全可堪。

林展，銀額 10 000 盾，因生理新再做，不敢定論。安呾人：李牛、陳彩珍，同住壟。

李沛有，銀額 1 000 盾，可堪。安呾人：李登保、張長恩，仝可堪。

李克承，銀額 10 000 盾，可堪。安呾人：黃清淵、沈松茂，仝可堪，

林奇觀，銀額 2 500 盾，不足。安呾人：李子福，可堪；邱江龍，不足。

梁文才，其人在唐，同梁德水 8 000 盾，可堪。安呾人：厝字。

連炎招，銀額 5 000 盾，可堪。安呾人：連文清、李伯達，仝可堪。

黃標輝，銀額 10 000 盾，可堪。安呾人：朱長、番人。

連益章，銀額 5 000 盾，可堪。安呾人：連文清、王文成，仝可堪。

梁德水，銀額 12 000 盾，可堪。安呾人：陳英傑，厝字，可堪。

藍牛，銀額 5 000 盾，可堪。安呾人：藍奇傑、甘玉珍，仝不足。

黃淮水，銀額 5 000 盾，可堪。安呾人：陳泰山，可堪；施振娘，不足。

黃永秀，銀額 4 000 盾，過 2 000 盾林承爵，可堪。安呾人：楊光榮，可堪。

溫乙生，銀額 9 000 盾，可堪。安呾人：陳建興，回唐；徐水賢，不足。

王文旦，銀額 2 000 盾，王元標之額，可堪。安呾人：王元標之分，可堪。

王文德，銀額 6 000 盾，不足。安呾人：王涼海、王元標，仝可堪。

王元標，銀額 6 000 盾，過 2 000 盾王文旦，可堪。安呾人：王涼海、王文旦，仝可堪。

黃然，銀額 6 000 盾。安呾人：黃松得、黃宗標，仝可堪。

黃再生，銀額 6 000 盾，可堪。安呾人：和蘭人並番人。

黃明言，銀額 7 000 盾，可堪。安呾人：林寄生、黃松得，仝可堪。

王必興，銀額 10 000 盾，可堪。安呾人：王文成、黃宗標，仝可堪。

王春溪，銀額 2 000 盾，可堪。安呾人：王春桂、王春波、詹保山，仝可堪。

黃榮和，銀額 10 000 盾，可堪。安呾人：李子鳳、黃清秀，仝可堪。

黃大學，銀額 2 000 盾，可堪。安呾人：黃有餘、黃福春，仝可堪。

黃福山，銀額 4 000 盾，可堪。安呾人：莊玉水、莊玉山，仝可堪。

王文生，銀額 4 000 盾，可堪。安呾人：王必興、王光炎，仝可堪。

黃益謙，銀額 8 000 盾，過 4 000 盾陳文桂，可堪。安呾人：陳文桂、陳文簿，仝可堪。

胡甘陽，銀額 4 000 盾，過 1 000 盾胡春陽，可堪。安呾人:陳文桂、陳文簿,仝可堪。

　　黃清榮,銀額 6 000 盾,可堪。安呾人:和蘭人。

　　黃長發,銀額 5 000 盾,可堪。安呾人:馬妙泉、王武亭,仝可堪。

　　胡天賜,銀額 2 000 盾,已故。安呾人:施江娘、胡天來。

　　潘有良,銀額 4 000 盾,可堪。安呾人:李拔萃,不足;鄒榮娘,可堪。

　　方丁平,銀額 2 000 盾,可堪。安呾人:和蘭人。

　　沈松茂,銀額 10 000 盾,可堪。安呾人:許清泉、許清溪,仝可堪。

　　沈景坤,銀額 10 000 盾,可堪。安呾人:莊玉水、施文秀,仝可堪。

　　蘇紹宗,銀額 12 000 盾,可堪。安呾人:和蘭人。

　　沈登元,銀額 2 000 盾,可堪。安呾人:許清溪,可堪;戈奢①人。

　　施炳謀,銀額 10 000 盾,可堪。安呾人:厝字。

　　施智,銀額 3 000 盾,可堪。安呾人:和蘭人。

　　沈隆生,銀額 1 000 盾,可堪。安呾人:許清溪、沈登元,仝可堪。

　　陳乙郎,銀額 5 000 盾,可堪。安呾人:陳有華、饒奕才,仝可堪。

　　陳蓮子,銀額 2 000 盾,可堪。安呾人:許燦、林碧,仝

────────────

①　戈奢:亦作高奢,Kodjah,印度 古吉拉特(Gujarat)

可堪。

　　陳房，銀額 2 500 盾，可堪。安呾人：和蘭人。

　　陳三珍，銀額 2 000 盾，不足。安呾人：吳連達、李佛娘、李長茂，全可堪。

　　陳湘敬，銀額 4 000 盾，可堪。安呾人：和蘭人。

　　莊玉山，銀額 6 000 盾，可堪。安呾人：和蘭人。

　　曾金海，銀額 4 000 盾，不足。安呾人：許清波，可堪；許秋蟾，不足。

　　周登元，銀額 4 000 盾，可堪。安呾人：和蘭人。

　　周木厚，銀額 1 200 盾，可堪。安呾人：周木林、林清秀，全可堪。

　　周木林，銀額 2 000 盾，可堪。安呾人：林清秀，可堪；陳國大，不足。

　　唐清松，銀額 2 000 盾，可堪。安呾人：唐吧生、趙清水，全可堪。

　　蔡涉淵，銀額 6 000 盾。安呾人：和蘭人。

　　莊玉水，銀額 3 000 盾，可堪。安呾人：莊詹生，可堪；和蘭人。

　　陳道謀，銀額 5 000 盾，可堪。安呾人：和蘭人。

　　趙清秀，銀額 5 000 盾，可堪。安呾人：趙清水、趙全基，全可堪。

　　陳源泉，銀額 3 000 盾，可堪。安呾人：和蘭人。

　　陳亞誥，銀額 25 000 盾，過 1 500 盾劉亞四，可堪。安呾人：劉亞四，可堪；和蘭人。

　　朱朝四，銀額 2 000 盾，不足。安呾人：朱東斗、朱斗

311

二、朱天生，全不足。

　　陳悌元，銀額 2 000 盾，可堪。安呾人：曾江郎、黄金娘，全可堪。

　　鄒河濱，銀額 1 000 盾，可堪。安呾人：陳碧林、蔡山娘，全可堪。

　　張才，銀額 1 000 盾，可堪。安呾人：楊三桂、林維泰，全可堪。

　　詹啓昌，銀額 2 000 盾，可堪。安呾人：詹保山、黄春溪，全可堪。

　　張意誠，銀額 3 000 盾，可堪。安呾人：張獅，已故；馮元力，不足。

　　陳富老，銀額 3 000 盾，不足。安呾人：陳甘郎，可堪；陳江流，不足。

　　詹炳茂，銀額 3 000 盾，可堪。安呾人：莊淡生、莊玉水，全可堪。

　　蔡珠，銀額 3 000 盾，可堪。安呾人：林碧，可堪；蔡全，不足。

　　陳瑞榮，銀額 6 000 盾，不足。安呾人：陳甘郎，可堪；李俊生，已故。

　　張長恩，銀額 1 000 盾，可堪。安呾人：藍森樹、李登保，全可堪。

　　陳金水，銀額 5 000 盾，可堪。安呾人：吳榮輝、陳德全，全可堪。

　　陳福陵，銀額 750 盾，可堪。安呾人：古新、陳長華，全可堪。

鄭春榮,銀額 10 000 盾,不足。安呾人:鄭肇基、黃錦章,全不足。

張亞廣,銀額 4 000 盾,可堪。安呾人:陳乙郎、饒奕才,全可堪。

陳瑞全,銀額 10 000 盾,不足。安呾人:和蘭人。

鄭權,銀額 2 000 盾,不足。安呾人:藍奇傑、林碧生,全不足。

蔡清水,銀額 2 000 盾,可堪。安呾人:蔡景生,可堪;和蘭人。

鄭仁諒,銀額 3 000 盾,不足。安呾人:楊忠連、鄭佐,全可堪。

陳錦文,銀額 2 000 盾,可堪。安呾人:番人。

蔡連好,銀額 1 000 盾,可堪。安呾人:和蘭人。

陳永文,銀額 3 000 盾,不足。安呾人:陳吉全,不足;及番人,又無地厝字。

張桂淑,銀額 1 000 盾,可堪。安呾人:顏德富、莊興俊,全可堪。

鍾三軀,銀額 3 000 盾,可堪。安呾人:趙清水、鍾伸二,全可堪。

蔡永水,銀額 3 000 盾,可堪。安呾人:饒奕才、張肇燮,全可堪。

蔡奇昌,銀額 4 000 盾,回唐。安呾人:和蘭人。

陳媽招,銀額 4 000 盾,可堪。安呾人:邱塗、李顏,全可堪。

陳清涼,銀額 6 000 盾,可堪。安呾人:陳江流,不足;

313

黃清秀,可堪。

蔡清連,銀額 4 000 盾,不足。安呾人:顏福,可堪;鄭仁諒,不足。

陳文速,銀額 3 000 盾,可堪。安呾人:連文清、韓懷然,全可堪。

陳玉長,銀額 3 000 盾,可堪。安呾人:梁德水、饒奕才,全可堪。

陳淡,銀額 10 000 盾,可堪。安呾人:陳顯、陳發,此二人回唐。

鄭佐,銀額 4 000 盾,可堪。安呾人:和蘭人。

陳茂岩,銀額 6 000 盾,住茂。安呾人:王必成、湯文生,全住茂。

陳高生,銀額 1 000 盾,可堪。安呾人:和蘭人及錢單。

陳清松,銀額 8 000 盾,可堪。安呾人:陳逢義、王元標,全可堪。

曾天生,銀額 2 000 盾,可堪。安呾人:張獅,死;陳墨水,可堪。

涂大戀,銀額 2 000 盾,不足。安呾人:楊一斗、楊保娘,全可堪。

陳奕癸,銀額 5 000 盾,干冬圩人。安呾人:陳清炎、張兆淑,全住干冬圩。

陳維衡,銀額 5 000 盾,過 3 000 盾陳邦興,可堪。安呾人:陳光華、林溪勝,全可堪。

謝天竹,銀額 1 500 盾,可堪。安呾人:沈景坤、吳守文,全可堪。

王文成，銀額 10 000 盾，過 3 000 盾劉德謀，可堪。安咀人：連文清、李伯達，全可堪。

蔡奇文，銀額 4 000 盾，可堪。安咀人：和蘭人。

列台閱書及式達，議曰："已閱公勃低所詳，熾昌干刀附下式達，逐條俱已詳查妥當分明。可就詳條申詳熾昌干刀裁奪。"

（瑪腰、甲必丹、雷珍蘭、朱葛礁為本期記錄簽名：馬來文草書）

Tan Tjoentiat（陳濬哲）	Ko Setjoan（高西川）
Oeij Tjengian（黃清淵）	Tan Boensok（陳文速）
Ni Boentjiang（連文清）	Gouw Enghoei（吳榮輝）
Tan Konghoa（陳光華）	Sim Siongbouw（沈松茂）
Lie Tjoetjang（李子昌）	Tan Gioktiang（陳玉長）

和 1868 年 9 月 22 日，拜二

公堂設嘧喳嘮

瑪腰陳濬哲官、甲必丹高西川舍、雷珍蘭陳文速官、雷珍蘭連文清官、雷珍蘭陳光華官、雷珍蘭沈松茂官、雷珍蘭李子昌舍、朱葛礁賴觀瀾官俱在座。陳（思聰）甲大、黃清淵甲、陳江流甲、吳榮輝甲四位不到。

（查勘熊亞孀要向馬里直干刀借銀，其當質及安咀人可堪擔戴否）

承副挨實嗹於和 1868 年 9 月 17 日第 239 號又 9 號致

書,附馬里直干刀和 1868 年 9 月 14 第 181 號書,附一瓦噠實達①的栖字,為唐人熊亞嬌要向馬里直干刀借銀 7 500 盾,質厝一間在大南門,援范亞祿、張亞奎為安咀。祈查勘當質及安咀人可堪擔戴否? 詳覆。

吊訊熊亞嬌年 33 歲,住大南門為貓氏馬車,供云:"晚果要向馬里直干刀借銀 7 500 盾,入質大南門厝一間,援范亞祿、張亞奎為安咀。"

吊訊范亞祿年 37 歲,住班芝蘭開油米店,吊訊張亞奎年 38 歲,住吃勞洛開縫紉馬車店,俱供云:"晚果願安咀熊亞嬌向馬里直干刀借銀 7 500 盾,質厝一間在大南門。"

公堂會議:"論熊亞嬌要向馬裏直干刀借銀 7 500 盾,質厝一間在大南門。本堂細查,熊亞嬌現時為貓氏馬車工夫盛旺,其安咀人范亞祿開油米店,有本營商之人,二者可堪。獨張亞奎不過縫紉馬車之人,不足擔戴。"

謹詳副挨實睫裁奪。

(查勘蔡森林懇入熾昌借銀事)

承熾昌干刀致書附一口詞,為蔡森林懇入熾昌銀 2 000 盾,援蔡牛、蔡永水為安咀。祈查勘入字人、安咀人可堪擔戴否? 詳覆。

吊訊蔡森林年 26 歲,住鏊毛光吥甲,供云:"晚果要入熾昌銀

---

① 瓦噠實達:亦作瓦噠式達、瓦噠實達、瓦達實咀,荷蘭語 Water staat,負責維護堤壩、路、橋以及河道航運的部門。

316

2 000 盾,援蔡牛、蔡永水為安呾。"

吊訊蔡牛年38歲,住公司後棺木店,吊訊蔡永水年48歲,住鑒光毛吥甲為商,俱供云:"晚等果願安呾蔡森林入熾昌銀 2 000 盾。"

公堂會議:"論蔡森林懇入熾昌銀 2 000 盾,援蔡牛、蔡永水為安呾。本堂已經酌量,三者俱是生理之人,可堪擔戴。"

謹詳熾昌干刀裁奪。

(查勘郭福慶懇入熾昌借銀事)

承熾昌干刀致書附一口詞,為郭福慶懇入熾昌銀 1 000 盾,援鄭邦基、葉春元為安呾。祈查勘入字人、安呾人可堪擔戴否？詳覆。

吊訊郭福慶年25歲,住八茶貫開藥店,供如口詞所言。

吊訊鄭邦基年30歲,住大港堄開藥店,吊訊葉春元年38歲住八茶貫開鞋店,俱供云:"晚等果願安呾郭福慶入熾昌銀 1 000 盾。"

公堂會議:"論郭福慶懇入熾昌銀 1 000 盾,援鄭邦基、葉春元為安呾。本堂已經酌量,郭福慶自有藥店,且安呾人俱為商之人,現時可堪。"

謹詳熾昌干刀裁奪。

(王瓊娘、陳福林夫妻財物糾紛一案)

據公舘公勃低連(文清)、陳(江流)詳。

王瓊娘年 22 歲，住觀音亭大園內，請伊夫陳福林^①："為交寅三年餘，生下二子俱故。因拙夫之二姊娘仔鄒建良，於交寅後二個月借氏萬池黎砣手指一對；又伊大姊陳福娘借氏式絳疊^②雙結一條，陳金川經手。又借貓澤沙囊一條，又在氏廚（櫥）內失落砣耳碹一對、金芬盆一串。至氏查尋，拙夫乃云要還。又代氏領唐美色甘銀 1 000 盾，亦云要還就意，至今並不見拙夫及伊大姊、伊二姊交還諸物及項。伏乞追究。"

弔訊陳福林年 24 歲，住磘內，供云："拙妻所請，大姊有借式絳疊雙結並貓澤沙囊，晚不知其事。若砣手指一對及砣耳碹一對、金芬盆一串，拙妻甘願付晚出當，以完其兄王蠻丁欠項其鈔銀 1 000 盾。雖代領於唐美色甘，然拙妻已取去銀 700 盾，餘鈔銀 300 盾開還先生諸費已畢。"王瓊娘質曰："氏無取分文，今若諸物項不還，支費又無足，氏不願從夫歸家。況大園內氏居之厝，拙夫當時移居，亦拙夫率交默氏楊宗良，厝亦拙夫所稅。"

弔訊伊二姊娘仔鄒建良，不到。伊過房叔陳邦興報，伊嫂分娩纔十餘日，不能到堂。

弔訊伊大姊陳福娘住磘內，供云："氏並無借用弟婦王瓊娘式絳疊雙結及貓澤紗囊，但式絳疊雙結乃訂盟之用，借之他人，事畢則還人矣。"

---

① 陳福林：1845 年生於窯內。據《婚簿》載，1865 年 12 月 3 日，陳福林（21 歲）與王瓊娘（19 歲）成婚。媒妁：劉金娘，男方主婚：陳長庚（宗兄），女方主婚：王炳生（胞兄）。
② 式絳疊：馬來語 selendang，長圍巾、掛帶。

吊訊默楊宗良_{住大使廟}，供云：“當時娘仔君英即王瓊娘之母居晚界內，果有陳福林向晚請伊妻王瓊娘，為病要宿伊母家醫治。後娘仔君英已移居陳亞添界，不知其詳。”

吊訊厝主沈隆生_{住大南門}，供云：“前果有陳福林稅晚厝大園內，因陳福林親到晚厝懇求，晚方許之。尚有厝稅單^①可證。”台查其單，果是陳福林名字。

台諭兩造曰：“男以女為室，女以男為家，室家和而後家道成。據王瓊娘所請，要討數件之物，陳福林若有盈餘，雖多與之卻亦無妨。苟際困乏，當忍以待時。況乎陳福林已供，諸物俱當出還妻兄王蠻丁欠項，情猶可原，合式王瓊娘當從夫歸家和好。”陳福林曰：“拙妻既已出去，晚不再納，恐不虞之變。”

王瓊娘亦不肯從夫歸家。將情申詳公堂大嚟內裁奪。

和1868年9月21日拜一，王瓊娘到堂再請伊夫陳福林：“為經數月，置氏獨居於外，並無給下分文資費。伏乞明判。”

吊訊陳福林，供云：“晚現無生活計，自身不顧，焉能顧妻？願求分離而已。”

將情申詳公堂大嚟內裁奪。

覆訊王瓊娘、陳福林，供如公勃低所詳。

公堂會議：“據王瓊娘所請，不過要討銀項物件而已，伊夫陳福林亦認有取。但夫妻之情，如有見諒，容陳福林寬限，亦無不可。如欲迫索，此詩礁之事，可向權處投控。”

---

① 厝稅單：閩南話，房租收據。

存案。

（大朱繳入開祭塚費用一單）

據大朱(陳玉長)繳入戊辰年①七月初七日開祭塚費用一單，銀貳百四拾五盾五角正。

列台閱畢議："可就單開數。"

存案。

（瑪腰、甲必丹、雷珍蘭、朱葛礁為本期記錄簽名：馬來文草書）

Tan Tjoentiat(陳濬哲)　　Oeij Tjengian(黃清淵)

Tan Boensok(陳文速)　　Ni Boentjiang(連文清)

Tan Konghoa(陳光華)　　Sim Siongbouw(沈松茂)

Lie Tjoetjang(李子昌)　　Loa Konglan(賴觀瀾)

和 1868 年 9 月 24 日，拜四

公堂設嘧喳嘮

瑪腰陳濬哲官、甲必丹陳思聰舍、甲必丹高西川舍、雷珍蘭陳文速官、雷珍蘭連文清官、雷珍蘭陳光華官、雷珍蘭沈松茂官、雷珍蘭李子昌舍、朱葛礁賴觀瀾官俱在座。黃清淵甲、陳江流甲、吳榮輝甲三位不到。

------

① 戊辰年：清 同治七年戊辰，西元 1868 年。

（查勘林炎照應包入珍及惹呀毛吃、干冬圩兵營食物事）

　　承副挨實嗹於和 1868 年 9 月 22 日第 182 號又 9 號，附馬里直干刀和 1868 年 9 月 18 日第 70 號書。為林炎照應包入珍及惹呀毛吃、干冬圩兵營食物，三年價銀 18 366.65 盾；又應包洗珍及惹呀毛吃兵營衣服，三年價銀 49 110 盾。因前安呾人柯永文公堂不受，今欲易施智代柯永文之額。祈查勘可堪擔戴否？詳覆。

　　吊訊施智住珍開布路店，供云：“晚果願同施岩安呾林炎照應包入珍及惹呀毛吃、干冬圩兵營食物，又應包洗珍及惹呀毛吃兵營衣服，二應各三年，價銀 50 000 餘盾。”

　　公堂會議：“論林炎照應入珍及惹呀毛吃、干冬圩兵營食物，三年價銀 18 366.65 盾；又應包洗珍及惹呀毛吃兵營衣服，三年價銀 49 110 盾，要換施智同施岩為安呾。本堂已經酌量，現時可堪。”

　　謹詳副挨實嗹裁奪。

（瑪腰、甲必丹、雷珍蘭、朱葛礁為本期記錄簽名：馬來文草書）

Tan Tjoentiat（陳潗哲）　　　　Tan Soetjiong（陳思聰）

Ko Setjoan（高西川）　　　　　Tan Boensok（陳文速）

Ni Boentjiang（連文清）　　　　Tan Konghoa（陳光華）

Sim Siongbouw（沈松茂）　　　Lie Tjoetjang（李子昌）

Loa Konglan（賴觀瀾）

和 1868 年 10 月 2 日，拜五

公堂設嘧喳嘮

瑪腰陳濬哲官、甲必丹陳思聰舍、甲必丹高西川舍、雷珍蘭陳文速官、雷珍蘭連文清官、雷珍蘭昊榮輝官、雷珍蘭陳光華官、雷珍蘭沈松茂官、朱葛礁賴觀瀾官俱在座。黃清淵甲、陳江流甲、李子昌甲三位不到。

（默氏劉德茂入稟懇賜蔭地風水為雙壙事）

據劉德茂入稟稱，伊前任八多嶢默氏八年，恩准告退理事。今拙妻陳友娘已故，懇賜蔭地風水壹穴，闊 12 腳距、長 24 腳為墳，將來己身可為同穴合葬。

公堂閱稟，會議："劉德茂懇賜蔭地一穴，闊 12 腳距、長 24 腳距，要葬伊妻陳友娘，將來己身可為同穴。本堂切按，默氏該得蔭穴自昔有之，今雖葬妻，將來要為同穴合葬。准之可也。

存案。

（查勘龔汶水懇入熾昌借銀事）

承熾昌干刀寄下龔汶水口詞，懇入熾昌銀 8 000 盾，援王歡、陳長華為安呾。祈查勘入字人、安呾人可堪否？詳覆。

吊訊龔汶水_{年 32 歲，住廿六間}，供云："晚果要入熾昌銀 8 000盾，援王歡、陳長華為安呾。"

322

吊訊<u>王歡</u>年 57 歲，住廿六間，吊訊<u>陳長華</u>年 37 歲，住<u>鑒光毛吥甲</u>，俱供云："晚等果願安呾<u>龔汶水</u>入<u>熾昌銀</u> 8 000 盾。"

公堂會議："論<u>龔汶水</u>懇入<u>熾昌銀</u> 8 000 盾，援<u>王歡</u>、<u>陳長華</u>為安呾。本堂已經酌量，入字人並安呾人俱為生理，且亦妥當，現時可堪。"

謹詳<u>熾昌</u>干刀裁奪。

（瑪腰、甲必丹、雷珍蘭、朱葛礁為本期記錄簽名：<u>馬來文草書</u>）

<u>Tan Tjoentiat</u>（<u>陳濬哲</u>）　　　<u>Tan Soetjiong</u>（<u>陳思聰</u>）

<u>Ko Setjoan</u>（<u>高西川</u>）　　　<u>Tan Boensok</u>（<u>陳文速</u>）

<u>Ni Boentjiang</u>（<u>連文清</u>）　　　<u>Tan Konghoa</u>（<u>陳光華</u>）

<u>Sim Siongbouw</u>（<u>沈松茂</u>）　　　<u>Loa Konglan</u>（<u>賴觀瀾</u>）

<u>和</u> 1868 年 10 月 9 日，<u>拜五</u>

公堂設嘧喳嘮

瑪腰<u>陳濬哲</u>官、甲必丹<u>陳思聰</u>舍、甲必丹<u>高西川</u>舍、雷珍蘭<u>陳文速</u>官、雷珍蘭<u>連文清</u>官、雷珍蘭<u>吳榮輝</u>官、雷珍蘭<u>陳光華</u>官、朱葛礁<u>賴觀瀾</u>官俱在座。<u>黃清淵</u>甲、<u>陳江流</u>甲、<u>沈松茂</u>甲、<u>李子昌</u>甲四位不到。

（查勘詳覆原任朱葛礁<u>徐金爐</u>懇給賜口腹之資事）

承挨實嗹於<u>和</u> 1868 年 9 月 29 日第 4498 號又逸字 11

號書,附徐金爐口詞並一式達,錄其理事年月,計有十三年九月廿一日,伏乞憐憫老邁耳聾,不能自圖生活,懇給賜口腹之資。祈查勘詳覆。

吊訊徐金爐_{年六十六歲,住大使廟},供云:"誠如口詞所言。"又云:"職雖有三子,俱靠人生活,資身不贍,奚得顧及父母?是敢伏乞垂憐。"

公堂會議:"徐金爐口詞所言,俱係實情。查之案牘,其理事年月果與式達相孚。雖有三子,現俱為氓里,僅止顧身而已。且徐金爐現係邁年,兼之耳聾,果不能稍圖生活,實在貧窘。"

謹詳挨實嗹裁奪。

(查勘陳彩二應包造罪人眠床事)

承副挨實嗹於和 1868 年 10 月 7 日第 287 號又 9 號書,附挨實嗹書,為陳彩二應包造罪人眠床 100 頂,價銀 1 846 盾,援朱先福、朱來官為安呾。祈查勘承應人及安呾人可堪否?詳覆。

吊訊陳彩二_{年 44 歲,住大南門開器用店},供云:"晚果應包造罪人眠床 100 頂,價銀 1 846 盾,朱先福、朱先來官為安呾。"

吊訊朱先福_{住大南門開做桶店},吊訊朱來官_{住吉石珍開茹苓[①]店},俱供云:"晚等果願安呾陳彩二應包造罪人眠床 100 頂,價銀 1 846 盾。"

---

① 茹苓:亦作茹鈴,馬來語 Jalin,編織,編織物。

324

公堂會議："論陳彩二應包造罪人眠床 100 頂，價銀 1846 盾，援朱先福、朱來官為安咀。本堂已經勘察，陳彩二果係為貓氏開器具店，安咀人朱先福為廚工且有做桶路，朱來官為廚工茄苳且亦有店。此係小可之項，現時可堪。"

謹詳副挨實嗹裁奪。

（詹水紅、蘇昭娘夫妻分離一案）

據公勃低連（文清）、陳（江流）詳。

詹水紅[①]年 22 歲，住碰內，請伊妻蘇昭娘："為交寅才四個月，原議入贅一個月即欲搬移，兩相喜悅。今已四個月，晚率妻移居，拙妻不從。伏乞明判。"

吊訊蘇昭娘年 20 歲，住新厝仔，供云："始議入贅一個月，果然實情。然拙夫已率氏歸伊家暨月約有三四日，遂與夫妹角較，拙夫率氏再往父家。過三四日，拙夫又到，云要從歸否？如不從我，欲以小刀刺汝。氏以手撲其腰，果有貓厘貓厘[②]藏在身。氏今誓不願從拙夫歸家，畏懼星夜行兒。"

台諭蘇昭娘曰："據汝供稱，汝夫欲以小刀刺汝，祇出諸口而未見諸形，何足為懼？第婦人之義，在家從父，出嫁從夫。既已嫁夫，則當以夫為主，欲移欲住，合當惟令是從。"

礙蘇昭娘任勸不回。將情申詳公堂大嘧內裁奪。

---

① 詹水紅：1847 年生於窯內。據《婚簿》載，1868 年 4 月 11 日，詹水紅（22 歲）與蘇昭娘（20 歲）成婚。媒妁：湯吉娘，男方主婚：詹高山（父），女方主婚：蘇永吉（父）。

② 貓厘貓厘：馬來語 Belati-belati，匕首、小刀。

覆訊詹水紅、蘇昭娘，供如公勃低所詳。

公堂會議："勘得詹水紅與伊妻蘇昭娘一案，雖生端實為細故，然揣兩造之情，俱已決絕，況其翁、其岳又各挾忿，勢難再合之理。本堂酌量，准其離遏可也。"

存案。

（王瓊娘與夫陳福林求離一案）

據公勃低陳（思聰）、李（子昌）詳。

王瓊娘與夫陳福林求離之案。王瓊娘到堂再請伊夫陳福林："為經數月，置氏獨居於外，並無給下分文。忍耐不得，伏乞判離。"

吊訊陳福林，供云："晚無生活計，自身不顧，焉能顧妻？願求分離而已。"

將情申詳公堂大噆內裁奪。

列台覆訊王瓊娘及陳福林，供如公勃低所詳。王瓊娘又云："拙夫既棄氏如遺，終身莫靠，孰若早為之計為上策，願求分離而已。"

公堂會議："王瓊娘與陳福林一案，始因王瓊娘向伊夫討物，而陳福林遂求離遏，足見陳福林重物輕人，合當究責。然王瓊娘亦不以陳福林為夫，欲作脫鈞之計，縱揆理不順，而情猶可原。准遂兩造之願可也。即判離遏。"

存案。

（陳清風向伊妻楊愛娘索討物件一案）

據公勃低陳（思聰）、李（子昌）詳。

陳清風向伊妻楊愛娘索討物件一案，前供已登公舘案。陳清風到堂再請："前蒙甲必丹判斷，命晚歸家，已經從命。今拙妻楊愛娘舊惡不改，仍不與晚飲食，兼之辱罵，實在不耐已。既如此，夫復何言？但晚有數件家需在拙妻處，列單計 20 條，共銀 88.1 盾奉覽。晚要討，伏乞明判。"

吊訊楊愛娘，供云："所列之單要討之物俱無，惟有幼廚（櫥）①一腳、眠床一頂實有。氏與夫妻三十餘年，不肯交還此二物。"

將情申詳公堂大嘧內裁奪。

覆訊陳清風、楊愛娘，供如公勃低所勘。

公堂會議："陳清風向伊妻楊愛娘討數件之物，楊愛娘已供，當伊夫回唐之時經已賣盡。但夫妻之間，一曰數物尚存，一曰已經兌盡，難以指明。如陳清風立意要討，向權處詩礁。"

（瑪腰、甲必丹、雷珍蘭、朱葛礁為本期記錄簽名：馬來文草書）

Tan Tjoentiat（陳潛哲）　　Tan Soetjiong（陳思聰）

Ko Setjoan（高西川）　　Tan Boensok（陳文速）

Ni Boentjiang（連文清）　　Gouw Enghoei（吳榮輝）

Tan Konghoa（陳光華）　　Loa Konglan（賴觀瀾）

---

① 幼廚（櫥）：閩南話，小櫥子。

和 1868 年 10 月 16 日，拜五

公堂設嘧喳嘮

瑪腰陳溚哲官、甲必丹陳思聰舍、雷珍蘭黃清淵舍、雷珍蘭陳文速官、雷珍蘭連文清官、雷珍蘭吳榮輝官、雷珍蘭陳光華官、雷珍蘭李子昌舍、朱葛礁賴觀瀾官俱在座。高（西川）甲大、陳江流甲、沈松茂甲三位不到。

（查勘邱水容懇入熾昌借銀事）

承熾昌干刀寄下邱水容口詞，懇入熾昌銀 2 000 盾，援林宗興、黃宗標①為安咀。祈查勘入字人並安咀人可堪否？詳覆。

吊訊邱水容住八荼貫，供云："晚果懇入熾昌銀 2 000 盾，援林宗興、黃宗標甲為安咀。"

吊訊林宗興住小南門掌理幕事，吊訊黃宗標甲住丹藍望為文登雷珍蘭，掌理幕事，俱供云："晚等果願安咀邱水容入熾昌銀 2 000 盾。"

公堂會議："邱水容懇入熾昌銀 2 000 盾，援林宗興、黃宗標甲為安咀。本堂已經酌量，邱水容現為貓澤生理，安咀人林宗興、黃宗標甲二人，俱是大商，現時可堪。"

---

① 黃宗標：Oeij Tjiong Biao，據《婚簿》載，1853 年 9 月 5 日，王宗標（24 歲）與王癸娘（22 歲）成婚於丹藍望。媒約：郭一娘。王宗標於 1860 年代中期出任文登雷珍蘭，1872 年 1 月 1 日陞任特授文丁（登）甲必丹之職。

328

謹詳（熾昌干刀裁奪）。

（查勘陳泰山懇入熾昌借銀事）

承熾昌干刀附下<u>陳泰山</u>口詞，懇入熾昌銀 6 000 盾，援<u>林光焜</u>、<u>許奎炳</u>為安呾。祈查勘入字人並安呾人可堪否？詳覆。

吊訊<u>陳泰山</u>_{住八茶貫開燈店}，供云："晚果懇入熾昌銀 6 000 盾，援林光焜、<u>許奎炳</u>為安呾。"

吊訊<u>林光焜</u>_{住新港口為地主}，不到，掛咐人<u>許奎炳</u>到堂。吊訊<u>許奎炳</u>_{住八茶貫為商}，供云："晚等果願安呾<u>陳泰山</u>入熾昌銀 6 000 盾。"

公堂會議："<u>陳泰山</u>懇入熾昌銀 6 000 盾，安呾人<u>林光焜</u>、<u>許奎炳</u>，現時可堪。"謹詳（熾昌干刀裁奪）。

（查勘蔡其所懇入熾昌借銀事）

承熾昌干刀附下<u>蔡其所</u>口詞，懇入熾昌銀 2 000 盾，援<u>陳青松</u>、<u>吳以文</u>為安呾。祈查勘入字人並安呾人可堪否？詳覆。

吊訊<u>蔡其所</u>_{住大港埗為商}，供云："晚果懇入熾昌銀 2 000 盾，援陳青松、吳以文為安呾。"

吊訊<u>陳青松</u>_{住大港埗開什物店}，吊訊<u>吳以文</u>_{住廿六間為商}，俱供云："晚果願安呾<u>蔡其所</u>入熾昌銀 2 000 盾。"

公堂會議："<u>蔡其所</u>懇入熾昌銀 2 000 盾，援<u>陳青松</u>、<u>吳以文</u>為安呾。本堂已經勘察，二安呾人俱有生理，現時可堪。"

謹詳（熾昌干刀裁奪）。

（查勘林宗喜懇入熾昌借銀事）

承熾昌干刀附下林宗喜口詞，懇入熾昌銀 5 000 盾，援劉德江甲、王文成為安呾。祈查勘入字人並安呾人可堪否？詳覆。

吊訊林宗喜住丹藍望為包入公班衙物件，供云："晚果懇入熾昌銀五仟盾，援王文成、劉德江甲為安呾。"

吊訊劉德江甲住干冬圩，不到；吊訊王文成住丹藍望，不到，掛咖人黃宗標甲到堂供云："王文成果願安呾林宗喜入熾昌銀 5 000 盾。"

公堂會議："林宗喜懇入熾昌銀 5 000 盾，援劉德江甲、王文成為安呾。本堂細查，林宗喜現時包入公班衙物件，安呾人王文成現時為地主，可堪；若劉德江為干冬圩雷珍蘭，生理、居住其處，不知其詳。"

謹詳（熾昌干刀裁奪）。

（查勘楊忠信懇入熾昌借銀事）

承熾昌干刀附下楊忠信口詞，懇入熾昌銀 2 000 盾，援陳清娘、林倫娘為安呾。祈查勘入字人並安呾人可堪否？詳覆。

吊訊楊忠信住班芝蘭，供云："晚果懇入熾昌銀 2 000 盾，援陳清娘、林倫娘為安呾。"

吊訊林倫娘，報病不到；吊訊陳清娘住班芝蘭，供云："氏果願安呾楊忠信入熾昌銀 2 000 盾。"

公堂會議："楊忠信懇入熾昌銀 2 000 盾，援林倫娘、陳清娘為安呾。本堂已召訊林倫娘，報病不到；陳清娘雖供果願為安呾，然未有自己之業，不足擔戴。"

謹詳（熾昌干刀裁奪）。

（查勘陳江雨懇入熾昌借銀事）

承熾昌干刀附下陳江雨口詞，懇入熾昌銀 2 000 盾，援黃益謙、劉德祿為安呾。祈查勘入字人、安呾人可堪否？詳覆。

公堂會議："陳江雨懇入熾昌銀 2 000 盾，援黃益謙、劉德祿為安呾。本堂已勘陳江雨、劉德祿俱居干冬圩，在城並無生理，不知其詳。惟黃益謙雖居干冬圩，在城為芬瞕官①，素常來往，現時可堪。"

謹詳熾昌干刀裁奪。

（查勘陳深郎應包入鋪路小石仔事）

承副挨實嗹於和 1868 年 10 月 14 日第 244 號又九號書，附因申柔②干刀和 1868 年 10 月初五日第 477 號書，為陳深郎應包入鋪路小石仔，全年價銀 33 600 盾，邱庚龍為安呾。祈查勘可堪否？詳覆。

吊訊邱庚龍住洪溪，供云："晚果原安呾陳深郎入鋪路小石仔，全年價銀 33 600 盾。但晚掌窯及生理，俱家父邱亞

---

① 芬瞕官：煙草稅承包人。
② 因申柔：荷蘭語 Insinyur，工程師。

331

二之生活,自己未有產業。"

公堂會議:"邱庚龍欲安呾陳深郎入鋪路小石,據庚龍自供,所理之事俱其父邱亞二生活,己身未有產業。本堂已經勘察,亦係實情。惟上臺裁焉。"

謹詳副挨實嗹電鑒。

(瑪腰、甲必丹、雷珍蘭、朱葛礁為本期記錄簽名:馬來文草書)

Tan Tjoentiat(陳濬哲)   Tan Soetjiong(陳思聰)

Oeij Tjengian(黃清淵)   Tan Boensok(陳文速)

Ni Boentjiang(連文清)   Gouw Enghoei(吳榮輝)

Tan Konghoa(陳光華)   Lie Tjoetjang(李子昌)

Loa Konglan(賴觀瀾)

和 1868 年 10 月 22 日,拜四

公堂設嘧喳嘮

瑪腰陳濬哲官、甲必丹陳思聰舍、甲必丹高西川舍、雷珍蘭黃清淵舍、雷珍蘭陳文速官、雷珍蘭連文清官、雷珍蘭吳榮輝官、雷珍蘭陳光華官、雷珍蘭沈松茂官、雷珍蘭李子昌舍、朱葛礁賴觀瀾官俱在座。陳江流甲不到。

(李榮昌懇易別處葬其母蔡癸娘為墳事)

據李榮昌請:伊昨有買式厘坡地風水壹穴,闊 12 距、長

332

24 距,要葬伊母蔡癸娘為墳。因犯殺（煞）方①,不得埋葬,
懇易別處。

列台會議:"李榮昌所買之墳,既犯煞方,欲易別處。本
堂細按,墳既未葬,欲易別處,無害於事。准懇可也。"

存案。

**(瑪腰、甲必丹、雷珍蘭、朱葛礁為本期記錄簽名:馬來
文草書)**

Tan Tjoentiat（陳潃哲）　　　Tan Soetjiong（陳思聰）

Ko Setjoan（高西川）　　　　Oeij Tjengian（黃清淵）

Tan Boensok（陳文速）　　　Ni Boentjiang（連文清）

Gouw Enghoei（吳榮輝）　　Tan Konghoa（陳光華）

Sim Siongbouw（沈松茂）　　Lie Tjoetjang（李子昌）

Loa Konglan（賴觀瀾）

和 1868 年 11 月 13 日,拜五

公堂設嘧喳嘮

瑪腰陳潃哲官、甲必丹陳思聰舍、甲必丹高西川舍、雷
珍蘭黃清淵舍、雷珍蘭陳文速官、雷珍蘭連文清官、雷珍蘭

---

① 殺（煞）方:陰陽家用語,風水擇山川地形之向背,水勢風向之順逆而
設。背陰地濕多風處多為不宜,則為煞方。《齊東野語》有云:"陰陽家有八煞
之說"。

吳榮輝官、雷珍蘭陳光華官、雷珍蘭沈松茂官、雷珍蘭李子昌舍、朱葛礁賴觀瀾官俱在座。陳江流甲，不到。

（查勘林朝全懇入熾昌借銀事）

承熾昌干刀寄下林朝全口詞，懇入熾昌銀 4 000 盾，援林寬綽、林宗興為安咀。祈查勘可堪否？詳覆。

吊訊林朝全_{住小南門}為商，供云："晚果入熾昌銀 4 000 盾，援林寬綽、林宗興為安咀。"

吊訊林宗興，不到。吊訊林寬綽_{住小南門}，供云："晚與林宗興果願安咀林朝全入熾昌銀 4 000 盾。"

公堂會議："林朝全懇入熾昌銀 4 000 盾，援林寬綽、林宗興為安咀。本堂已經酌量，二安咀人俱是生理之人，且各有產業，現時可堪。"

謹詳（熾昌干刀裁奪）。

（查勘洪碧砼懇入熾昌借銀事）

承熾昌干刀寄下洪碧砼口詞，為前入熾昌銀 4 000 盾，援甘溪潭為安咀。因公堂不肯承受，懇換洪三娘，即陳益郎之妻為安咀。祈查勘可堪與否？詳覆。

吊訊洪三娘_{即陳益郎之妻，住觀音亭}，供云："氏為買賣金銀砼器①生理，且有厝一間在檳榔社，每月稅銀 12 盾，果願安咀洪碧砼入熾昌銀 4 000 盾。"

公堂會議："論洪三娘要換甘溪潭安咀洪碧砼入熾昌銀

---

① 砼器：閩南話，鑽石飾品。

4 000 盾,本堂已查洪三娘僅有己業厝一間,每月稅銀①12
盾。已經酌量,厝稅每月僅止銀 12 盾,不過價項銀千餘盾
而已,其生理有無、大小,不得指見,不足擔戴。"

謹詳熾昌干刀裁奪。

(施有山與其妻陳深娘生端一案)

據公勃低陳(思聰)、李(子昌)詳。

施有山再請伊妻陳深娘:"為經遵命,晚就拙妻之家暫
居。執意拙妻窘辱如舊,且與妻兄不和,終非長久之計。晚
今有稅厝,欲招拙妻同住。既數次喚召,俱不肯從。伏乞明
判。"

吊訊陳深娘,供云:"拙夫終日飲亞片為事,且不尋生
活,自身不保,焉能顧及妻兒?氏誓死不從拙夫同居。"施有
山曰:"拙妻已如此絕情,晚懇求離邊,但兒子懇歸晚撫養。"
陳深娘曰:"兒子長年已 13 歲,倘願從其父,氏亦不阻。但
拙夫如此所為,恐兒子將為餓殍矣。"

將情申詳公堂大噗內裁奪。

覆訊施有山及伊妻陳深娘,供如公勃低所詳。

公堂會議:"論施有山與其妻生端,非止一次。且施有
山自供與其妻舅不和,又無利路。以其牽連無休,孰若各圖
生計。況見二比,各已絕情。合當准其離邊,二子須歸施有
山教督成人。"

存案。

---

① 稅銀:閩南話,租金。

（舉陳溪豐為崙嗟、丹仔蚋、萬丹地雷珍蘭知廚禮之職）

承挨實嗹於和 1868 年 10 月 30 日第 4957 號第逸字 11 號書，為遵王上於和 1868 年 10 月 10 日第 7 號案奪，舉陳溪豐為崙嗟、丹仔蚋、萬丹地雷珍蘭知廚禮之職，現掌八芝嗹、吉力石、然呀智地吧轄。

存案。

（瑪腰、甲必丹、雷珍蘭、朱葛礁為本期記錄簽名：馬來文草書）

Tan Tjoentiat（陳濬哲）　　Tan Soetjiong（陳思聰）
Ko Setjoan（高西川）　　　Oeij Tjengian（黃清淵）
Tan Boensok（陳文速）　　Ni Boentjiang（連文清）
Gouw Enghoei（吳榮輝）　　Tan Konghoa（陳光華）
Sim Siongbouw（沈松茂）　　Lie Tjoetjang（李子昌）
Loa Konglan（賴觀瀾）

和 1868 年 11 月 27 日，拜五

公堂設嘧喳嘮

瑪腰陳濬哲官、甲必丹陳思聰舍、甲必丹高西川舍、雷珍蘭黃清淵舍、雷珍蘭陳文速官、雷珍蘭連文清官、雷珍蘭吳榮輝官、雷珍蘭沈松茂、雷珍蘭李子昌、朱葛礁賴觀瀾官俱在座。陳江流甲、陳光華甲二位不到。

336

（挨實嗹致書公堂祈達知從唐例盟誓一事）

承挨實嗹於和 1868 年 11 月 20 日第 5265 號又逸字 14 號致書，附訟師緞奚年口詞。祈達知從唐例盟誓一事幾欵？誓法何欵為大誓可行？俾公勃低到處，可照例遵依。詳覆，口詞附回。

訟師緞奚年掛咖甲丁知廚禮陳甘郎。因陳甘郎詩礁雷珍蘭陳逢義，曾蒙小商案奪，陳逢義當盟誓神前。據和尚云，陳逢義未誓之先當散髮。緞詩禮其時在處亦云，在唐有大誓，當散髮。陳逢義云，盟誓固願；若散髮，不願誓。小商在座之人即云，陳逢義不肯盟誓。陳逢義乃懇異日盟誓，不用散髮。茲小商已經准陳逢義另日設誓，但不得指明當用何等誓法，須遵公堂公勃低指明當用如何。不數日，即寄公勃低到亭監視盟誓。敢懇公堂指定，從大誓之例當用何等？庶小商公勃低、公堂公勃低可遵成例而行。公堂苟無定一成例，公勃低一云誓當散髮，一云誓不用散髮，其法靡定。從和 1857 年 6 月 25 日公堂已詳盟誓之事當從，令誓人欲用何等誓法？如或不從，灼見仇人之過。然已如此，陳甘郎令陳逢義散髮，陳逢義當從命。即異處三保壟、西壟、望茄殺①，盟誓當散髮，況此乃大商案奪，當用大誓，不得從常例。因懇挨實嗹命公堂，指明何等誓法是為大誓，可為効法。

---

① 望茄殺：亦作望加錫，Makassar，現名烏戎潘當（Ujung Pandang），位於今印度尼西亞 蘇拉威西島西南端，是蘇拉威西首府，荷屬東印度群島東部的天然良港。

列台閱書，悉知語意。議曰："查公堂案牘和 1857 年 6 月 25 日已詳上臺，謂唐人盟誓之例凡有五歟：一、指天而誓，二、折矢而誓，三、擲杯而誓，四、對神而誓，五、斷雞而誓。務從令誓人指明要在何處，二比意願和合，方可成事。詳內並無敘及誓當散髮之歟，本堂切按，上陳五誓之中在吧常用者，惟對神、斷雞二誓而已。然以二誓論之，要當以在亭對神為大誓。揆厥由來，在亭設誓之例，誓期，公堂委一員公勃低、一員朱葛礁及叻叻委員。及二比原、被齊到，將案奪傳朱繙譯黃紙之上，名曰誓章。寫畢，立誓人花押，先呈公堂公勃低勘察，稱歟與否？如果稱歟，在處諸人等同到神前，立誓人上香拜跪，朱宣誓章，和尚擊鳴磬鼓畢，乃將誓章交付和尚提至紙爐，當天連紙焚化，則為畢事。如此是為大誓，可為遵依。"

謹詳挨實嗹電鑒，並附上口詞一紙。

（查勘郭長福懇入熾昌借銀事）

承熾昌干刀寄下郭長福口詞，懇入熾昌銀 700 盾，援高明源、郭紹洲為安呾。祈查勘可堪否？詳覆。

吊訊郭長福年二十三歲，住大使廟，為土庫茄實，供云："晚果入熾昌干刀銀 700 盾，援高明源、郭紹洲為安呾。"

吊訊高明源年二十六歲，住慈宵安為土庫茄實，並開亞廊生理，吊訊郭紹洲年五十五歲，住大使廟開做紙牌，俱供云："晚等果願安呾郭長福入熾昌銀 700 盾。"

公堂會議："郭長福入熾昌銀 700 盾，援高明源、郭紹洲為安呾。本堂已經酌量，安呾高明源有茄實經紀，又有開

338

店;郭紹洲亦開做牌店。俱生理之人,現時可堪。"

謹詳(熾昌干刀裁奪)。

(查勘林砵懇入熾昌借銀事)

承熾昌干刀寄下林砵口詞,懇入熾昌銀 3 000 盾,援葉萬、藍森樹為安咀。祈查勘入字人並安咀人可堪否?詳覆。

吊訊林砵年 37 歲,住八茶貫巷開布路店,供云:"晚果懇入熾昌銀 3 000 盾,援葉萬、藍森樹為安咀。"

吊訊藍森樹年 47 歲,住小南門開布路店,吊訊葉萬住小南門開布路店,俱供云:"晚等果願安咀林砵入熾昌銀 3 000 盾。"

公堂會議:"據林砵口詞,懇入熾昌銀 3 000 盾,援葉萬、藍森樹為安咀。已查林砵及葉萬生理曾經罷停,後林砵處折再做,葉萬亦處折生理再做,現時興盛美好;而藍森樹雖無產業,生理亦好,現時可堪。"

謹詳熾昌干刀裁奪。"

(挨實嗹附公堂掛咖令何簡東、何簡娘在亭神前盟誓以雪其身事)

承挨實嗹於和 1868 年 11 月 17 日第 5217 號又逸字 14 號致書,附唐美惜甘和 1868 年 10 月 3 日第 2220 號又 2053 號書,為唐人許肥於和本年 9 月 21 日已故,有遺業,恐掛咖人藏匿。挨實嗹附公堂掛咖,令掛咖人何簡東、何簡娘在亭神前盟誓,以雪其身矣。

本堂於和 1868 年 11 月 23 日拜一早九點鐘,即委公勃低甲必丹陳思聰、大朱葛礁賴觀瀾到亭鑒視。

據公勃低覆云："遵命到處召集何簡東、何簡娘一干人等齊到,據二該誓人云,此乃細故,干刀斷雞以誓則足,奚用在亭發誓？竟然不誓。已於是日將情申詳上臺矣。"

存案。

（瑪腰、甲必丹、雷珍蘭、朱葛礁為本期記錄簽名：馬來文草書）

Tan Tjoentiat（陳濬哲）	Tan Soetjiong（陳思聰）
Ko Setjoan（高西川）	Oeij Tjengian（黃清淵）
Tan Boensok（陳文速）	Ni Boentjiang（連文清）
Gouw Enghoei（吳榮輝）	Sim Siongbouw（沈松茂）
Lie Tjoetjang（李子昌）	Loa Konglan（賴觀瀾）

和 1868 年 12 月 1 日,拜一

公堂設嘧喳嘮

瑪腰陳濬哲官、甲必丹陳思聰舍、甲必丹高西川舍、雷珍蘭黃清淵舍、雷珍蘭吳榮輝官、雷珍蘭陳光華官、雷珍蘭沈松茂官、雷珍蘭李子昌舍、朱葛礁賴觀瀾官俱在座。陳文速甲、連文清甲、陳江流甲三位不到。

（副挨實嗹致書公堂祈查勘陳寶章、曾登郎懇要應包入 1869 年息沓巴 和大學全年食物事）

承副挨實嗹於和 1868 年 12 月 1 日第 276 號、279 號致

340

書,附四口詞。祈查勘入字人、安吮人可堪擔戴否？詳覆。

　　陳寶章住新把殺，入字挨實睫云："晚懇要應包入息畚巴①和大學②和 1869 年全年食物，援趙清水、鍾秀二為安吮。萬望恩准，以便承應。"

　　曾登郎住甲汶系里，入字挨實睫云："仝上，援鍾秀二、黎亞維為安吮。萬望恩准，以便承應。"

---

① 息畚巴：Salemba，吧城地名，位於今雅加達市中心区（Jakarta Pusat）。
② 和大學：1849 年設立，最初為爪哇醫學院（School of Medicine for Javanese）。

图书在版编目(CIP)数据

公案簿. 第 11 辑 / 聂德宁,吴凤斌,包乐史校注. —厦门:厦门大学出版社,2012.3
(吧城华人公馆(吧国公堂)档案丛书)
ISBN 978-7-5615-3873-9

Ⅰ. ①公… Ⅱ. ①聂…②吴… ③包… Ⅲ. ①华人－民事纠纷－档案资料－印度尼西亚 Ⅳ. ①D934.29

中国版本图书馆 CIP 数据核字(2012)第 032557 号

责任编辑:薛鹏志
封面设计:文　心　祖　洵

厦门大学出版社出版发行
(地址:厦门市软件园二期望海路 39 号　邮编:361008)
http://www.xmupress.com
xmup @ xmupress.com
厦门集大印刷厂印刷
2012 年 3 月第 1 版　2012 年 3 月第 1 次印刷
开本:880×1230　1/32　印张:12　插页:4
字数:310 千字　印数:1～1 000 册
定价:50.00 元
本书如有印装质量问题请直接寄承印厂调换